"十三五"普通高等教育系列教材

（第三版）

图学基础教程

主　编　袁　威
副主编　郑太雄　罗蓉
参　编　邱宝梅　赵　双　张开碧　曾黔蜀
　　　　张　毅　沈光先　马冬梅

中国电力出版社
CHINA ELECTRIC POWER PRESS

内 容 提 要

本书是"十三五"普通高等教育系列教材。本书反映课程最新的研究成果，根据最新国家标准编写，采用最新的"术语"定义，结构更合理，内容浅显易懂。全书分为7章，主要内容包括投影与制图基本知识、基本立体三视图、立体的表面交线、组合体、图形的表达方法、机械图、计算机绘图及参考答案。本书每章都设置有教学基本要求、教学重点、难点介绍，以及一定数量的习题（包括填空、判断、选择等题型），文中配有相当数量的典型例题，新版增加了部分手工绘图习题。

本书可作为普通高等院校少学时非机类、非土类专业的教材，也可供相关人员参考。

图书在版编目（CIP）数据

图学基础教程 / 袁威主编 . —3 版 . —北京：中国电力出版社，2020.8（2023.3 重印）
"十三五"普通高等教育规划教材
ISBN 978-7-5198-4674-9

Ⅰ．①图…　Ⅱ．①袁…　Ⅲ．①工程制图－高等学校－教材　Ⅳ．① TB23

中国版本图书馆 CIP 数据核字（2020）第 084149 号

出版发行：中国电力出版社
地　　址：北京市东城区北京站西街 19 号（邮政编码 100005）
网　　址：http://www.cepp.sgcc.com.cn
责任编辑：霍文婵
责任校对：黄　蓓　王海南
装帧设计：赵姗姗
责任印制：吴　迪

印　　刷：望都天宇星书刊印刷有限公司
版　　次：2007 年 4 月第一版　　2020 年 8 月第三版
印　　次：2023 年 3 月北京第十三次印刷
开　　本：787 毫米×1092 毫米　16 开本
印　　张：12.5
字　　数：300 千字
定　　价：40.00 元

前　言

本书是依据教育部高等工科制图课程教学指导委员会，所制订的"工程制图基础课程教学基本要求"及最新国家制图标准，结合非机、非土类专业的特点，在 2007 年第一版、2012 年第二版的基础上修订而成。

本书第一版获得了"2007—2009 年度电力行业精品教材"。

通过修订后，本书的主要特色：

（1）结构更合理，内容浅显易懂，叙述准确精炼。

（2）采用最新颁布的《技术制图》《机械制图》等国家标准，根据需要选择并编排在正文中，以培养学生应用国家标准的意识。

（3）根据我国目前的实际情况，在"计算机绘图"相关内容中，采用图形软件 Auto-CAD 2018 版本。与相关工程制图内容相结合，以基本操作、绘图方法与技巧、应用为主线进行编排，采用基础操作集中介绍，增加了操作步骤详细的实例并给出适合不同专业的练习题。

（4）反映该课程最新的研究成果，根据最新国家标准编写，采用最新的"术语"定义。

（5）在每一章中，前有教学基本要求、教学重点、难点介绍；后有一定数量的文字习题（包括填空、判断、选择等题型），新版中增加了部分手工绘图习题；正文中配有相当数量的典型例题。

（6）本书主要针对少学时非机、非土类专业的教学要求，适当降低了难度。

本书由重庆邮电大学先进制造工程学院袁威主编，郑太雄、罗蓉副主编，参编人员有邱宝梅、赵双、张开碧、曾黔蜀、张毅、沈光先、马冬梅。

在本书的编写过程中，参考了部分同类教材、资料、习题集等文献，在此谨向这些文献的原作者致谢。

限于编者水平，书中若有疏漏之处，恳请广大读者给予批评指正。

编　者

2020 年 5 月

目　录

绪　　论

0.1　课　程　性　质

工程图学是研究工程与产品信息表达、交流与传递的学问，而图学基础则是工程图学的基本组成部分。图学基础教程是一门既有系统理论又有较强实践性、包含内容丰富的一门基本素质课，也是工科学校中普遍开设的一门专业技术基础课。

按一定的投影方法，准确地表达物体的形状、大小及技术要求的图形称为工程图形。在工程界，产品的信息表达是以工程图形为载体。而工程图形是设计与制造产品过程中的重要技术资料，是表达和交流技术思想的重要工具，是工程界的共同语言。每个工程技术人员都必须具备绘制和阅读工程图形的能力。

0.2　基　本　要　求

培养绘制和阅读工程图形的能力是本课程的基本要求。这种能力的培养也是高等工科院校进行基本工程技术训练的重要组成部分。

绘制工程图形是指根据投影原理和国家标准《机械制图》和《技术制图》中有关各种表达方法把物体的形状用平面图形表达在图纸上。

阅读工程图形则是指根据投影原理和表达方法由平面图形想象出所表达的物体形状。

0.3　课程的基本定位

三种能力的培养与三个概念的建立是工程图学的基本定位。

三种能力是指空间想象能力、图形表达能力、形象思维能力。三个概念是指产品信息概念、设计构型概念、工程规范概念。

本课程是"以投影理论为方法，研究几何形体的构成与表达"，其核心就是空间要素的平面化表现和平面要素的空间转化。正是通过这两种转化的训练，培养学生的空间想象能力和形象思维能力。而工程图形是工程界的通用技术语言，所有的发明创造、技术革新、设备改造等，都需要用图样将设计构思表达出来。所以作为现代工程技术人才，必须具备图形表达能力，并且应遵循工程规范，熟悉产品信息，善于设计构型。

0.4　课程特点和学习方法

一、本课程的实践性很强

各种能力的培养始终离不开实践。因此，要掌握好基本知识和基本理论，加强基本技能的训练，紧密联系实际，多看、多画、多动脑。

二、本课程的基本特征是用平面图形表达空间物体

多在完全理解"图形"含义上下功夫是学好本课程的最基本点。在学习投影原理时，要注意分析空间几何要素（点、线、面等）与平面图形之间的对应关系，掌握空间几何要素的各种投影特性。在培养绘图和读图的基本能力时，必须把投影的基本概念理解透彻，要熟悉和应用各种表达方法。

三、本课程的研究对象——工程图形是工程界的一种共同语言

工程图形是信息的载体，科技人员通过它来实现工程技术方面的交流和信息的传输。而工程图形有统一的格式和规定，国家颁布了《机械制图》和《技术制图》的相关标准，在学习的过程中，必须严格遵守和执行国家标准和有关规定。

四、工程图形是指导生产的技术文件

工程图形是产品制造最基本的技术文件和技术交流的重要工具，在生产中起着重要的作用，是指导生产的技术文件。任何细小的错误都会影响生产的进度甚至造成损失，所以在绘制和阅读工程图形时，一定要养成一丝不苟、严谨细致的习惯。

五、工程图形是一种动态的语言

工程图形是生产不断发展的产物。随着生产的发展和对外技术交流开展的需要，工程图形也将不断地更新和完善，以适应新形势的需要。所以，我们要不断学习和掌握新的知识。而工程图形的绘制也大致经历了三个阶段：手工绘图阶段、计算机绘图阶段和计算机辅助设计阶段。

1 投影与制图基本知识

一、基本要求

（1）了解投影法与点的三面投影图的形成。

（2）掌握三面投影体系中点的投影规律，点的投影与坐标的关系；掌握根据物体上点的两个投影，求作第三个投影的方法。

（3）掌握与投影面处于不同位置关系的直线、平面的投影特性；并能根据投影图判断其空间位置。

（4）掌握直线上点的投影特性和作图方法。了解两直线相交、异面的三面投影特点，掌握两平行直线的投影特性及其三面投影的特点。

（5）掌握根据物体上直线、平面的两个投影求作第三投影的方法。

（6）掌握国家标准《技术制图》和《机械制图》的有关规定，特别是尺寸注法。

（7）掌握简单的几何作图以及圆弧连接。

（8）掌握平面图形的分析和尺寸注法。

二、重点和难点

（1）三面投影图中点、直线、平面的投影特性，并能根据投影图判断其空间位置。

（2）根据直线、平面的两个投影求作第三个投影的方法。

（3）图线画法、尺寸标注及圆弧连接。

1.1 投　　影

1.1.1 投影法（GB/T 14692—2008）

理解并掌握投影法是学习工程图学、绘制技术图形的基础和理论依据。

影子是一种自然现象，当处在阳光或者灯光下时，地面上就会出现人的影子。投影法就是根据这一自然现象抽象出来的，并随着科学技术的发展而不断发展。

如图 1.1 所示，投影法是投射线通过物体，向选定的面投射，并在该面上得到图形的方法。其中，把所有投射线的起源点称为投射中心；自投射中心且通过物体上各点的直线称为投射线；在投影法中得到投影的面称为投影面；由投影法所得到的图形称为投影（或投影图）。

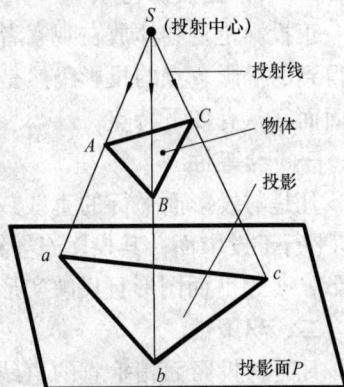

图 1.1 投影法

1.1.2 投影法的分类

工程上常用的投影法有中心投影法和平行投影法。

一、中心投影法

若投射中心 S 与投影面之间为有限距离，全部投射线都交于投射中心。把这种投射线汇交于一点（即投射中心）的投影法称为中心投影法。由中心投影法所得到的图形称为中心投影（或中心投影图）。物体的中心投影大小与物体到投射中心和投影面间的距离都有关。

二、平行投影法

若将投射中心 S 移至距投影面无限远处，这时投射线就相互平行。把这种投射线相互平行（投射中心位于无限远处）的投影法称为平行投影法。由平行投影法所得到的图形称为平行投影（或平行投影图）。根据投射线与投影面的位置关系不同，平行投影法又分为斜投影法和正投影法。

（一）斜投影法

如图 1.2（a）所示，投射线相互平行，但与投影面相倾斜的投影法为斜投影法。由斜投影法所得到的图形称为斜投影（或斜投影图）。

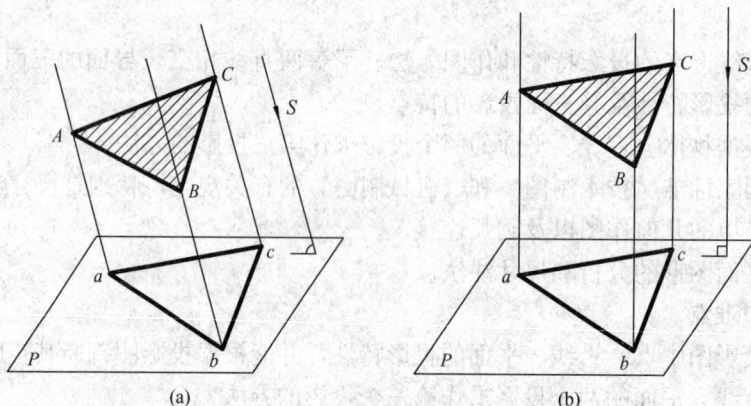

图 1.2　平行投影法
（a）斜投影法；（b）正投影法

（二）正投影法

如图 1.2（b）所示，投射线相互平行，且与投影面相垂直的投影法为正投影法。由正投影法所得到的图形称为正投影（或正投影图）。

工程图形主要用正投影法来绘制，通常将正投影简称投影。后面章节所说投影，如无特殊说明，均指用正投影法得到的正投影。

1.1.3　正投影特点

正投影是将物体放在观察者和投影面之间，假想以垂直于投影面的平行视线代替投射线而得到的投影。点的投影仍然是点，如图 1.3（a）所示，点 A 的投影是点 a。而对于直线和平面而言，有如下特点。

一、全等性

凡是与投影面平行的直线或平面，其投影反映实长或实形。如图 1.3（a）所示，线段 BC 平行于投影面，其投影 bc 仍为直线段且等于实长；平面图形 DEF 也平行于投影面，其投影 def 为平面图形且反映实形。

二、积聚性

凡是与投影面相垂直的直线和平面，其投影都具有积聚性。如图 1.3（b）所示，直线 AB 垂直于投影面，其投影积聚为一点 a（b）；平面图形 CDE 垂直于投影面，其投影积聚为

一条直线 cde；柱面 R 垂直于投影面，其投影积聚为一曲线 r。

三、类似性

凡是与投影面相倾斜的直线和平面，其投影为缩小的类似形。如图 1.3（c）所示，直线 AB 的投影为直线 ab，且投影 ab 小于实长 AB；平面三角形 CDE 的投影为三角形 cde，其投影 cde 是一面积变小的类似形。该类似形是一个边数不变、线段的相对位置不变、各线连点顺序不变、凹凸状态相同，但面积小于实形的多边形；若是平面圆的投影则为椭圆。

四、平行性

在不具有积聚性时，空间相互平行的直线，其同面投影一定平行；空间相互平行的平面，其积聚性的投影相互平行。如图 1.3（d）所示，直线 $AB /\!/ CD$，其投影 $ab /\!/ cd$；平面 $P /\!/ Q$，其具有积聚性的投影 $p /\!/ q$。

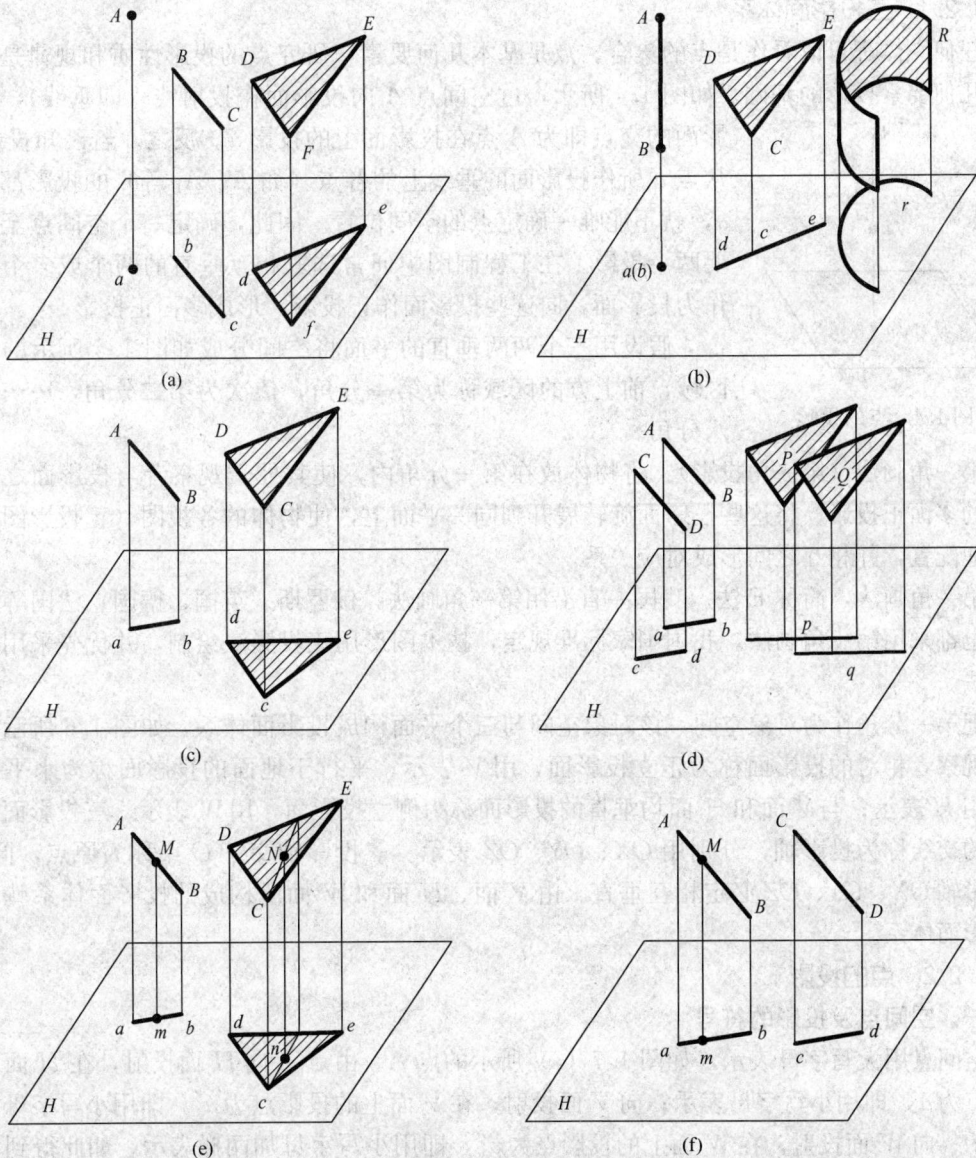

图 1.3 正投影特点

五、从属性

直线或者曲线上点的投影必在直线或者曲线的投影上，平面或者曲面上的点、线的投影必在该平面或者曲面的投影上。如图 1.3（e）所示，M 点在直线段 AB 上，则投影 m 在 ab 上。

六、定比性

在线段的投影不具有积聚性时，点分线段之比等于点的投影分线段的投影之比；空间两平行线段长度之比，等于两线段的投影的长度之比。如图 1.3（f）所示，M 点在直线段 AB 上，则有 $AM：MB=am：mb$；直线段 $AB//CD$，$AB：CD=ab：cd$。

1.2   点、直线和平面的投影

1.2.1   三投影面体系

任何立体都可以看作是点的集合。点是基本几何要素，研究点的投影性质和规律是掌握其他几何要素投影的基础。如图 1.4 所示，过空间点 A 向投影面作投射线（即垂线），与投影面的交点即为 A 点在投影面上的投影 a。反之，若已知投影 a，从点 a 所作投影面的垂线上的各点（如 A、A_1 等）的投影都位于 a，就不能唯一确定点的空间位置。因此，确定一个空间点至少需要两个投影。在工程制图中通常选取相互垂直的两个或多个平面作为投影面，向这些投影面作正投影，形成多面正投影。

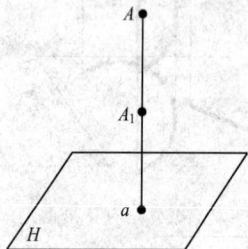

图 1.4   点的投影

假设用三个两两垂直的平面将空间分成如图 1.5 所示的八个区域，前上方的区域称为第一分角，依次为第二分角，……，第八分角。

第一角画法（第一角投影）：将物体放在第一分角内，使其处于观察者与投影面之间而得到的多面正投影。将这些投影面旋转展开到同一平面上，使物体的各视图（正投影图）有规则地配置，并相互之间形成对应关系。

第一角画法，简称 E 法。我国一直沿用第一角画法，俄罗斯、英国、德国、法国等较多国家也都采用第一角画法。我国国家标准规定，技术图形用正投影法绘制，并优先采用第一角画法。

把第一分角作为对象空间，该对象空间与三个平面构成投影面体系，如图 1.6 所示。其中与观察者相对的投影面称为正立投影面，用 V 表示；平行于地面的投影面称为水平投影面，用 H 表示；与 V 面和 H 面均垂直的投影面称为侧立投影面，用 W 表示。三投影面两两相交的交线称为投影轴，分别用 OX、OY、OZ 表示。三投影轴交于 O 点称为原点，同时，三投影轴 OX、OY、OZ 必定相互垂直。由 V 面、H 面和 W 面所构成的投影面体系就称为三投影面体系。

1.2.2   点的投影

一、空间点及投影的符号

空间点用大写字母表示，如图 1.7（a）所示的点 A。由点 A 向 H 面投射，在 H 面上的投影点为 a，即用小写字母表示；向 V 面投射，在 V 面上的投影点为 a'，即用小写字母加一撇表示；向 W 面投射，在 W 面上的投影点为 a''，即用小写字母加两撇表示。如此得到空间点 A 的三面投影分别称为：水平投影 a，正面投影 a'，侧面投影 a''。

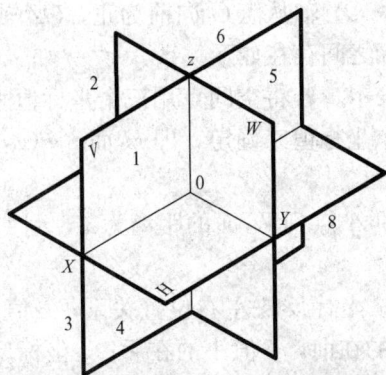

图 1.5 空间分为八个分角   图 1.6 第一分角投影面体系

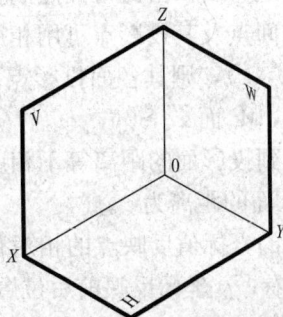

若用阿拉伯数字表示投影点的话，则对应的空间点用罗马数字表示。例如用 1、2、3…表示点的水平投影，则对应的空间点用Ⅰ、Ⅱ、Ⅲ…表示。

二、点的三面投影图

如图 1.7（b）所示，沿 OY 轴将 H 面和 W 分开，V 面保持正立，H 面绕着 OX 轴向下旋转 $90°$，W 面绕着 OZ 轴向右旋转 $90°$，使三个投影面位于同一平面内（即 V 面内），即得到点的三面投影图。其中，OY 轴随 H 面旋转后用 OY_H 表示；随 W 面旋转后用 OY_W 表示。旋转后仍有 $aa_{yH} \perp OY_H$、$a''a_{yW} \perp OY_W$，且 $Oa_{yH} = Oa_{yW}$。通常在投影图中只画出其投影轴，不画出表示投影面的边界，如图 1.7（c）所示。为了作图方便，可作 $45°$ 辅助线，aa_{yH}、$a''a_{yW}$ 的延长线必定与这条辅助线交于同一点。

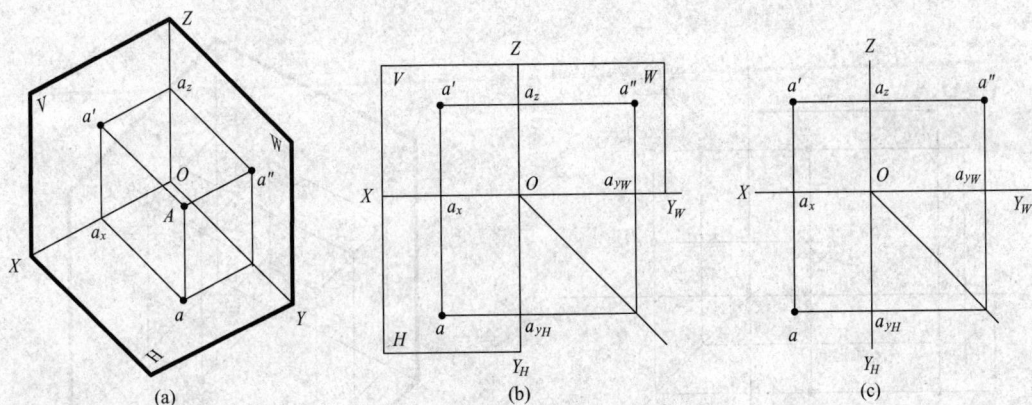

(a)   (b)   (c)

图 1.7 点的三面投影

三、点的投影规律

（1）点的正面投影和水平投影的连线垂直于 OX 轴，即 $aa' \perp OX$，如图 1.7（c）所示。

（2）点的正面投影和侧面投影的连线垂直于 OZ 轴，即 $a'a'' \perp OZ$，如图 1.7（c）所示。

（3）点的水平投影到 OX 轴的距离等于侧面投影到 OZ 轴的距离，即 $aa_x = a''a_z$，如图 1.7（c）所示。

四、点的投影与直角坐标的关系

在三投影面体系中，由于 OX、OY、OZ 轴相互垂直，可以将其看作是直角坐标系中的坐标轴，O 为原点。规定 OX 轴从点 O 向左为正，OY 轴从点 O 向前为正，OZ 轴从点 O 向上为正。反之为负。由此可知点的投影与直角坐标之间存在如下关系：

（1）空间点及其投影点可用相应的坐标值来表示。若将空间点用三个坐标值来表示，如点 A（x，y，z），则其各面投影点可以分别用两个坐标值来确定，即 H 面 $a \to (x, y)$，V 面 $a' \to (x, z)$，W 面 $a'' \to (y, z)$。

（2）点到投影面的距离等于相应的坐标值。即 A 点到 W 面的距离为 x，到 V 面的距离为 y，到 H 面的距离为 z。

（3）点的坐标值反映点的相对位置关系。即 x 坐标反映左右位置关系，x 值大的在左，x 值小的在右；y 坐标反映前后位置关系，y 值大的在前，y 值小的在后；z 坐标反映上下位置关系，z 值大的在上，z 值小的在下。

（4）重影点。当两点的某两个坐标相同时，该两点将处于同一投射线上，因而在由相同两坐标确定的投影面上具有重合的投影，则这两投影点称为对该投影面的重影点。如图 1.8 所示的 A、B 两点，其中 $x_a = x_b$，$z_a = z_b$，因此它们的正面投影 a' 和 b' 重合为一点。由于 $y_a > y_b$，所以按投射方向（从前向后）看 A 点可见，B 点不可见。通常规定把不可见的点的投影加上圆括号，如（b'）。同样的情形有：A 点和 C 点在侧立投影面的重影点 a''（c''）；C 点和 D 点在水平投影面的重影点 c（d）。由此可见，对于正立投影面、水平投影面、侧立投影面的重影点，它们的可见性的判别原则是：前遮后，上遮下，左遮右。即 V 面的重影点，前面的可见，后面的不可见；H 面的重影点，上面的可见，下面的不可见；W 面的重影点，左面的可见，右面的不可见。如用坐标方式判别可见性，即用重影点中不等的坐标进行判别，坐标大者为可见。

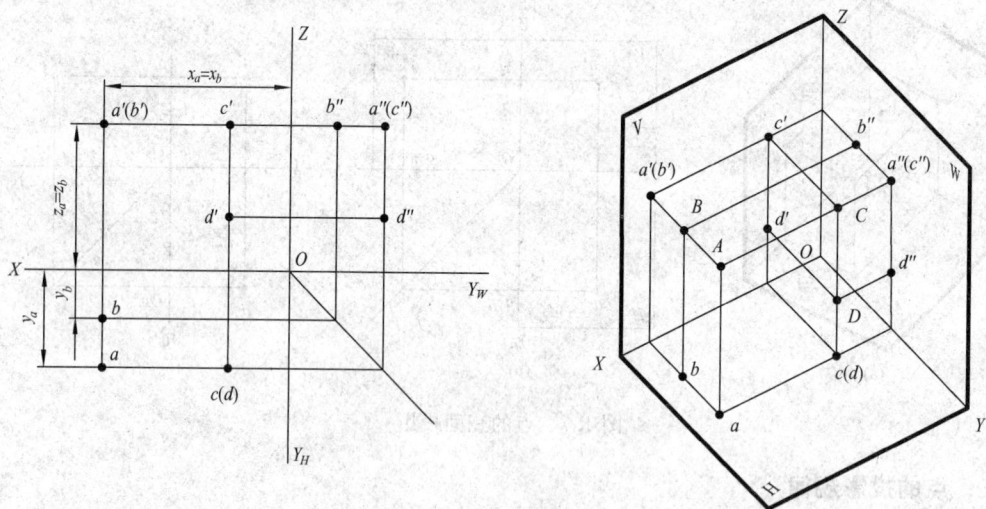

图 1.8 重影点

【例 1.1】 在投影图中作出点 A（20，30，40）、B（40，10，30）并判断这两点的空间位置（单位：mm）。

作图： 如图 1.9（a）所示。

（1）在 OX 轴上，由 O 点向左量出 $x=20$，得 a_x。

（2）过 a_x 作 OX 的垂线，在 a_x 上方正投影面内取 $z=40$ 得 a'，在下方水平投影面内取 $y=30$ 得 a。

（3）在侧投影面中取 $y=30$，$z=40$ 得 a''。或根据 a 和 a' 求 a''：过 a' 作 OZ 的垂线交于 a_z 并延长；另外过 a 作 OY_H 的垂线，交于 a_{YH}，在 OY_W 上取 $Oa_{YW}=Oa_{YH}$，过 a_{YW} 作 OY_W 的垂线，与 $a'a_z$ 交于 a''。

（4）用同样的方法作点 B 的三面投影，结果如图 1.9（b）所示。

点 A 在点 B 的右、前、上方。

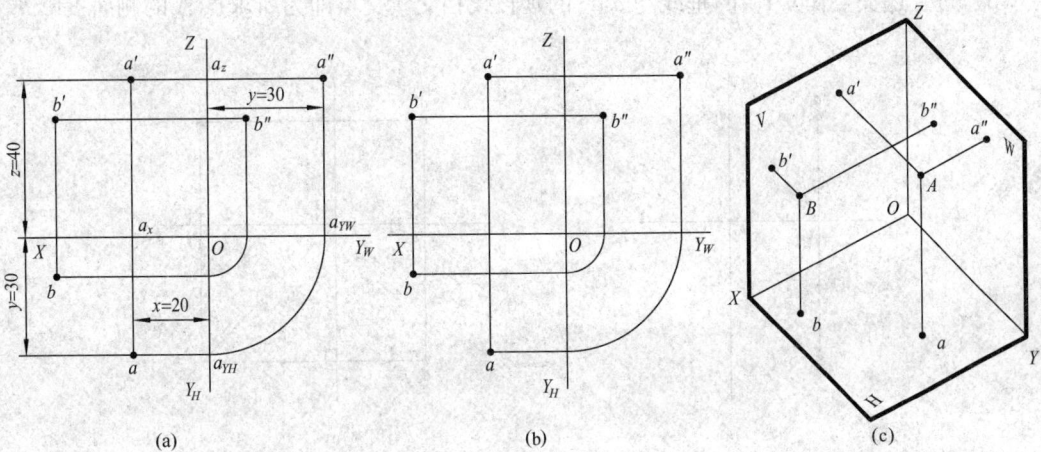

图 1.9　点与坐标的关系例题图解

五、由点的两面投影求第三面投影

利用投影和坐标的关系以及点的投影规律，可以由点的两面投影求出点的第三面投影。点的水平投影和正面投影的连线垂直于 OX 轴，正面投影和侧面投影的连线垂直于 OZ 轴，在作图中均可以直接通过垂直关系来求作。对于点的水平投影到 OX 轴的距离等于侧面投影到 OZ 轴的距离可以通过以下三种方法中的任意一种来实现。

（1）过原点作 $45°$ 斜线，如图 1.10（a）所示。通过 $45°$ 直角三角形的两直角边相等来实现。

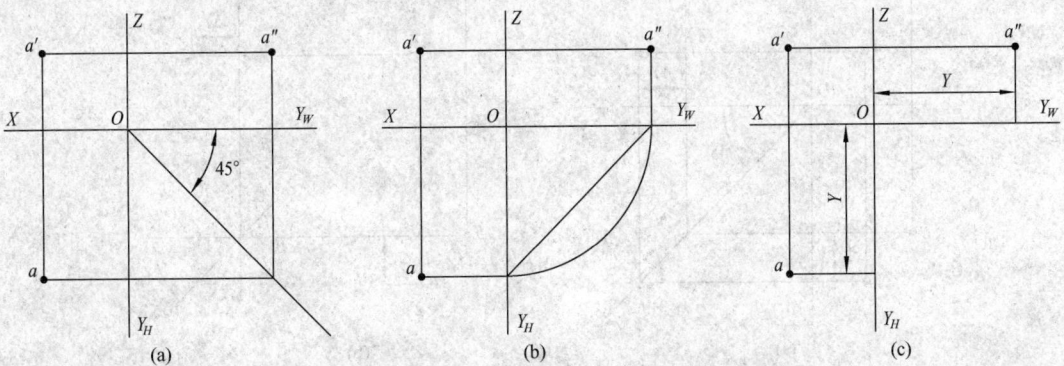

图 1.10　求点的第三面投影图解

（2）以原点 O 为圆心画圆弧或画折线，如图 1.10（b）所示。通过圆弧半径相等来实现。

（3）用分规沿 Y 轴方向量取（Y 或 ΔY），如图 1.10（c）所示。通过直接用分规量取相等距离来实现。

【例 1.2】 如图 1.11（a）所示，已知点 A 的正面投影和水平投影，求点的侧面投影。

作图：如图 1.11（b）所示，采用 45°辅助线方法作图。

（1）过 a' 作 OZ 轴的垂线，与 OZ 交于 a_z 并延长。

（2）过 a 作 OY_H 的垂线与 45°的辅助线相交。

（3）过上述交点作 OY_W 的垂线与 $a'a_z$ 的延长线相交，交点即为所求点 A 的侧面投影 a''。

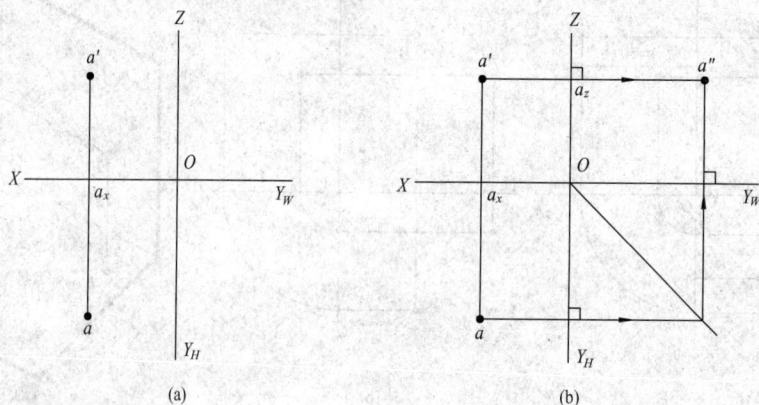

图 1.11 求点 A 的侧面投影

六、无轴投影图

在正投影法中，物体的投影与物体到投影面的距离无关，因此可以去掉投影图中的坐标轴，从而得到无轴投影图，如图 1.12 所示。在无轴投影图中，虽然不画坐标轴，但是画图仍然沿坐标轴方向量取尺寸，通过两点的坐标差取相对坐标。正面投影和侧面投影的连线保持水平，正面投影和水平投影的连线保持竖直。水平投影和侧面投影中，两点间 Y 方向的相对坐标相等，并且相对的前后位置关系不变。作图时可采用以下两种方法来实现。

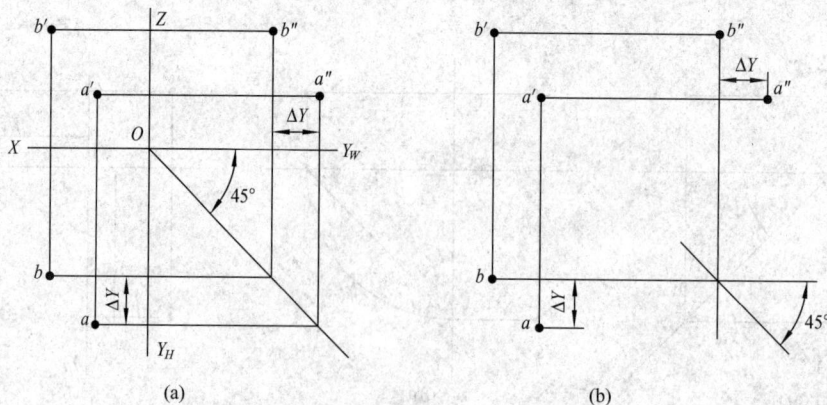

图 1.12 无轴投影图

（1）用分规沿 Y 轴方向量取相对坐标（ΔY）。

（2）过已知点作45°斜线，如图1.12（b）所示，过已知点 B 的水平投影 b 的水平线和过侧面投影 b'' 的竖直线的交点作45°斜线。A 点和 B 点 Y 方向的相对坐标（ΔY）不变，并且 A 点在 B 点前。

1.2.3 直线的投影

一、直线的投影

直线的投影一般仍为直线，由于两点确定一条直线，因此直线的投影可以通过该直线上的任意两点（通常取线段的两个端点）的同面投影来确定，即直线上任意两点的同面投影的连线为直线的该面投影。如图1.13所示，直线 AB 的三面投影分别为：ab、$a'b'$、$a''b''$。

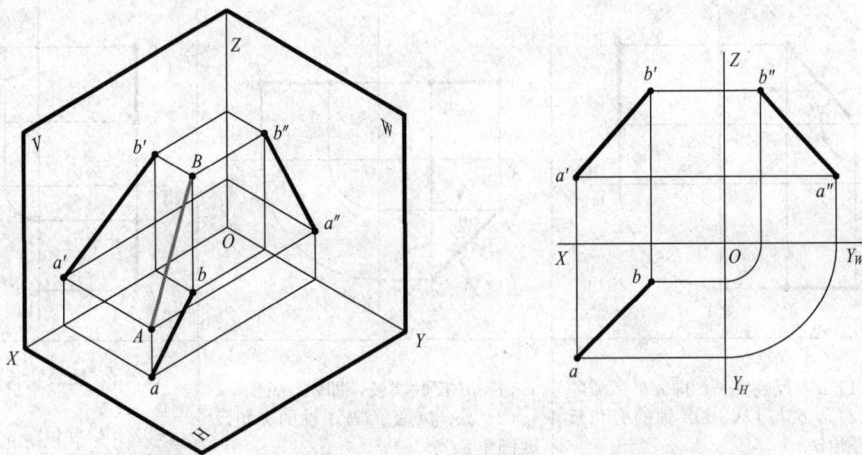

图 1.13　直线的投影

二、直线的投影特性

根据直线在三投影面体系中的位置可将直线分为三类：投影面平行线、投影面垂直线及一般位置直线。投影面平行线和投影面垂直线通常称为特殊位置直线。

在三投影体面系中，直线相对于三投影面 H、V、W 的夹角，分别称为直线对该投影面的倾角，分别用 α、β、γ 表示，其取值范围在 0°～90°之间。

1. 投影面平行线

仅平行于某一投影面而与另外两投影面倾斜的直线称为投影面平行线。其中仅平行于 V 面的直线称为正平线，仅平行于 H 面的直线称为水平线，仅平行于 W 面的直线称为侧平线。

正平线、水平线和侧平线的投影及其投影特性见表1.1。

投影面平行线的投影特性可归纳为：

（1）在所平行的投影面上的投影为一倾斜于坐标轴的线段，反映实长。

（2）在所平行的投影面上的投影与投影轴的夹角分别反映直线对另两个投影面的真实倾角。

（3）另外两个投影为缩短了的线段，且垂直于同一坐标轴。

表 1.1　　　　　　　　　　　　　　　　投影面平行线的投影特性

名称	正平线（AB//V 面）	水平线（AB//H 面）	侧平线（AB//W 面）
轴测图			
投影图			
投影特性	（1）$a'b'$ 反映实长，即 $a'b'=AB$ （2）$a'b'$ 与 OX、OZ 轴的夹角反映倾角 α、γ （3）$ab\perp OY_H$，$a''b''\perp OY_W$	（1）ab 反映实长，即 $ab=AB$ （2）ab 与 OX、OY_H 轴的夹角反映倾角 β、γ （3）$a'b'\perp OZ$，$a''b''\perp OZ$	（1）$a''b''$ 反映实长，即 $a''b''=AB$ （2）$a''b''$ 与 OY_W、OZ 轴的夹角反映倾角 α、β （3）$ab\perp OX$，$a'b'\perp OX$

2. 投影面垂直线

　　垂直于一个投影面而与另外两个投影面都平行的直线称为投影面垂直线。垂直于 V 面的称为正垂线，垂直于 H 面的称为铅垂线，垂直于 W 面的称为侧垂线。

　　正垂线、铅垂线和侧垂线的投影及其投影特性见表 1.2。

表 1.2　　　　　　　　　　　　　　　　投影面垂直线的投影特性

名称	正垂线（AB⊥V 面）	铅垂线（AB⊥H 面）	侧垂线（AB⊥W 面）
轴测图			

名称	正垂线（$AB \perp V$ 面）	铅垂线（$AB \perp H$ 面）	侧垂线（$AB \perp W$ 面）
投影图	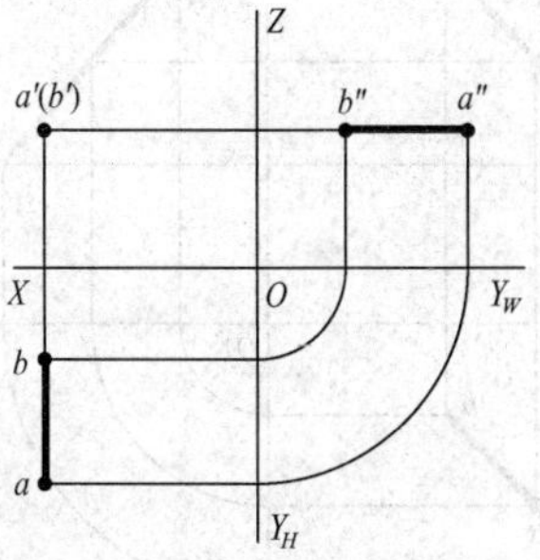	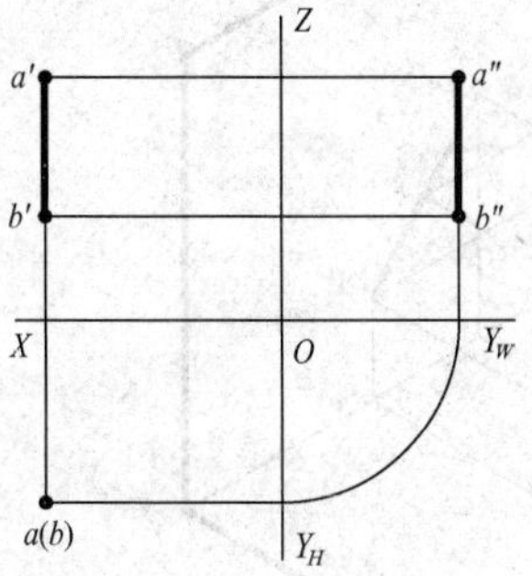	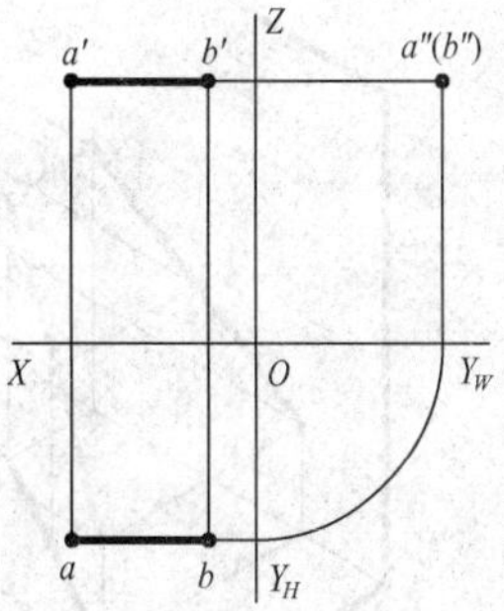
投影特性	（1）$a'b'$ 积聚为一点 （2）反映实长，即 $ab = a''b'' = AB$ （3）$ab /\!/ OY_H$，$a''b'' /\!/ OY_W$	（1）ab 积聚为一点 （2）反映实长，即 $a'b' = a''b'' = AB$ （3）$a'b' /\!/ OZ$，$a''b'' /\!/ OZ$	（1）$a''b''$ 积聚为一点 （2）反映实长，即 $ab = a'b' = AB$ （3）$ab /\!/ OX$，$a'b' /\!/ OX$

投影面垂直线的投影特性可归纳为：

（1）在所垂直的投影面上的投影具有积聚性，投影积聚为一点。

（2）另外两个投影反映实长，且平行于同一坐标轴。

3．一般位置直线

与三个投影面都倾斜的直线称为一般位置直线，如图 1.13 所示。直线的实长、投影和倾角之间的关系为

$$ab = AB\cos\alpha; a'b' = AB\cos\beta; a''b'' = AB\cos\gamma$$

一般位置直线的 α、β、γ 都大于 $0°$ 小于 $90°$，因此三个投影长（ab，$a'b'$，$a''b''$）都小于实长。

一般位置直线的投影特性为：

（1）三个投影都与投影轴相倾斜。

（2）三个投影长度都小于实长。

（3）三个投影与投影轴的夹角都不反映直线对投影面的真实倾角。

三、直线上取点

点在直线上，则点的各面投影必定也在直线的同面投影上，且点分直线段之比等于其投影分直线段投影长度之比。反之，若点的各面投影均在直线的同面投影上，并遵循同一点的投影规律，则点在直线上。如图 1.14 所示，直线 AB 上有一点 K，则点 K 的三面投影 k，k'，k'' 必定分别在直线 AB 的三面投影 ab，$a'b'$，$a''b''$ 上，且 $AK : KB = ak : kb = a'k' : k'b' = a''k'' : k''b''$。

【例 1.3】 如图 1.15（a）所示，已知直线 AB 的三面投影，点 M 在直线 AB 上，且 $X_M = Y_M$，求点 M 的三面投影。

分析： $X_M = Y_M$，根据点坐标与投影之间的关系知 M 点在水平面内的投影应在该面 $45°$ 斜线上。

作图： 如图 1.15（b）所示，作图步骤如下。

（1）过 O 点作与 OX 轴成 $45°$ 的斜线交 ab 于 m。

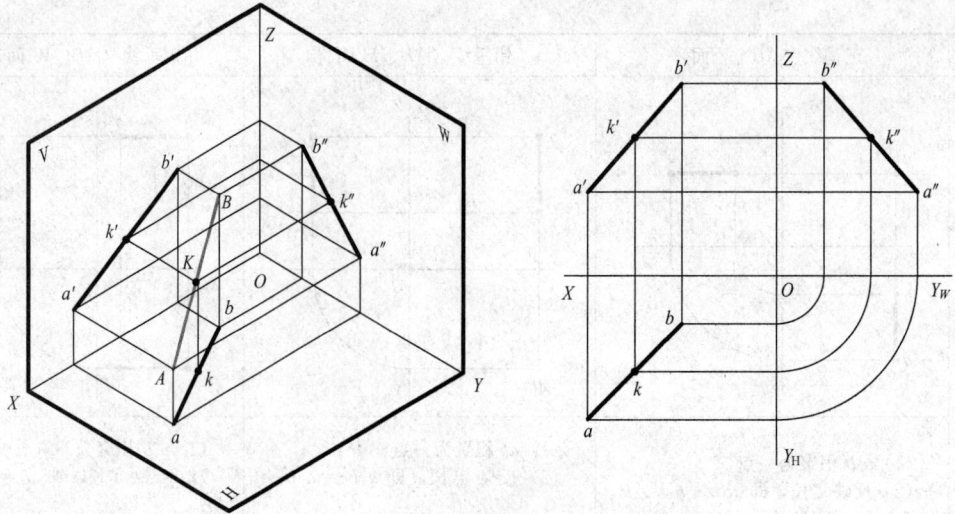

图 1.14　直线上点的投影

（2）过 m 作 OX 轴的垂线交 $a'b'$ 于 m'。

（3）过 m' 作 OZ 轴的垂线交 $a''b''$ 于 m''。

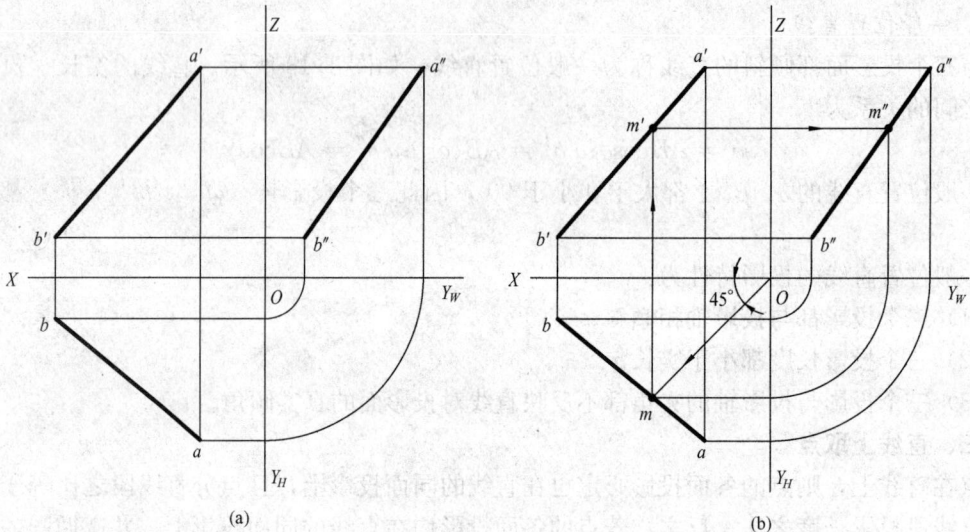

图 1.15　［例 1.3］图解

【例 1.4】　如图 1.16（a）所示，已知线段 AB 的投影，其上点 C 将线段分成 $AC：CB=$ $3：2$ 两部分，求分点 C 的投影。

分析： 根据直线上点的投影特性可知分点 C 的投影在直线的同面投影上且所分比例也为 $3：2$。

作图： 如图 1.16（b）所示，作图步骤如下。

（1）过 a 点任意做直线，在其上取 5 个单位长度，得 B_0，在第三个等分点处取点 C_0，即有：$aC_0：C_0B_0=3：2$。

(2) 连接 B_0b，过 C_0 作 C_0c∥B_0b，交 ab 于 c。

(3) 过 c 点作 X 轴垂线交 $a'b'$ 于 c'。

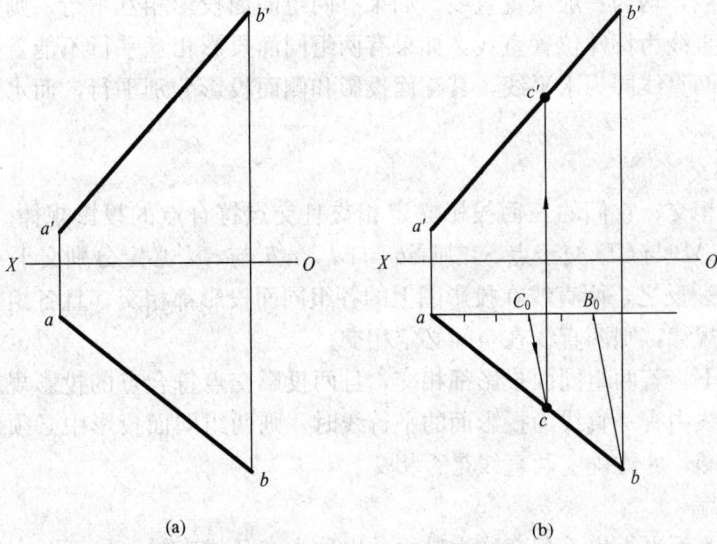

图 1.16 ［例 1.4］图解

四、两直线的相对位置及其投影特性

空间两直线的相对位置有三种情况：平行、相交、异面（亦称交叉或交错）。下面将分别讨论这三种情况的投影特性。

1. 两直线平行

若空间的两直线平行，则它们的同面投影都相互平行，特殊情况下可能重合。如图 1.17（a）所示，空间直线 AB∥CD，则 ab∥cd，$a'b'$∥$c'd'$，$a''b''$∥$c''d''$。反之，如果两直线的三面投影都相互平行，则两直线在空间必定平行。

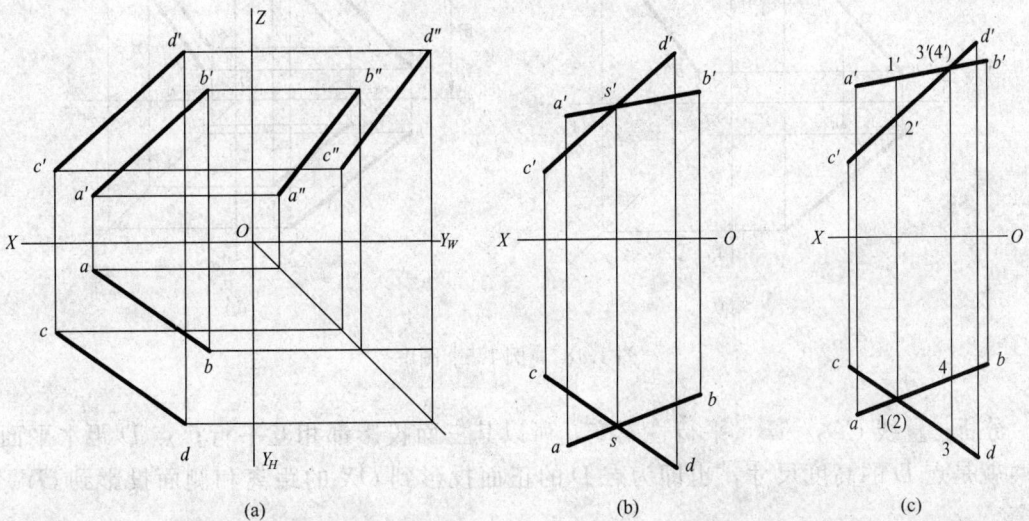

图 1.17 空间两直线

　　若空间两直线段相互平行，则投影长度之比与空间直线段长度之比相同。如图 1.17（a）所示，空间直线 $AB /\!/ CD$，则 $AB : CD = ab : cd = a'b' : c'd' = a''b'' : c''d''$。

　　若空间两直线，均为一般位置直线，如果有两组同面投影相互平行，则空间两直线相互平行。若空间两直线为特殊位置直线，如果有两组同面投影相互平行不能直接断定空间两直线相互平行，如两直线同为水平线，其正面投影和侧面投影分别平行，而水平投影则不一定平行。

　　2. 两直线相交

　　空间两直线相交，它们的三面投影必定相交且交点符合点的投影规律。如图 1.17（b）所示，空间直线 AB 与 CD 交于点 S，则 ab 与 cd，$a'b'$ 与 $c'd'$ 必定分别交于 s，s'，且符合交点 S 的投影规律。反之，两直线在投影图上的各组同面投影都相交，且各组投影的交点符合空间一点的投影规律，则两直线在空间必定相交。

　　在一般情况下，若两组同面投影都相交，且两投影交点符合点的投影规律，则空间两直线相交。若两直线中有一直线为投影面的平行线时，则两组同面投影中必须包括直线所平行的投影面上的投影，才能确定两直线是否相交。

　　3. 两直线异面

　　空间两直线既不平行也不相交称为异面，也称为交叉或交错。异面两直线其同面投影可能有一组或者两组甚至三组都相交，但三面投影的交点不符合点的投影规律。如图 1.17（c）所示，异面两直线在同一投影面上的交点为对该投影面的一对重影点。可从其他投影中用前遮后、上遮下、左遮右的原则来判断它们的可见性。异面两直线特殊情况下可能有一组或两组同面投影相互平行，但是绝不可能有三组同面投影都相互平行。

　　【例 1.5】　如图 1.18（a）所示，已知直线 AB 的三面投影和点 C 的正面和水平投影，且直线 $CD /\!/ AB$，点 D 距水平面的距离为 50，求直线 CD 的三面投影。

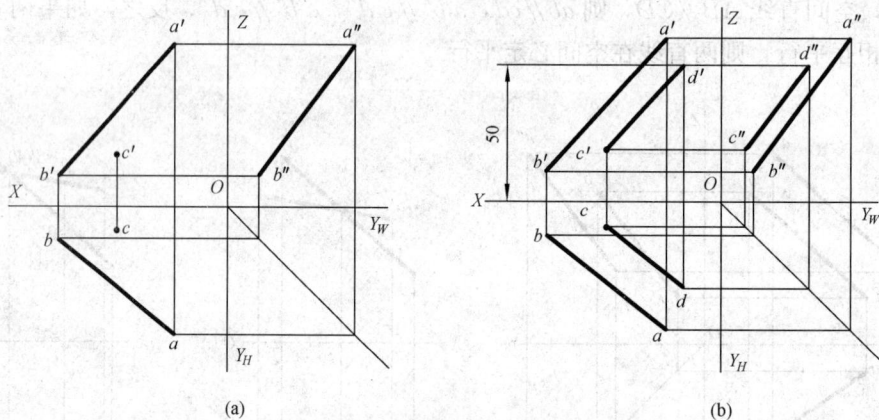

图 1.18　[例 1.5] 图解

　　分析：直线 $CD /\!/ AB$，平行性不变，所以其三面投影都相互平行；点 D 距水平面的距离就是点 D 的高度尺寸，也即为点 D 的正面投影到 OX 的距离和侧面投影到 OY_W 的距离。

　　作图：如图 1.18（b）所示。

（1）在正面投影中作 OX 轴的平行线，距离 50，过 c' 作 $a'b'$ 的平行线，两线交于 d'。

（2）过 c 作 $cd /\!/ ab$，过 d' 作 $d'd \perp OX$ 轴，两线交于 d。

（3）由点的投影规律和平行性不变作出 $c''d''$。

1.2.4 平面的投影

一、平面的表示法

表示平面就是在投影图中将平面表示出来。其方法有两种：几何元素表示法和迹线表示法。

1. 几何元素表示法

由初等几何学知识可知，不在同一直线上的三点、直线和直线外一点、两相交直线、两平行直线和任一平面图形等几何元素组都可以确定一个平面在空间的位置。

因此在投影图上，上述任何一组几何元素的投影可以用来表示它们所在平面的投影，如图 1.19 所示。

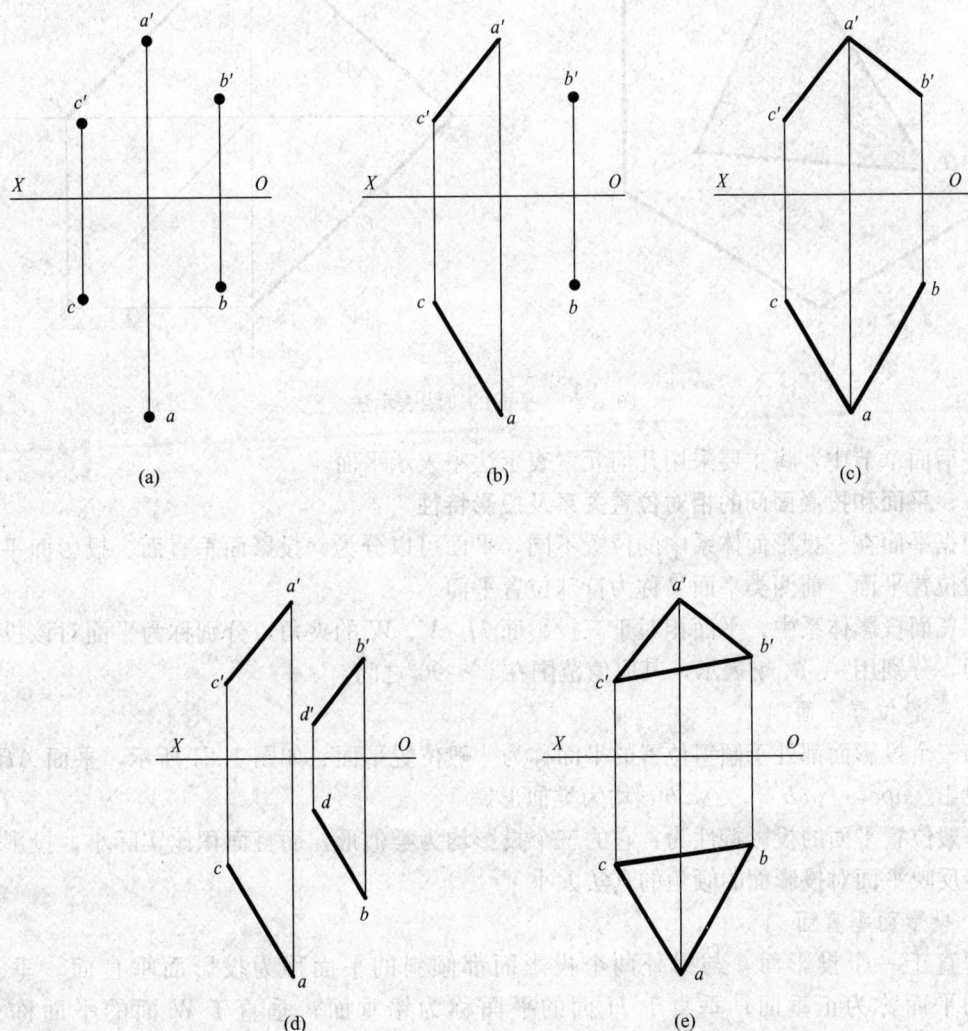

图 1.19　平面几何元素表示法

投影图上，平面的表示方法虽然可以不同，但是归根结底"不在同一直线上的三点"是决定平面位置最基本的几何元素，其他形式可由此演变而成，亦可相互转化。

2. 迹线表示法

另外，平面也可以用它的迹线来表示。平面与投影面的交线称为平面的迹线。平面与水平面的交线称为水平迹线，用 P_H 表示；平面与正面的交线称为正面迹线，用 P_V 表示；平面与侧面的交线称为侧面迹线，用 P_W 表示。平面与投影轴的交点也是相应两条迹线与投影轴的交点，称为迹线的集合点。由于迹线既在平面上也在投影面上，因此在投影图上只画迹线的一个投影，而不画（也不标记）它的其余两面投影。如图 1.20 所示。

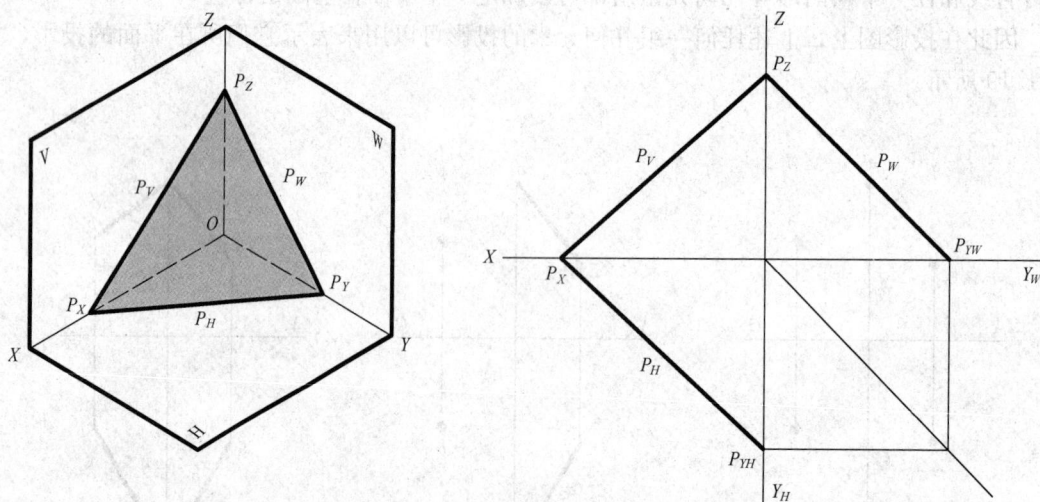

图 1.20 平面的迹线表示法

在后面章节中，将主要采用几何元素表示法来表示平面。

二、平面和投影面间的相对位置关系及投影特性

根据平面在三投影面体系中的位置不同，平面可以分为：投影面垂直面、投影面平行面和一般位置平面。前两类平面又称为特殊位置平面。

在三面投影体系中，平面相对于三投影面 H、V、W 的夹角，分别称为平面对该投影面的倾角，分别用 α、β、γ 表示，其取值范围在 $0° \sim 90°$ 之间。

1. 一般位置平面

与三个投影面都处于倾斜位置的平面称为一般位置平面。如图 1.21 所示，平面 ABC 的三个投影 $\triangle abc$，$\triangle a'b'c'$，$\triangle a''b''c''$ 均为类似形。

一般位置平面的投影特性为：它的三个投影均为类似形，而且面积比实际小，投影图上不直接反映平面对投影面的倾角的真实大小。

2. 投影面垂直面

垂直于一个投影面，与另外两个投影面都倾斜的平面称为投影面垂直面。垂直于 V 面的平面称为正垂面；垂直于 H 面的平面称为铅垂面；垂直于 W 面的平面称为侧垂面。

正垂面、铅垂面和侧垂面的投影及其投影特性见表 1.3。

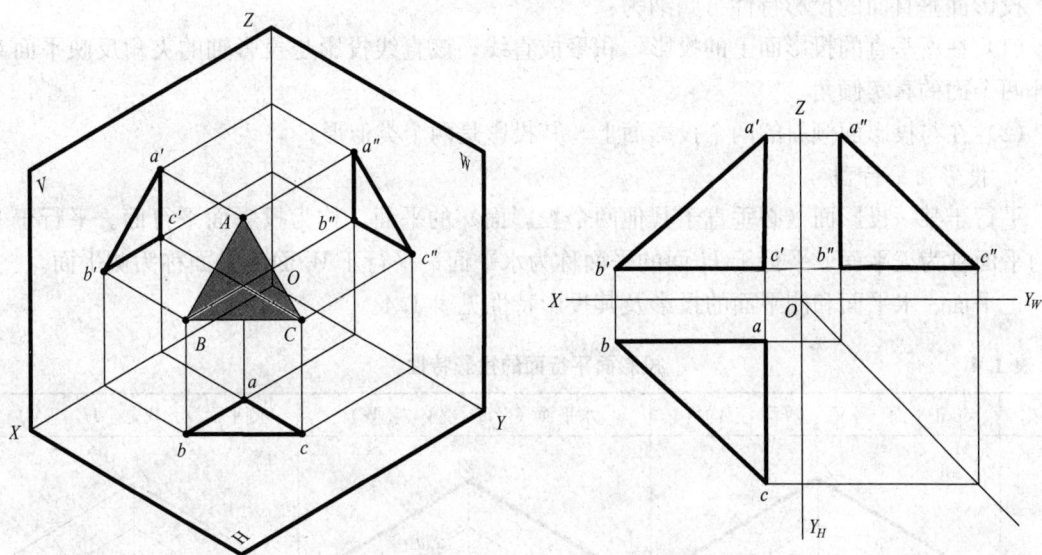

图 1.21　一般位置平面的投影特性

表 1.3		投影面垂直面的投影特性	
名称	正垂面（$ABCD \perp V$ 面）	铅垂面（$ABCD \perp H$ 面）	侧垂面（$ABCD \perp W$ 面）
轴测图			
投影图			
投影特性	（1）V 面投影积聚为一直线。它与 OX、OZ 的夹角反映真实倾角 α、γ （2）H 面、W 面投影为类似形	（1）H 面投影积聚为一直线。它与 OX、OY_H 的夹角反映真实倾角 β、γ （2）V 面、W 面投影为类似形	（1）W 面投影积聚为一直线。它与 OY_W、OZ 的夹角反映真实倾角 α、β （2）H 面、V 面投影为类似形

投影面垂直面的投影特性可归纳为：

（1）在所垂直的投影面上的投影，积聚成直线；该直线投影与投影轴的夹角反映平面对另外两个面的真实倾角。

（2）在与投影面倾斜的两个投影面上，其投影是两个类似形。

3. 投影面平行面

平行于某一投影面（必垂直于其他两个投影面）的平面，称为投影面平行面。平行于 V 面的平面称为正平面；平行于 H 面的平面称为水平面；平行于 W 面的平面称为侧平面。

正平面、水平面和侧平面的投影及其投影特性见表 1.4。

表 1.4　　　　　　　　　　　　　投影面平行面的投影特性

名称	正平面（$/\!/V$，$\perp H$，$\perp W$）	水平面（$/\!/H$，$\perp V$，$\perp W$）	侧平面（$/\!/W$，$\perp H$，$\perp V$）
轴测图	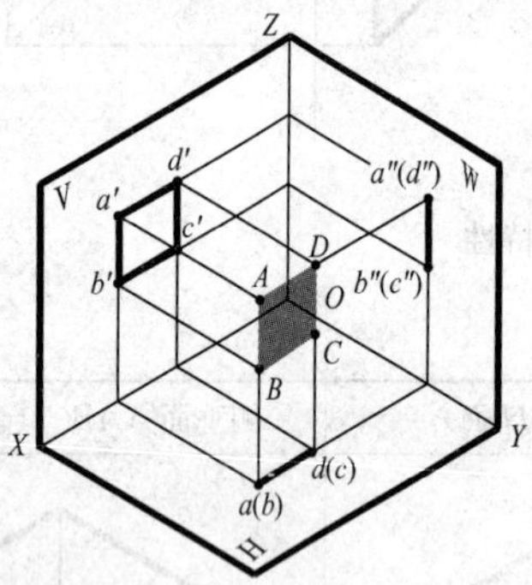	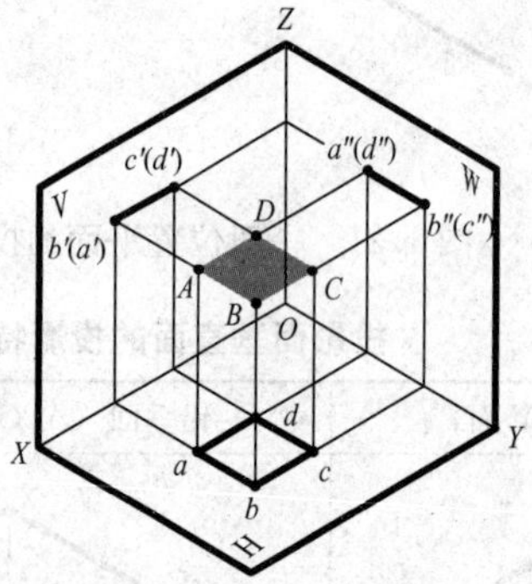	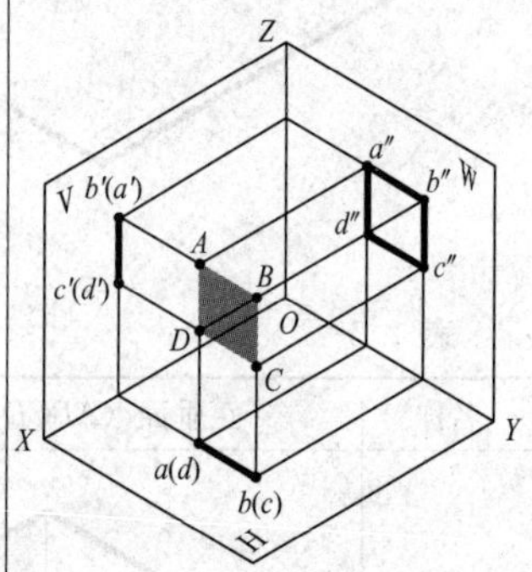
投影图	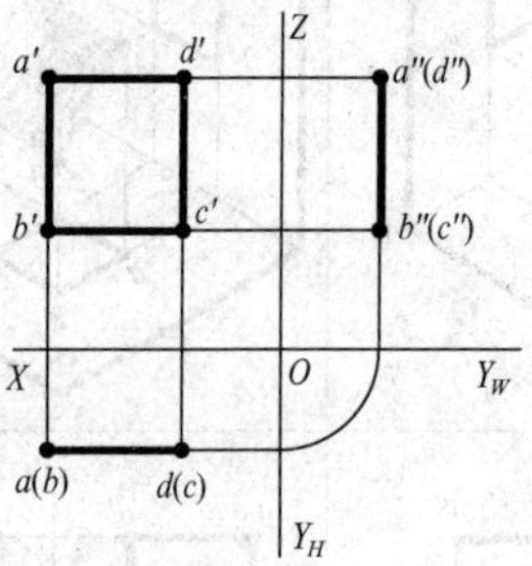	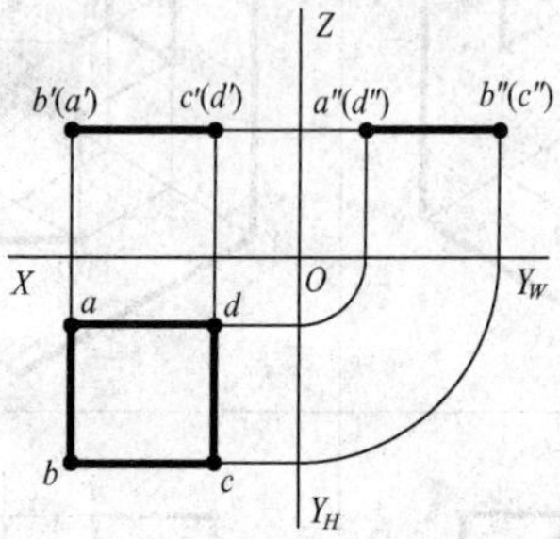	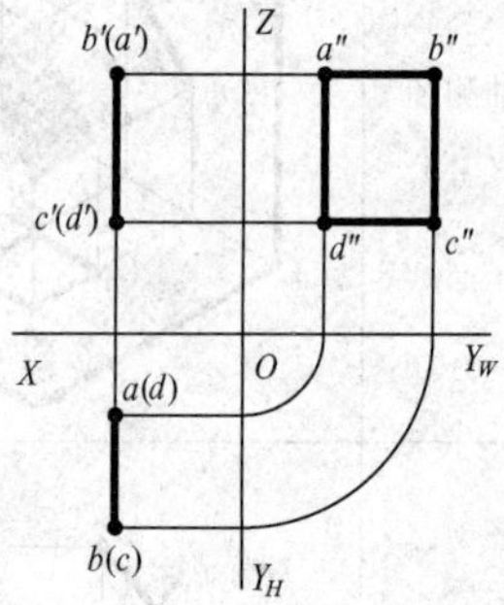
投影特性	（1）V 面投影反映实形 （2）H 面、W 面投影均积聚为一直线，且平行于相应的投影轴	（1）H 面投影反映实形 （2）V 面、W 面投影均积聚为一直线，且平行于相应的投影轴	（1）W 面投影反映实形 （2）H 面、V 面投影均积聚为一直线，且平行于相应的投影轴

投影面平行面的投影特性可归纳为：

（1）在所平行的投影面上，投影具有全等性，即反映平面图形的实形。

（2）在另外两个投影面上，其投影具有积聚性，积聚为一直线，且垂直于同一投影轴。

三、平面内的直线和点

1. 平面内取直线

若直线通过平面内的任意两点或通过一点且平行于平面内的另一已知直线，则该直线在这个平面内。因此在一般位置平面内取直线有两种方法：

（1）过平面内两点连一直线，如图 1.22 所示，点 D、E 在平面 P 上，则直线 DE 在平面 P 上。

（2）过平面内一点，作平行于该平面内另一已知直线的平行线，如图 1.22 所示，点 E 在平面 P 上，直线 AB 在平面 P 上，且直线 $EF/\!/AB$，则直线 EF 在平面 P 上。

2. 平面内取点

若点在平面内的一直线上，则点必在该平面内。所以，平面内取点是先在平面内取直线，再在直线上取点。如图 1.22 所示，点 D 在直线 AB 上，直线 AB 在△ABC 平面内，则点 D 在△ABC 平面内。

【例 1.6】　如图 1.23（a）所示，已知平面 ABC 的两面投影和平面内直线 KL 的正面投影，完成直线 KL 的投影。

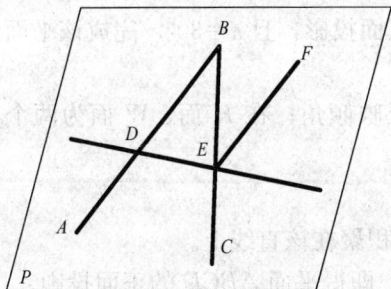

图 1.22　平面内取直线

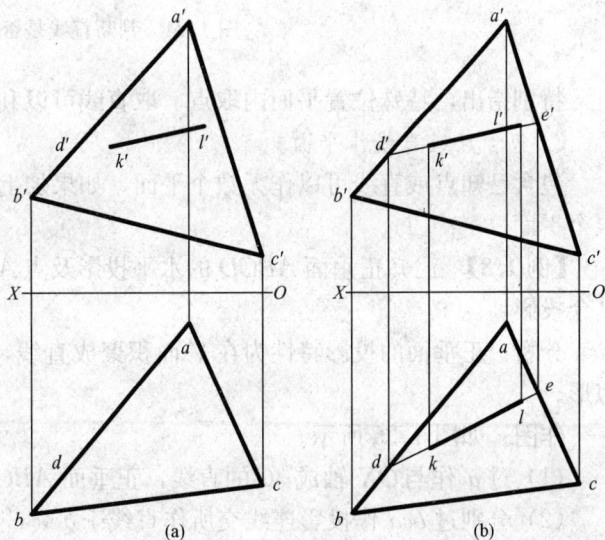

图 1.23　求直线 KL 的投影

作图：如图 1.23（b）所示，作图步骤如下。

（1）将 $k'l'$ 向两边延长，分别交 $a'b'$，$a'c'$ 于 d'、e'。D、K、L、E 四点共线。

（2）分别过 d'、e' 向下作投影连线交 ab，ac 于 d、e，连接 de。

（3）过 k'、l' 向下作投影连线与 de 交于 k，l，连接 kl。

【例 1.7】　如图 1.24（a）所示，已知平面 ABC 及直线 MN 的两面投影，判断直线 MN 是否在△ABC 所在的平面内。

分析：若直线 MN 在平面 ABC 上，则必有直线 MN 与平面 ABC 上的某一直线（如直线 BC）相交于一点。

作图：如图 1.24（b）所示。

（1）延长 $m'n'$ 交 $b'c'$ 于的 d'。假设 D 为交点，则 D 在直线 BC 上。

（2）过 d' 作投影连线交 bc 于 d。

（3）显然 d 不在 mn 上，因此 MN 与 BC 异面。故 MN 不在平面 ABC 上。

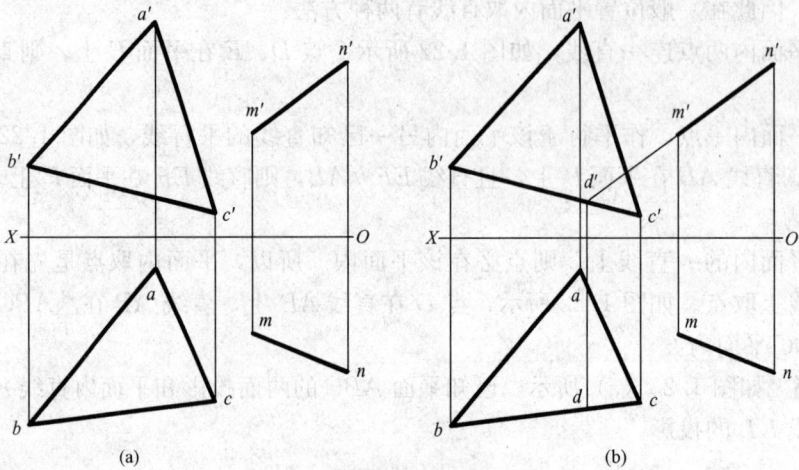

图 1.24　判断直线是否在平面内

特别指出，特殊位置平面内取点、取直线可以利用积聚性，而不用另外作辅助线。

3. 包含点或直线作平面

包含已知点或直线可以作无数个平面，如果加上其他限制条件，则可以作唯一的或者有限个平面。

【例 1.8】 已知正垂面 $ABCD$ 的水平投影及点 A 的三面投影，且 $\alpha = 30°$，完成该平面的其余投影。

分析： 正垂面的投影特性为在 V 面积聚成直线，且反映倾角；在 H 面、W 面为两个类似形。

作图： 如图 1.25 所示。

（1）过 a' 作与 OX 轴成 $30°$ 的直线，正垂面 $ABCD$ 即积聚在该直线上。

（2）分别过 bcd 作投影连线交所作直线于 b'，c'，d'，即得平面 $ABCD$ 的正面投影。

（3）由点的投影规律，作出平面 $ABCD$ 的侧面投影 $a''b''c''d''$。

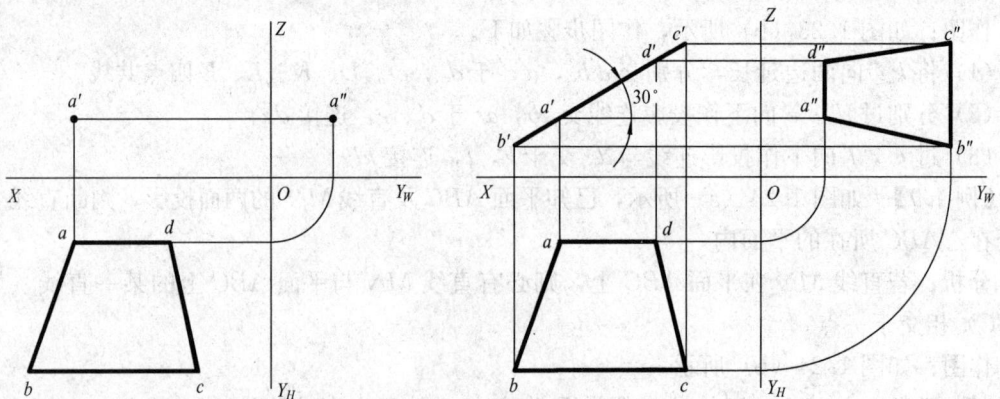

图 1.25　[例 1.8] 图解

1.3 国家标准《技术制图》的基本规定

1.3.1 概述

标准是为在一定的范围内获得最佳秩序，对活动或者其结果规定共同的和重复使用的规则、导则或者特性的文件。该文件经协商一致制定并经一个公认机构的批准。

标准化是指为在一定的范围内获得最佳秩序，对实际的或潜在的问题制定共同的和重复使用的规则的活动。包括制定、发布，及实施标准的过程。其基本原理为：统一、简化、协调、优化。

制图的基本规定有两层含义：一是通用性，无论是机械图形还是建筑图形，只要是技术图形都使用；二是与投影法、画法和注法无关。

我国自 1959 年首次发布了国家标准《机械制图》以来，随着经济建设的不断发展和对外技术交流的日益扩展，我国的国家标准也经过了多次修改与修订，每一次修订标准自规定之日起实施，要求每一个工程技术人员必须以严谨的态度遵守国家标准。

国家标准简称"国标"，其代号为"GB"。例如 GB/T 4458.4—2003，其中"T"为推荐性标准，"4458.4"为标准顺序号，"2003"为标准颁布的年号。

1.3.2 图纸幅面和格式（GB/T 14689—2008）

一、图纸幅面

图纸幅面，简称图幅，是由图纸的宽度与长度组成的图面，即图纸的有效范围，通常用细实线绘制，称为图纸边界或裁纸线。

（1）图纸幅面尺寸即图面大小，以其长、宽的尺寸来确定。绘制图形时应优先选用国标规定的基本幅面，其尺寸见表 1.5。

表 1.5		基 本 幅 面 尺 寸			单位：mm
幅面代号	A0	A1	A2	A3	A4
尺寸 $B \times L$	841×1189	594×841	420×594	297×420	210×297
e	20			10	
c	10			5	
a			25		

（2）必要时允许选用国标所规定的加长幅面，这些幅面的尺寸由基本幅面的短边成整数倍增加后得出。需要时，可查阅《技术制图 图纸幅面和格式》（GB/T 14689—2008）。

二、图框格式

图框是图纸上限定绘图区域的线框，通常用粗实线绘制，称为图框线。图纸可横放（X型）或竖放（Y型），并分为不留装订边和留装订边两种，但同一种产品只能采用同一种图形。

（1）留装订边的图框格式，如图 1.26 所示，尺寸见表 1.5 的规定。

（2）不留装订边的图框格式，如图 1.27 所示，尺寸见表 1.5 的规定。

（3）加长幅面的图框尺寸按所选用的基本幅面大一号的图框尺寸确定。

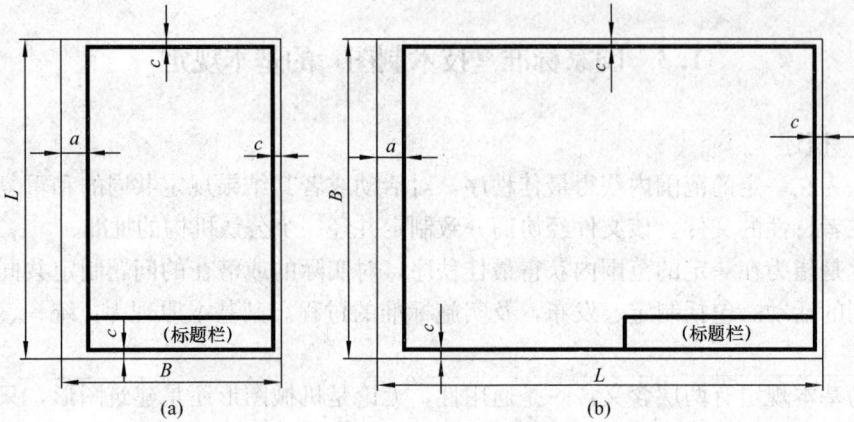

图 1.26 留装订边的图框格式

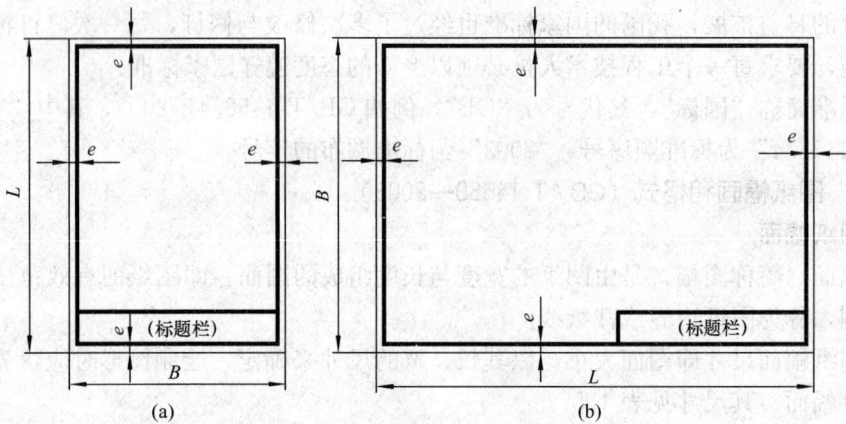

图 1.27 不留装订边的图框格式

三、标题栏

标题栏是由名称及代号区、签字区、更改区和其他区组成的栏目。

（1）每张图纸都必须画出标题栏，标题栏的格式和尺寸按《技术制图　标题栏》（GB/T 10609.1—2008）的规定，标题栏的位置应位于图纸的右下角，其右下周边线与图框线重合。该标准列举的标题栏格式如图 1.28 所示。

						（材料标记）			（单位名称）
（标记）	处数	分区	更改文件号	签名	年、月、日				（图样名称）
设计	（签名）	（年月日）	标准化	（签名）	（年月日）	阶段标记	重量	比例	
									（图样代号）
审核									
工艺			批准			共　张　第　张			（存储代号）

图 1.28　标题栏格式

（2）标题栏的长边置于水平方向。在绘图练习中，为简化作图，推荐采用如图 1.29 所示的标题栏格式。

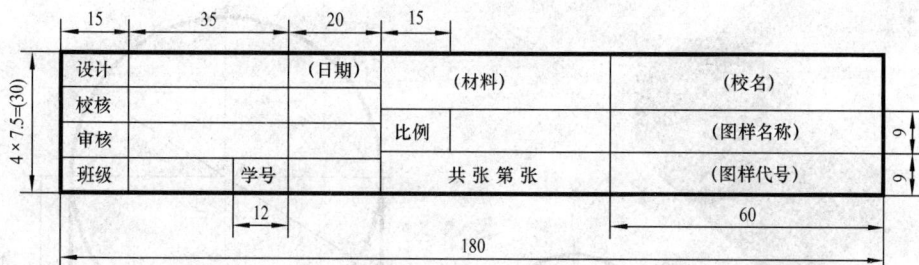

图 1.29　练习用标题栏格式

其中材料、比例、校名、图形名称、图形代号等用 5 号字体，其余的用 3.5 号字体。

"设计"为学生自签，"校核"为学生互签，"审核"为老师签名。

"日期"为年月日，其写法和顺序应按《技术制图》的规定，即"年"用四位数，"月""日"用两位数，之间用连字符分隔、或用间隔字符分隔、或不用分隔符。如 2012-05-18、2012 05 18、20120518。

1.3.3　比例（GB/T 14690—1993）

一、定义与种类

比例是图中图形与实物相应要素的线性尺寸之比。

其中，比值为 1 的比例为原值比例，即 1∶1；比值大于 1 的比例为放大比例，如 2∶1；比值小于 1 的比例为缩小比例，如 1∶2。

二、比例系列

需要按比例绘制图形时，应由国家标准所规定的系列中选取适当的比例，见表 1.6。必要时允许选用国家标准规定的其他比例。

表 1.6　　　　　　　　　绘 图 比 例

种　类	比　　　例
原值比例	1∶1
放大比例	5∶1, 5×10^n∶1, 2∶1, 2×10^n∶1, 1×10^n∶1
缩小比例	1∶2, 1∶2×10^n, 1∶5, 1∶5×10^n, 1∶10, 1∶10^n

注　n 为正整数。

为了便于看图，最好采用原值比例绘图，如因物体太大或太小，才采用缩小或放大的比例画图。但无论采用何种比例，标注尺寸时必须按物体的实际大小标注尺寸，如图 1.30 所示。

三、标注方法

（1）比例符号应以"∶"表示，如 1∶1，1∶500，20∶1 等。

（2）比例一般应标注在标题栏中的比例栏内。必要时，可在视图名称的下方或右侧标注，如

$$\frac{1}{2\colon 1},\ \frac{B-B}{2.5\colon 1},\ \frac{墙板位置图}{1\colon 200},\ 平面图\ 1\colon 100$$

（3）必要时允许在同一视图中铅垂和水平方向标注不同的比例（两种比例的比值不应超过 5 倍）。如河流横断面图 $\dfrac{铅垂方向\ 1\colon 1000}{水平方向\ 1\colon 200}$ 。

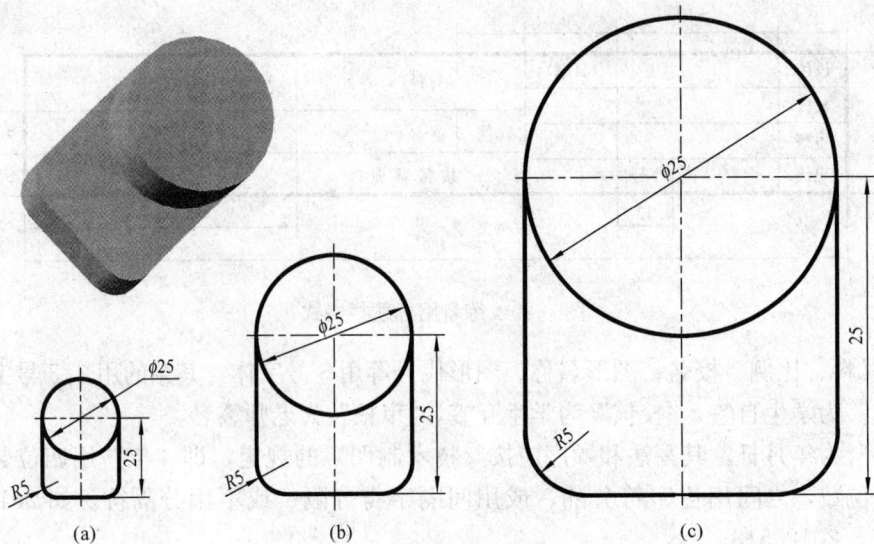

图 1.30　采用不同比例绘制的图形

(a) 1∶2；(b) 1∶1；(c) 2∶1

（4）必要时，图形的比例可采用比例尺的形式，一般可在图形中的铅垂或水平方向加画比例尺。

1.3.4　字体（GB/T 14691—1993）

字体是图中文字、字母、数字的书写形式。工程图中的文字必须遵循以下规定。

（1）国家标准规定图形中的字体必须做到：字体工整、笔画清楚、间隔均匀、排列整齐。

（2）字号（即字高，用 h 表示）公称尺寸系列：20mm、14mm、10mm、7mm、5mm、3.5mm、2.5mm、1.8mm 等 8 种。若需写更大的字，字高按 $\sqrt{2}$ 的比率递增。

（3）汉字应写成长仿宋体字，并应采用国家正式公布的简化字。字高不应小于 3.5mm，其字宽约为字高的 0.7 倍。

（4）长仿宋体字具有"字体工整、笔画清楚"的特点，便于书写。长仿宋体汉字的示例，如图 1.31 所示。

10 号字

字体工整笔画清楚间隔均匀排列整齐

7 号字

横平竖直注意起落结构匀称填满方格

5 号字

技术制图机械电子汽车航空船舶土木建筑矿山港口纺织

图 1.31　长仿宋体汉字示例

（5）数字和字母分 A、B 型。A 型字体的笔画宽度（d）为 $\dfrac{h}{14}$，B 型则为 $\dfrac{h}{10}$，但同一图形中只能选用同一种字体。

（6）数字和字母可写成斜体和直体。常用斜体，字头向右倾斜，与水平基准线成 75°角。如图 1.32 所示的为数字与字母的 A 型斜体字的书写形式示例。

图 1.32　数字和字母的 A 型字示例

(a) 阿拉伯数字；(b) 罗马数字；(c) 大写拉丁字母；(d) 小写拉丁字母；(e) 小写希腊字母

（7）综合应用时，用作指数、分数、极限偏差、脚注等的数字和字母，一般应采用小一号的字体；图中的数学符号、物理量符号、计量单位符号以及其他符号、代号，应分别符合国家标准规定，如图 1.33 所示。

$\phi 20^{+0.010}_{-0.020}, 7^{\circ+1^{\circ}}_{-2^{\circ}}, 460\text{r/min}, 380\text{MPa}, 10\text{JS}5(\pm 0.003), \text{M}24 - 6\text{h}, R8, 5\%, \dfrac{I}{2:1}, \phi 90^{F7}_{h6}$

图 1.33　字体综合应用示例

1.3.5　图线（GB/T 17450—1998、GB/T 4457.4—2002）

一、部分术语

（1）图线是起点和终点间以任意方式连接的一种几何图形，形状可以是直线或曲线、连续或不连续线。其中，起点和终点可以重合。

（2）线素是不连续的独立部分，如点、长度不同的画和间隔。点是图线的长度小于或等于宽度的一半。

（3）线段是一个或一个以上不同线素组成一段连续的或不连续的图线，如实线的线段或由"画、短间隔、点、短间隔、点、短间隔"组成的细双点画线等。

二、常用图线形式

国家标准规定了 15 种基本图线形式，常用线型与一般应用见表 1.7。

表 1.7　　　　　　　　　　　　　　常用线型与应用

图线名称	图线型式	图线宽度	一般应用
粗实线	———————	宽度（d）：优先选用 0.5mm、0.7mm	可见棱边线、可见轮廓线、相贯线、螺纹牙顶线、螺纹长度终止线、齿顶圆（线）等
细实线	———————	宽度（d）：为粗实线宽度的一半	尺寸线、尺寸界线、指引线和基准线、剖面线、重合断面的轮廓线、短中心线、螺纹牙底线、尺寸线的起止线、表示平面的对角线、范围线和分界线、辅助线、投影线等
细虚线	 – – – – – – –		不可见棱边线、不可见轮廓线
细点画线	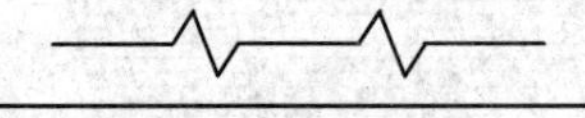 –·–·–·–·–		轴线、对称中心线、分度圆（线）、孔系分布的中心线、剖切线
细双点画线	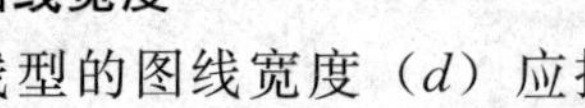 –··–··–··–		相邻辅助零件的轮廓线、可动零件的极限位置的轮廓线、成形前轮廓线、剖切面前的结构轮廓线、中断线等
波浪线	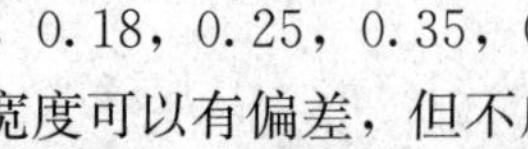 〜〜〜	宽度（d）：为粗实线宽度的一半	断裂处边界线，如视图与剖视图的分界线注：在同一张图上一般只采用这两种线型中的一种
双折线	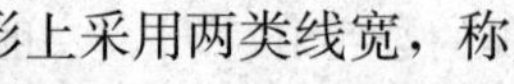 ⋀⋁⋀		

三、图线宽度

所有线型的图线宽度（d）应按图形的类型和尺寸大小在下列数系中选择（单位为mm）：0.13、0.18、0.25、0.35、0.5、0.7、1.0、1.4、2；并优先采用 0.5 或 0.7。

图线的宽度可以有偏差，但不应大于 $\pm 0.1d$。在同一图形中，同类图线的宽度应一致。机械工程图形上采用两类线宽，称为粗线和细线，其宽度比例关系为 2：1。

四、图线画法要求

（1）同一图形中，同类图线的宽度应基本一致，虚线、点画线的线段长度和间隔应大体相等，且短间隔的长度为 $3d$、点的长度 $\leqslant 0.5d$，首尾两端是画而不是点。

（2）对称图形的对称中心线应超出其轮廓线2～5mm。

（3）在绘制圆的对称中心线时，细点画线的两端是画并应超出圆周2～5mm，圆心为其交点；在较小的图形中绘制点画线有困难时，可用细实线代替，如图1.34（a）所示。而如图1.34（b）所示的画法为错误画法，画"×"的部分都应为长画相交。

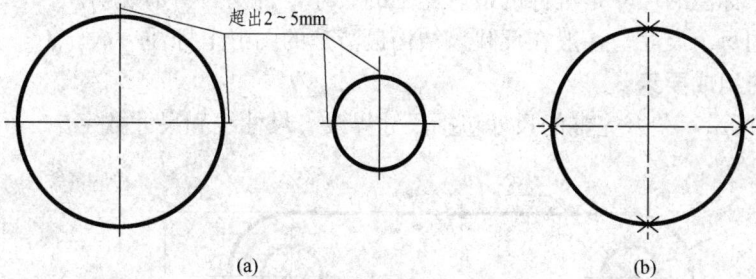

图1.34　圆的对称中心线的绘制
（a）正确；（b）错误

（4）两条或两条以上的图线平行（包括剖面线）时，其最小距离不应小于0.7mm。

五、图线的应用实例

各种图线在机械图形中综合应用的实例如图1.35所示。

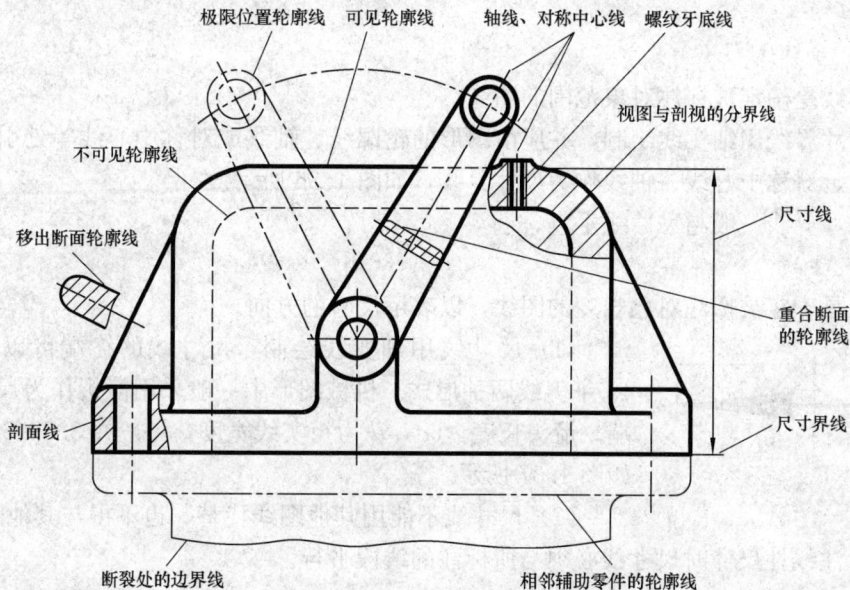

图1.35　各种图线的综合应用实例

1.3.6　尺寸标注（GB／T 11675.2—2012，GB／T 4458.4—2003）

尺寸，是用特定长度或角度单位表示的数值，并在技术图形上用图线、符号和技术要求表示出来。

一、基本规则

（1）图形上标注的尺寸数值就是机件的实际大小的数值。它与画图时采用的缩、放比例无关，与画图的精确程度亦无关。

（2）图形上的尺寸以 mm（毫米）为计量单位时，不需标注单位代号或名称。若采用其他计量单位时，则应注明相应的单位符号；但长度尺寸通常以 mm 为单位，且不需标注。

（3）图形上标注的尺寸是机件的最后完工的尺寸，否则要另加说明。

（4）机件的每个尺寸，一般在反映该结构最清楚的图形上标注一次。

二、尺寸的组成要素

如图 1.36 所示，一个完整的尺寸包括尺寸界线、尺寸线和尺寸数字。

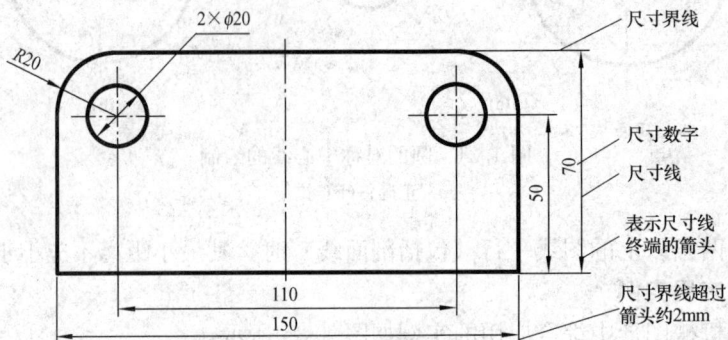

图 1.36　尺寸要素

（一）尺寸界线

尺寸界线是确定被标注对象范围的图线。

（1）尺寸界线用细实线绘制，并应由图形的轮廓线、轴线或对称中心线等处引出，也可利用轮廓线、对称中心线、轴线作为尺寸界线，如图 1.36 所示。

（2）尺寸界线一般与尺寸线垂直。

（二）尺寸线

尺寸线是确定被标注对象长度的图线，以表示尺寸的方向。

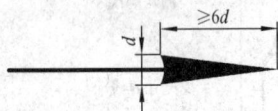

图 1.37　箭头尺寸

（1）尺寸线用细实线绘制，尺寸线的终端可以用箭头或 45°细斜线两种形式。机械图形中一般采用箭头作为尺寸线的终端。箭头长度≥6d，d 为粗实线宽度，一般在 3.5～5mm 之间，如图 1.37 所示。

（2）尺寸线不能用其他图线代替，也不得与其他图线重合。

（3）标注线性尺寸时尺寸线必须与所标注的线段平行。

（三）尺寸数字

尺寸数字是确定被标注对象的数值，以表示尺寸的大小。

（1）一般应注在尺寸线的上方，也可注在尺寸线的中断处。

注意

标注尺寸数字时，应以注写在尺寸线上方为首选形式（画图方便）。当地方有限，在尺寸线上方注写数字有困难时，才采用数字标注在尺寸线中断处的形式。

（2）对于线性尺寸数字的方向，一般应随尺寸线的方位而变化。如图 1.38（a）所示，水平方向字头向上，垂直方向字头向左，倾斜方向字头有向上的趋势。并尽可能避免在如图 1.38（a）所示的 30°范围内标注尺寸。当无法避免时，可按如图 1.38（b）所示的形式标注。

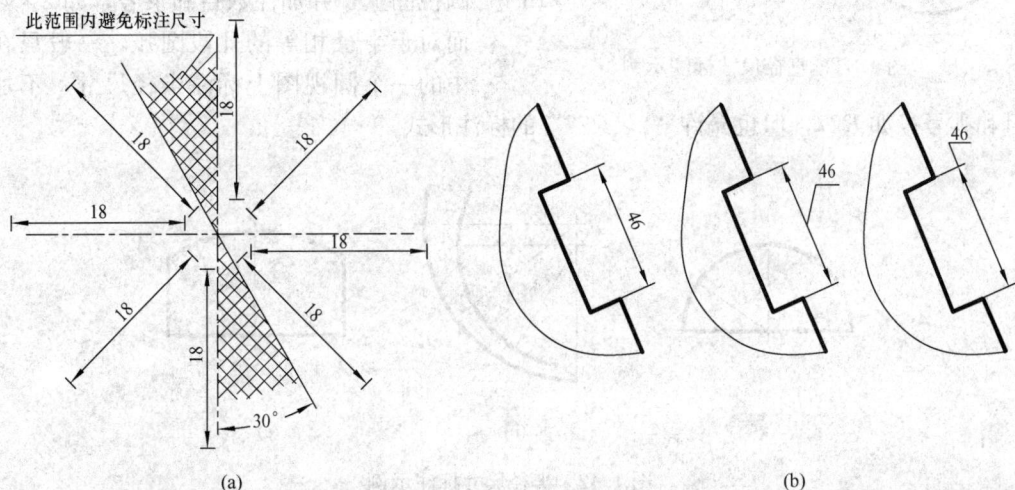

图 1.38　线性尺寸数字的标注

对于非水平方向的尺寸，在不致引起误解时，尺寸数字允许水平地注写在尺寸线的中断处，如图 1.39 所示。

（3）尺寸数字不允许被任何图线通过；当有图线通过尺寸数字时，图线必须断开。

三、标注示例

（一）角度尺寸

尺寸界线沿径向引出，尺寸线应画成圆弧，圆心是角的顶点，尺寸数字一律水平书写。一般应标注在尺寸线的中断处，如图 1.40（a）所示。必要时也可标注在尺寸线的上方或外部，也可引出标注，如图 1.40（b）所示。

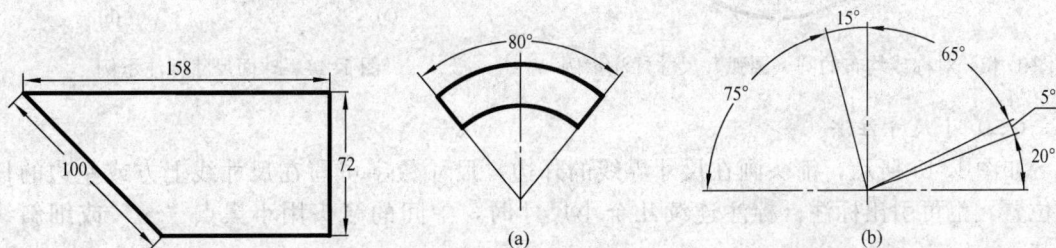

图 1.39　允许的尺寸标注形式图　　　　图 1.40　角度尺寸标注示例

（二）直径和半径尺寸

（1）标注直径尺寸必须加注直径符号"ϕ"（圆心角大于 180°的圆弧或圆），如图 1.41 所示；标注半径尺寸必须加注半径符号"R"（圆心角小于或等于 180°的圆弧），如图 1.42（a）、（b）所示。大圆弧尺寸可按示意标注，不需标注圆心位置，但尺寸线必须指向圆心，如图 1.42（c）所示。

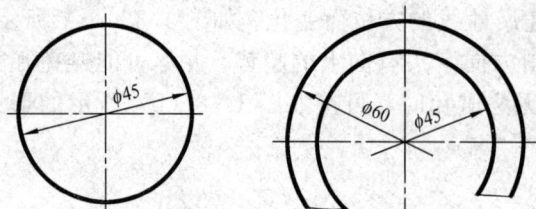

图 1.41　直径尺寸标注示例

（2）如图 1.43 所示，同一圆周上对称分布的几段圆弧必须标注直径，如 $\phi110$；同一圆周上均匀分布的或对称分布的形状和大小相同的圆孔，只标注在其中的一个圆视图上，并加注数目和乘号，如 $2\times\phi25$；而对于半径相等的几段圆弧，一般只在其中的一个圆视图上标注半径尺寸，不加注数目和乘号，如 R27，但也允许"$2\times R27$"的标注形式。

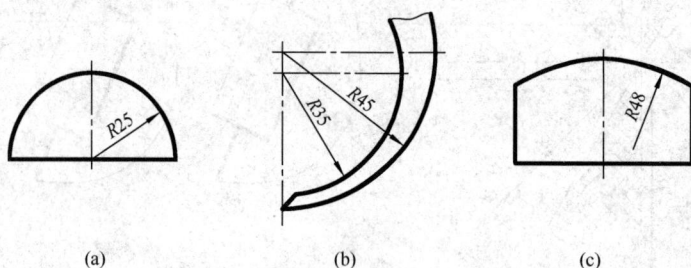

（a）　　　　　　　　　（b）　　　　　　　　　（c）

图 1.42　半径尺寸标注示例

（3）球面尺寸的标注与圆（圆弧）的直（半）径尺寸标注类似，但标注直径的尺寸数字前加注符号"$S\phi$"，标注半径的尺寸数字前加注符号"SR"，如图 1.44 所示。

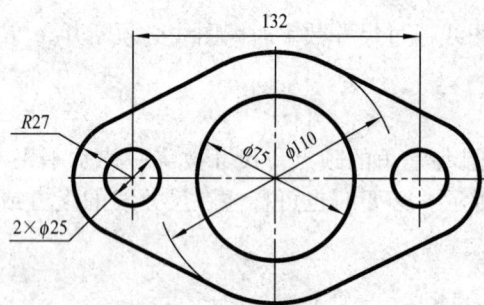

图 1.43　对称或均布的圆（圆弧）尺寸标注示例

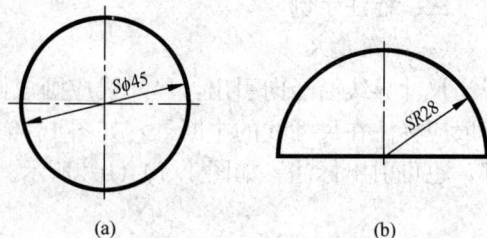

（a）　　　　　　　　　（b）

图 1.44　球面尺寸标注示例

（三）小尺寸注法

如图 1.45 所示，箭头画在尺寸界线的外边，尺寸数字可写在尺寸线上方或左边的任意位置，也可引出标注。标注连续几个小尺寸时，中间的箭头用小黑点"·"或细斜线代替。

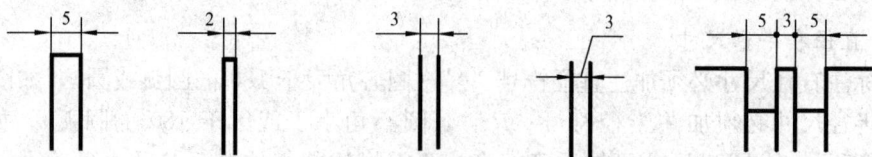

图 1.45　小尺寸标注示例（一）

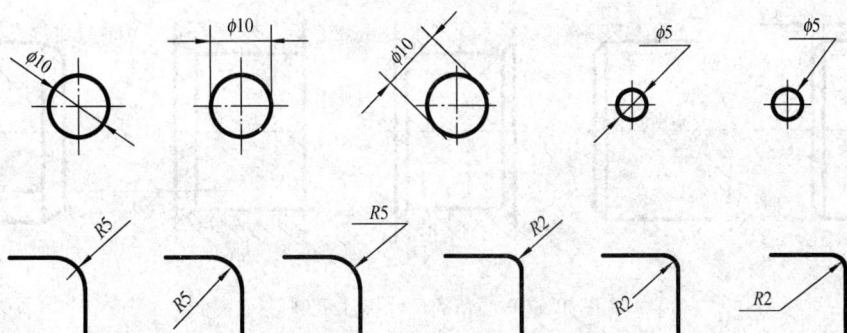

图 1.45　小尺寸标注示例（二）

（四）正方形结构的尺寸注法

标注横断面为正方形结构的尺寸时，可在边长尺寸数字前加注"□"或"$a \times a$"，a 为边长，如图 1.46 所示。图中相交的两条细实线是平面符号（当图形不能充分表达平面时，可用这个符号表示平面）。

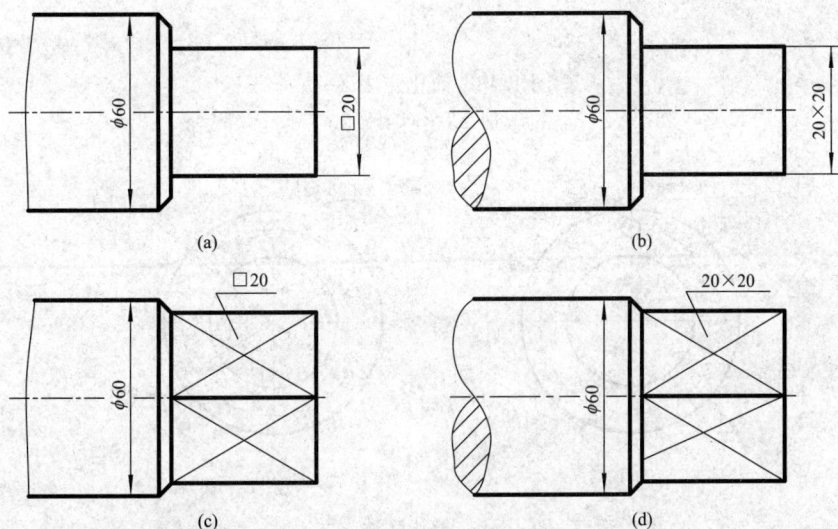

图 1.46　正方形结构的尺寸标注示例

（五）倒角

45°的倒角可按图 1.47（a）、（b）、（c）所示的形式标注（图中 C2 表示倒角，即所标注的斜线与点画线间的夹角为 45°；所标注的两条竖直线间的距离为 2mm）。非 45°的倒角则按图 1.47（d）、（e）所示的形式标注。

四、简化注法

（1）标注尺寸时，可使用带箭头的指引线，如图 1.48（a）所示。其中 M 为普通螺纹的特征代号。

（2）标注尺寸时，也可采用不带箭头的指引线，如图 1.49（a）所示。

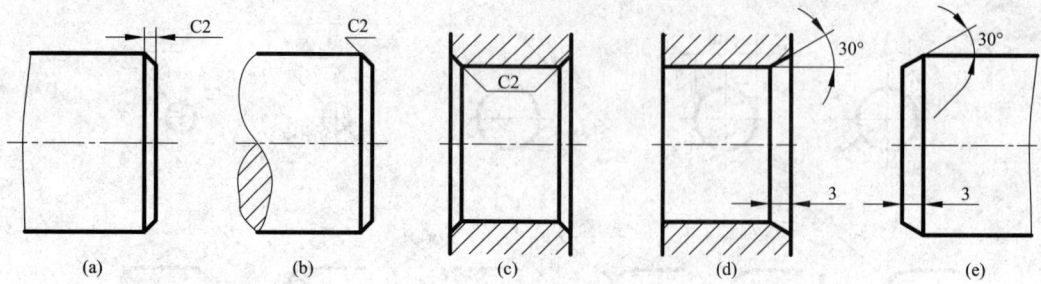

图 1.47　倒角的尺寸标注示例

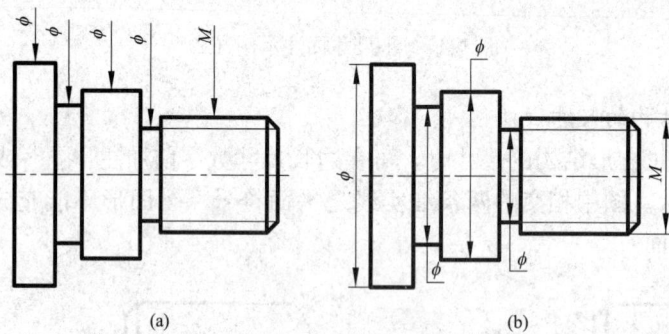

图 1.48　简化注法（一）
(a) 简化后；(b) 简化前

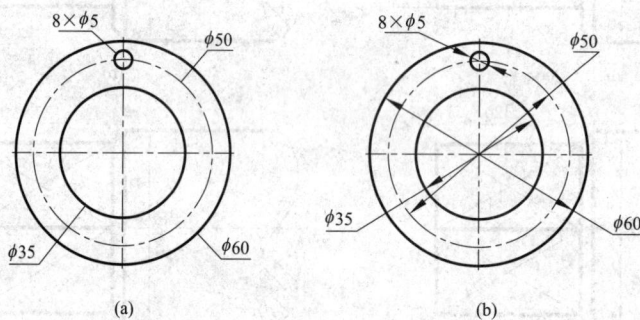

图 1.49　简化注法（二）
(a) 简化后；(b) 简化前

（3）从同一基准出发的尺寸可按图 1.50（a）所示的形式标注。在基准位置处要画一小圆圈，并在旁边注写"0"，除由基准出发的第一个尺寸外，后面的尺寸线可连续，也可不连续。

（4）一组同心圆弧的尺寸，可用公用的尺寸线和箭头依次表示，如图 1.51（a）、（b）所示。一组圆心位于一条直线上的多个同心圆弧的尺寸，可用公用的尺寸线和箭头依次表示，如图 1.51（d）所示。

（5）一组同心圆或尺寸较多的台阶孔的尺寸，可用公用的尺寸线和箭头依次表示，如图 1.52（a）、（c）所示。

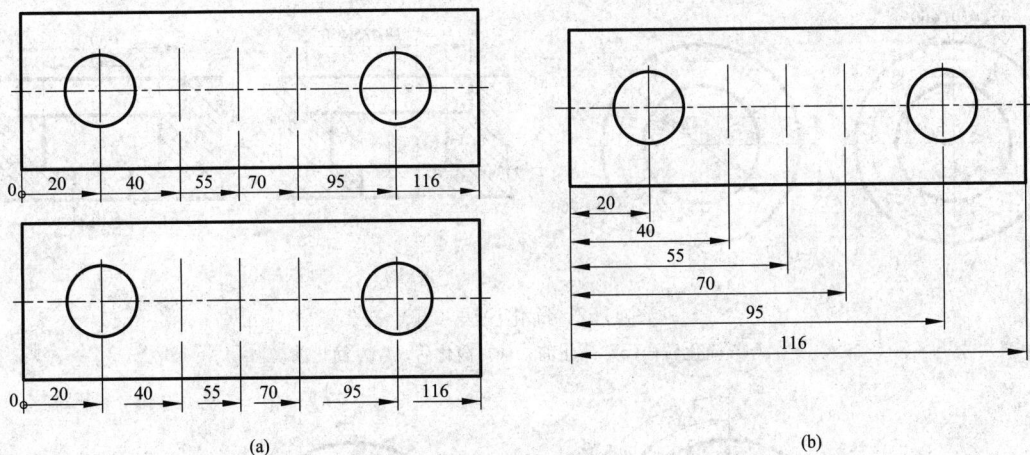

图 1.50　简化注法（三）
(a) 简化后；(b) 简化前

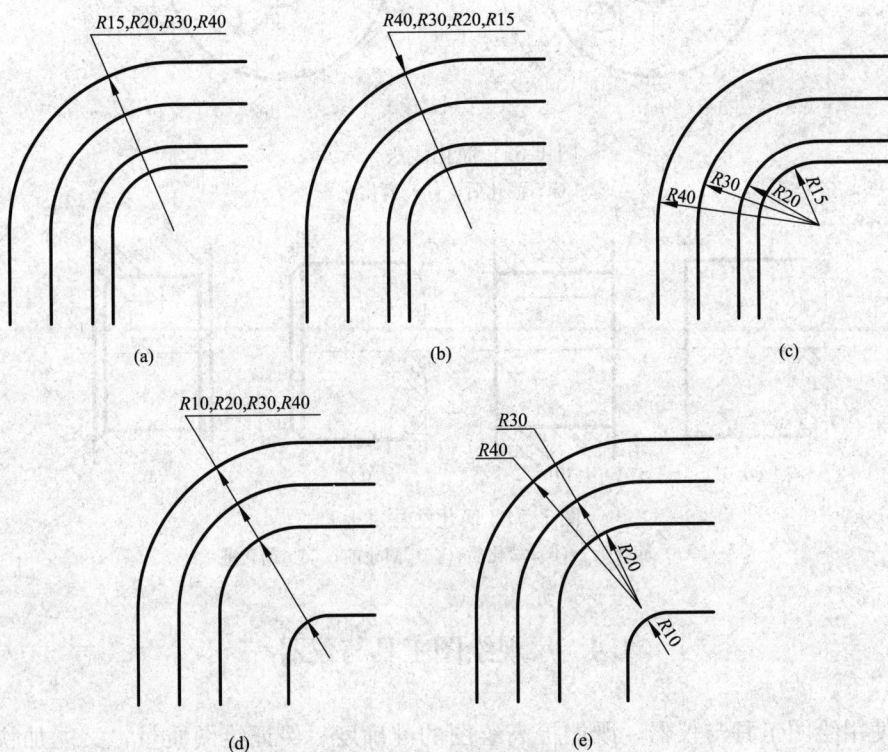

图 1.51　简化注法（四）
(a) 简化后；(b) 简化后；(c) 简化前；(d) 简化后；(e) 简化前

（6）间隔相等的链式尺寸，可采用如图 1.53（a）所示的简化注法，加圆括号"（）"的为参考尺寸。

（7）在不致引起误解时，零件图中的倒角可以省略不画，如图 1.54（a）、(b) 所示。

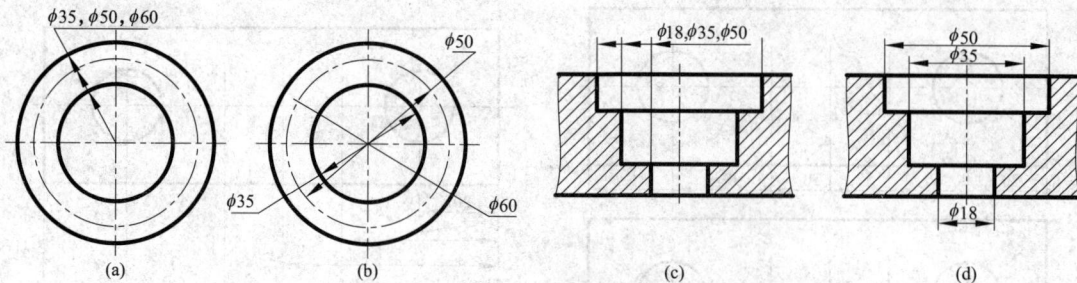

图 1.52　简化注法（五）

(a) 简化后；(b) 简化前；(c) 简化后；(d) 简化前

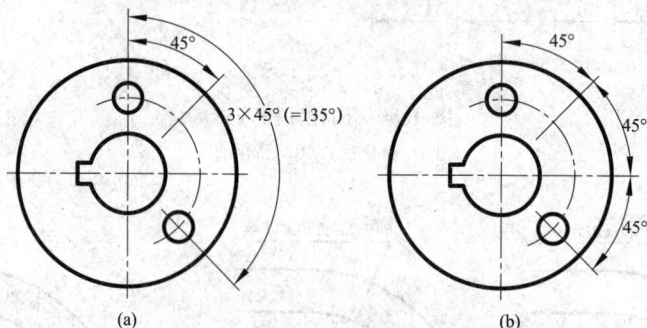

图 1.53　简化注法（六）

(a) 简化后；(b) 简化前

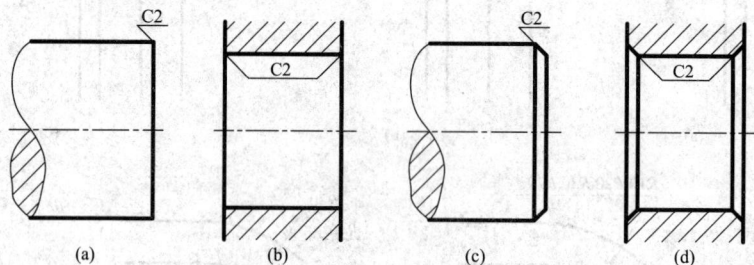

图 1.54　简化注法（七）

(a) 简化后；(b) 简化后；(c) 简化前；(d) 简化前

1.4　尺规绘图工具与仪器

正确使用绘图工具与仪器，既能提高绘图的准确度、保证绘图质量，又能加快绘图速度。因此，必须正确使用绘图工具和仪器。常用的绘图工具有绘图铅笔、图板、丁字尺、三角板、圆规、分规、曲线板、比例尺等。

1.4.1　铅笔

铅笔笔芯的硬度由字母 H 和 B 来标识，一般需要准备几种不同型号的绘图铅笔。

B 或 2B 铅笔用来画粗实线；HB 铅笔用来画细实线、点画线、双点画线、虚线和写字；H 或 2H 铅笔用来画底稿。

H 前的数字越大，铅芯越硬，画出来的图线就越淡，B 前的数字越大，铅芯越软，画出来的图线就越黑。由于圆规画圆时不便用力，因此圆规上使用的铅芯一般要比绘图铅笔软一级。用于画粗实线的铅笔的铅芯应磨（削）成矩形断面，其余的磨（削）成圆锥形，如图 1.55 所示。

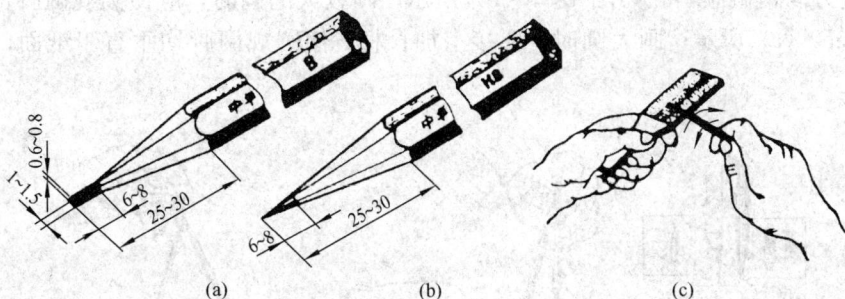

图 1.55　铅笔

（a）绘制粗线的铅笔；（b）绘制细线与写字的铅笔；（c）铅芯的磨削

画线时，铅笔在前后方向应与纸面垂直，而且与画线前进方向倾斜大约 30°。当画粗实线时，因用力较大，倾斜角度可小一些。画线时用力要均匀，匀速前进。

1.4.2　图板、丁字尺、三角板

图板是用作画图的垫板，要求工作表面平坦光洁；又因它的左边用作导边，所以必须平直。

丁字尺主要用来画水平线的。丁字尺的上面那条边为工作边，画图时，应使尺头紧靠着图板左侧的导边，只能用其工作边画线，水平线必须自左向右画，如图 1.56 所示。

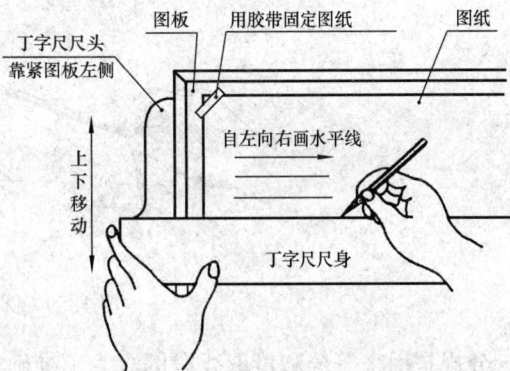

图 1.56　绘制水平线

三角板有 60°和 45°两种规格，三角板除了直接用来画直线外，也可配合丁字尺画铅垂线和与水平方向成 15°倍数的其他倾斜线，如图 1.57、图 1.58 所示。

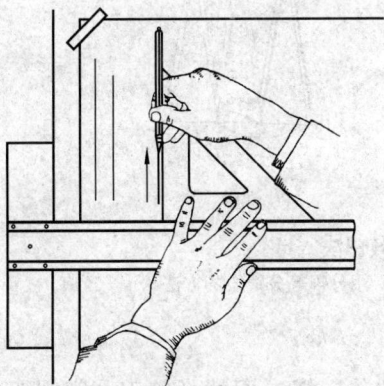

图 1.57　绘制铅垂线

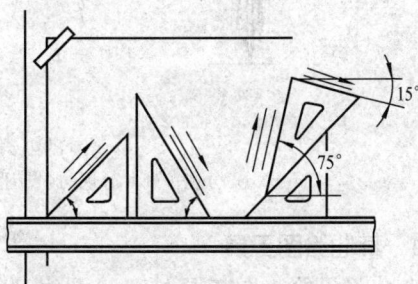

图 1.58　绘制各种倾斜线

1.4.3　圆规和分规

圆规在使用前应先调整针脚，使针尖略长于铅芯，如图 1.59（a）所示。画图时，应使圆规向前进方向稍微倾斜，如图 1.59（b）所示；画较大的圆时，应使圆规两脚都与纸面垂直，如图 1.59（c）所示；画大圆时，要接上加长杆，使圆规两脚均垂直于纸面，如图 1.59（d）所示。

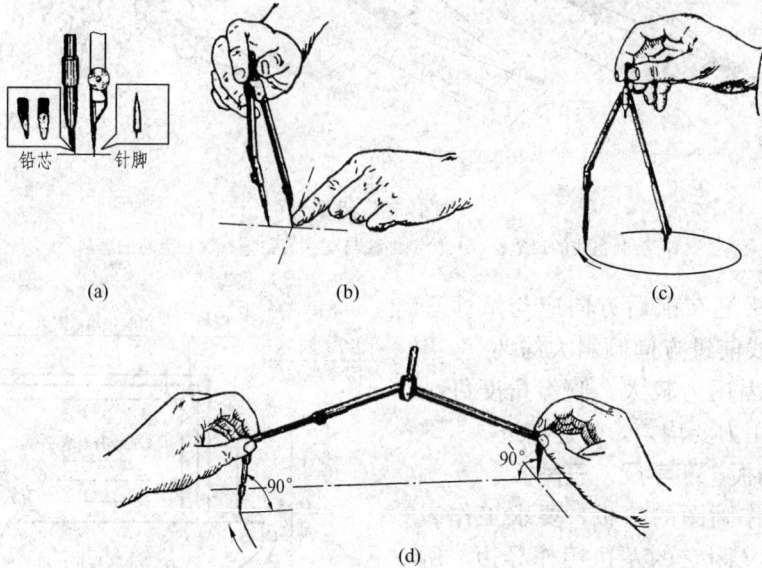

图 1.59　圆规及其用法

分规是用来等分和量取线段的。为了准确地度量尺寸，分规两脚的针尖在并拢后，应能对齐，如图 1.60（a）所示。分规的使用方法如图 1.60（b）、（c）所示。

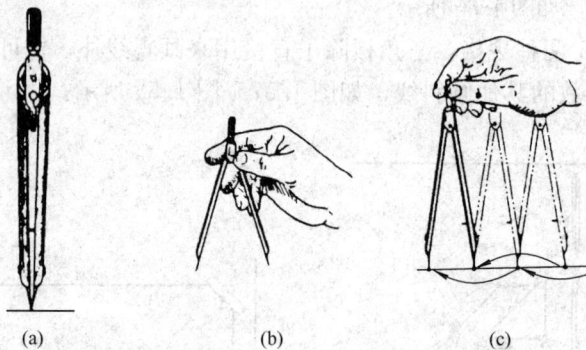

图 1.60　分规及其用法
(a) 分规；(b) 分规的调节手法；(c) 用分规等分线段的方法

1.4.4　其他绘图工具

除以上介绍了的绘图工具外，绘图时还需要准备一把专用的削笔刀，磨削铅芯用的砂纸，固定图纸用的透明胶带，修改图线用的橡皮。

绘图工具种类繁多，如绘制光滑曲线的曲线板、度量角度的量角器、绘制不同比例线段的比例尺等，有些仅在特定绘图时才会用到。但随着计算机绘图的普及，描图等复制图的工作已逐渐被计算机绘图所替代，使手工绘图使用的工具得以简化。

1.5 几 何 作 图

在绘制工程图形时，通常会遇到正多边形、矩形、圆、椭圆、平面曲线或图线相切等的几何作图问题。下面介绍几种常见的几何作图。

1.5.1 正多边形

绘制正多边形的方法通常是先作出其外接圆，然后等分圆周，最后依次连接各等分点。

一、正六边形

以正六边形对角线的长度为直径作出外接圆，根据正六边形的边长与其外接圆半径相等的特性，用外接圆的半径等分圆周求得六个等分点，连接各等分点即得正六边形，如图 1.61（a）所示。

另一种方法是：作出外接圆后，利用 60°三角板与丁字尺配合画出，如图 1.61（b）所示。

二、正五边形

已知外接圆直径求作正五边形。如图 1.62 所示，作水平半径 OA 的中点 D，以 D 为圆心、DE 为半径画圆弧，交水平中心线于 F，以 EF 为边长，即可作出圆内接的正五边形。

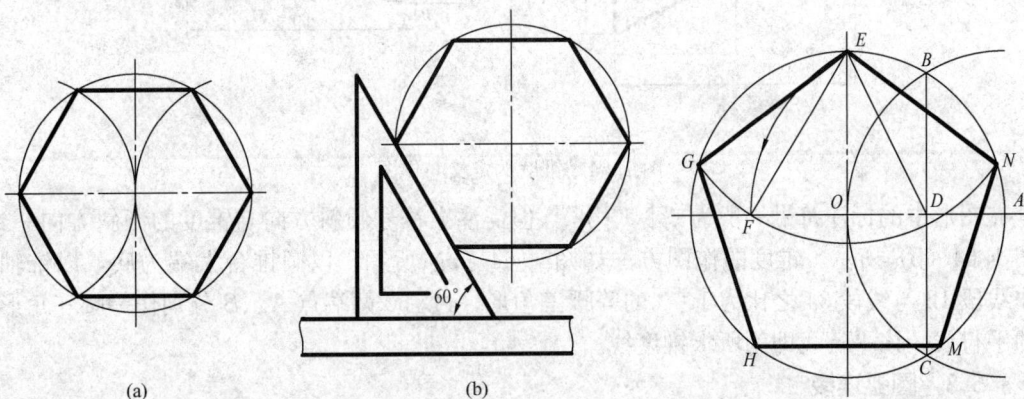

(a)　　　　　(b)

图 1.61　正六边形的绘制方法　　　　　图 1.62　正五边形的绘制方法

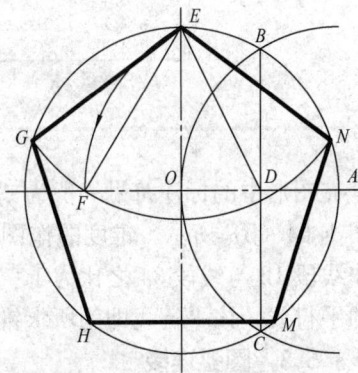

1.5.2 斜度和锥度

一、斜度

斜度是一直线或平面对另一直线或平面的倾斜程度。其大小用该直线或平面间夹角的正切来表示，如图 1.63（a）所示。

$$斜度 = \tan\alpha = H/L$$

在图形中的标注符号一般为"∠1：n"，但须注意符号倾斜方向与斜度的倾斜方向一致，如图 1.63（b）所示。斜度的一种作图方法如图 1.63（c）所示，先自作图点 C 作 AB 的垂线，再在 AC 和 AB 上分别截取 $A1$：$A2 = 1$：3，得斜度方向线，最后过点 C 作 12 的平行线，该平行线即为所求斜度线。

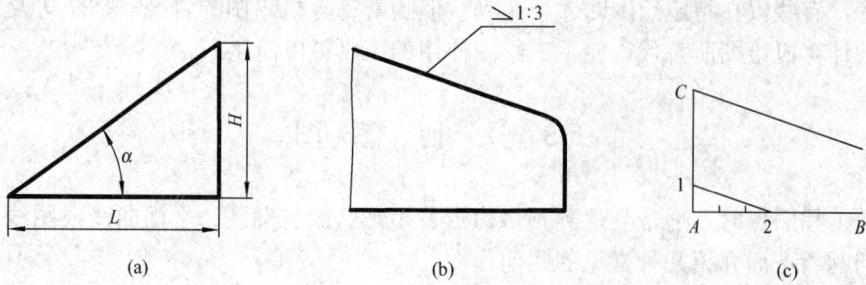

图 1.63　斜度的定义与作图

二、锥度

锥度是正圆锥的底圆直径与圆锥高度之比，或者圆锥台的两底圆直径之差与其高度（两底圆中心点间的距离）之比，如图 1.64（a）所示。

$$锥度 = D/L = (D-d)/l$$

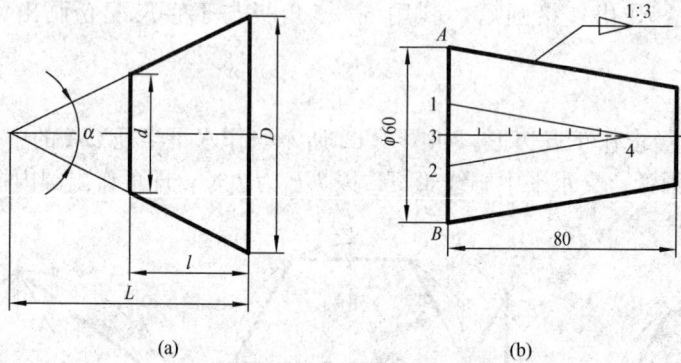

图 1.64　锥度的定义与作图

在图形中的标注符号一般为"▷1∶n"，但需注意符号倾斜方向与锥度的倾斜方向一致，如图 1.64（b）所示。锥度的作图方法如图 1.64（b）所示，以圆锥台大端为底，以锥轴为高作线段 12 与线段 34 之比为 1∶3 的等腰三角形，过 $\phi60$ 两端点 A、B 分别作等腰三角形两腰的平行线，该平行线即为所求锥度线。

1.5.3　圆弧连接

在绘制工程图形时，常遇到直线与圆弧、圆弧与圆弧相切的情况，我们把这种用已知半径的圆弧与两已知线段（直线或圆弧）相切的情况称为圆弧连接。其中起连接作用的圆弧称为连接弧。

绘图时，先找出连接圆弧的切点和圆心，再用圆弧来光滑连接（即相切）已知直线或圆弧。圆弧连接的基本形式有如下几种：

一、连接两已知直线

半径为 R 的圆弧与一直线相切，其圆心轨迹是与直线的距离为 R 的平行线。所以，与两已知直线距离为 R 的两平行线的交点就是连接圆弧的圆心。从圆心作已知直线的垂线，垂足即为切点。由所求得的圆心和切点就可直接画出连接圆弧，如图 1.65 所示。

二、连接两已知圆弧

（1）外连接（外切）。连接圆弧与已知圆弧外切（外连接），其圆心轨迹是以已知圆弧的圆心为圆心、两圆弧半径之和为半径的圆。如图 1.66（a）所示，分别以已知圆弧的圆心为圆心，以已知圆弧与连接圆弧的半径之和为半径作圆弧，两圆弧的交点 O 就是连接圆弧的圆心；其切点（连接点）为连接圆弧和已知圆弧的圆心连线与已知圆弧的交点。以 O 为圆心，以连接圆弧的半径为半径在两切点 A、B 间作圆弧，即得连接圆弧。

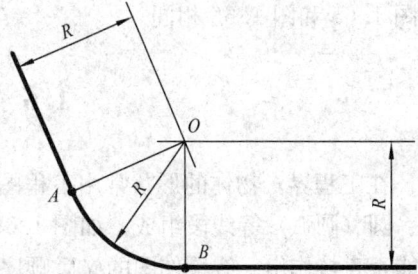

图 1.65　圆弧连接两已知直线

（2）内连接（内切）。连接圆弧与已知圆弧内切（内连接），其圆心轨迹是以已知圆弧的圆心为圆心、连接圆弧与已知圆弧的半径之差为半径的圆。如图 1.66（b）所示，分别以已知圆弧的圆心为圆心，以连接圆弧与已知圆弧的半径之差为半径作圆弧，两圆弧的交点 O 就是连接圆弧的圆心；其切点（连接点）为连接圆弧和已知圆弧的圆心连线的延长线与已知圆弧的交点。以 O 为圆心，以连接圆弧的半径为半径在两切点 A、B 间作圆弧，即得连接圆弧。

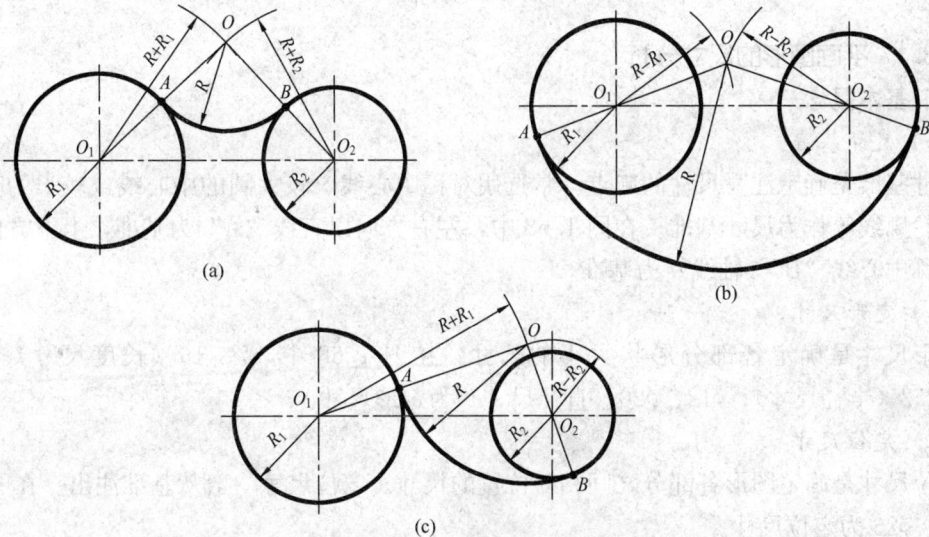

图 1.66　圆弧连接两已知圆弧

（3）混合连接（内外切）。如图 1.66（c）所示，连接圆弧与一已知圆弧外切，与另一已知圆弧内切，这种连接方式称为混合连接（内外切）。分别按内、外连接的方式作连接圆弧的圆心轨迹圆，轨迹圆的交点就是连接圆弧的圆心；分别按内、外连接的方式作切点，在两切点间作圆弧，即得连接圆弧。

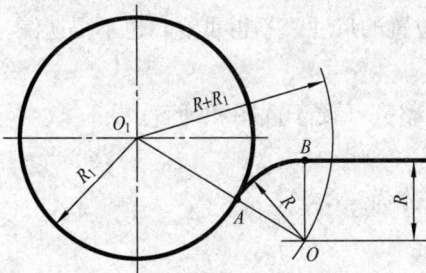

三、连接一已知直线和一已知圆弧

如图 1.67 所示，圆弧连接一已知直线和一已知圆弧（外切），其圆心为与已知直线距离为连接圆弧半径的平行线和以已知圆弧的圆心为圆心、两圆弧半径之和为半径的圆弧的交点。其切点的求作方法

图 1.67　圆弧连接直线与圆弧

与图 1.65 和图 1.66 相同。

1.6　平面图形的绘制

在工程界，物体的形状常用工程图形来表达，工程图形为平面图形，而平面图形一般由直线、圆（圆弧）等线段组成，如图 1.68 所示。平面图形尺寸的标注，影响到线段间的关系、线段能否直接作出、线段作图的先后顺序。因此，绘制平面图形应先进行尺寸分析和线段分析。

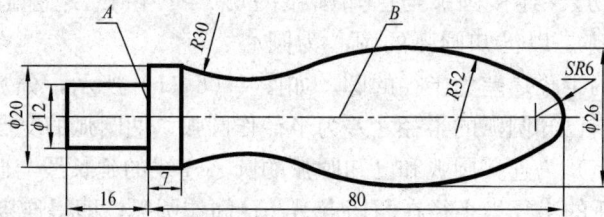

图 1.68　手柄

1.6.1　平面图形的尺寸分析

一、基本概念

（一）尺寸基准

尺寸基准是确定注写尺寸的起点。常选用对称中心线、较大圆的中心线或较长的直线或重要的轮廓线等作为尺寸基准。在图 1.68 中，左右方向以直线"A"为基准，上下方向以图形的对称中心线"B"（轴线）为基准。

（二）定形尺寸

定形尺寸是确定各部分形状大小的尺寸。在图 1.68 中，7、16（长度尺寸）；$SR6$、$R30$、$R52$（半径尺寸）；$\phi12$、$\phi20$（直径尺寸）为定形尺寸。

（三）定位尺寸

定位尺寸是确定图形各部分之间相对位置的尺寸。定位尺寸一般从基准注出。在图 1.68 中，80、$\phi26$ 为定位尺寸。

二、标注平面图形尺寸的要求

（一）标注正确

标注尺寸时应严格遵守相关国家的规定，尺寸数字不能写错和出现矛盾。

（二）尺寸完整

要求标注出能完全确定形体各部分形状大小及相对位置的尺寸，不得重复，也不得遗漏。

（三）布置清晰

尺寸应标注在最能反映物体特征的位置上，且分布整齐，便于读图和理解。

1.6.2　平面图形的线段分析

平面图形中的线段（直线、圆或圆弧）按线段性质分为三类。

一、已知线段

已知线段是有足够的定形、定位尺寸，不依靠其他图线而直接作出的图线。如图 1.68 所示，$\phi12$、$\phi20$、$SR6$、7、16 等线段为已知线段，可直接作出。

二、中间线段

中间线段是缺少一个定位尺寸，而需依靠一个连接关系才能画出的图线。在图 1.68 中，半径为 $R52$ 的圆弧，已知其定形尺寸 $R52$ 和一个定位尺寸（铅垂方向，由 $\phi26$ 确定），另一定位尺寸（水平方向）需根据与圆弧 $SR6$ 内切的条件作图确定。

三、连接线段

连接线段是缺少两个定位尺寸，而需依靠两个连接关系才能画出的图线。如图 1.68 所示，半径为 $R30$ 的圆弧，没有定位尺寸，依靠与 $\phi20$ 相接、与 $R52$ 外切的连接关系才能确定其相对位置。

1.6.3　平面图形的画图步骤

一、绘图前的准备工作

（1）准备好所需要的绘图工具，并清洁图板、丁字尺、三角板。

（2）削磨好铅笔、铅芯。

（3）分析所绘对象，根据所绘对象的大小选择合适的图幅（由图 1.68 所示的手柄形状与尺寸，选用 A4 图纸）与绘图比例（选用比例为 2∶1）。

（4）固定图纸。图纸应尽量固定在图板的左下方，但下方应留出放丁字尺的位置。固定图纸时应先用透明胶带贴住一个角，然后用丁字尺校正图纸（使丁字尺尺身与图纸边线或图框线对准），再固定其余三个角。

二、绘制图形

（1）绘制图纸边界线、图框线和标题栏框线，如图 1.69 所示。

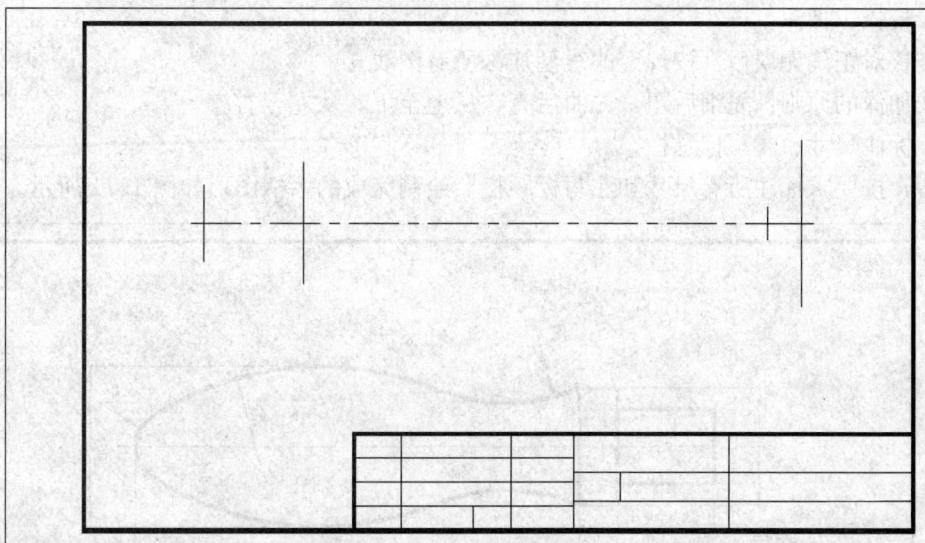

图 1.69　平面图形的画法（一）

（2）确定基准线，即绘制重要的轴线、对称中心线等，使所绘制的图形布置在图纸的适当位置，如图 1.69 所示；绘制 $\phi26$ 定位线，如图 1.70（a）所示。

（3）绘制已知线段。根据尺寸与线段分析应先绘制已知线段，如图 1.70（b）所示，先绘制 $\phi12$、$\phi20$、16、7 直线段，半径为 $SR6$ 的圆弧。

（4）绘制中间线段。已知线段绘制完成后，再绘制中间线段，如图 1.70（c）所示，绘制圆弧 $R52$。

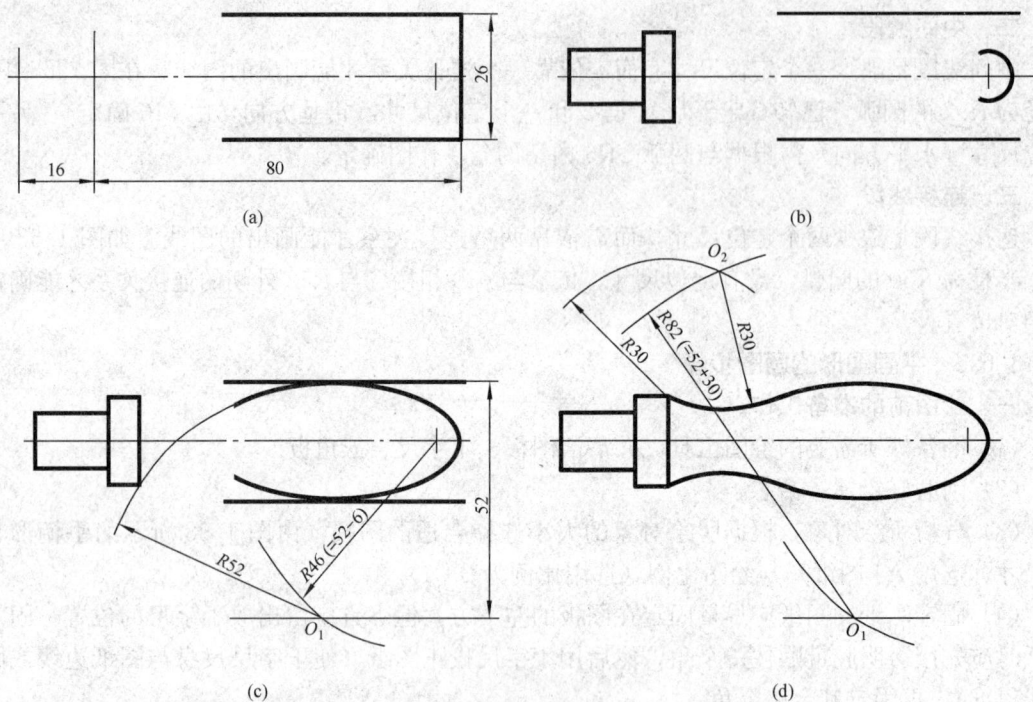

图 1.70　平面图形的画法（二）

（5）绘制连接线段。如图 1.70（d）所示，绘制连接线段圆弧 $R30$。

（6）校核、加深。

检查核对正确无误后，按规定的线型加深所有图线。

图线加深的原则：先细后粗，先曲后直，从上至下，从左至右。

（7）标注尺寸、注写标题栏。

最后，按要求标注所有尺寸和注写标题栏。绘制完成的手柄图形如图 1.71 所示。

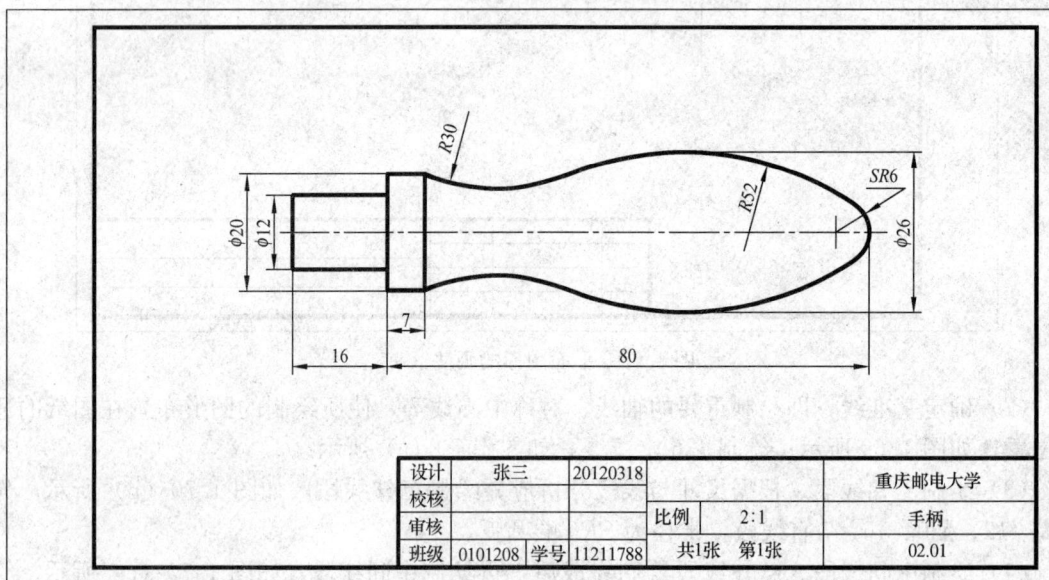

设计	张三	20120318		重庆邮电大学
校核				
审核			比例	2:1	手柄
班级	0101208	学号 11211788	共1张　第1张	02.01

图 1.71　手柄

练 习 题

1.1 填空题

(1) 在图纸上必须绘制图框线，图框线用_____线绘制，其格式分为_____和_____两种，但同一产品的图纸只能采用一种格式。

(2) 国家标准规定，标题栏的位置应位于图纸的_____，此时，看图的方向与看_____的方向一致。

(3)《技术制图 比例》国家标准中规定，比例是图中_____与_____相应要素的线性尺寸之比。比例分为_____、_____、_____三种。

(4) 现行的《机械制图 图线》国家标准规定，图线的宽度分为粗细两种，粗线的宽度不得小于_____mm。在机械图形中，细线的宽度应为粗线的_____。

(5) 图形上标注的_____就是机件的实际大小的数值。它与画图时所采用的_____无关，与画图的_____亦无关。

(6) 标注尺寸时，_____不允许被任何图线所通过，否则应将图线断开。

(7) 标注角度尺寸时，角度的数字一律_____书写，一般应注写在尺寸线_____处，必要时可注写在尺寸线的_____或_____，也可以_____。

(8) 尺寸的三要素是_____、_____和_____。

(9) 绘制标题栏时，标题栏的周边线用_____线绘制，而标题栏内的图线用_____线绘制。

(10) 国家标准规定，字体的字号就是字体的_____。

(11) 投射线汇交于一点（投射中心位于有限远处）的投影法称为_____法；投射线相互平行（投射中心位于无限远处）的投影法称为_____法；投射线与投影面相互垂直的平行投影法称为_____法，根据该投影法在投影面上得到的图形称为_____。

(12) 在投影面的垂直线中，铅垂线的投影在_____面上积聚为一点，在另外两投影面中均为平行于_____轴的直线且反映实长。

(13) 在投影面的垂直面中，正垂面的投影在_____面上积聚为一条直线，并反映该平面与_____面和_____面的倾角。

(14) 已知两点 A（20，40，30），B（30，15，35），则 B 点在 A 点的_____（上/下）、_____（前/后）、_____（左/右）方。

(15) 在点的投影中，点到 V 面的距离等于点的_____坐标，点到 H 面的距离等于点的_____坐标，点到 W 面的距离等于点的_____坐标。

1.2 选择题

(1) 工程图形放大或缩小绘制，在标注尺寸时，应按_____标注。

A. 图形尺寸　　　　　B. 机件的实际尺寸　　　　　C. 机件的设计要求尺寸

(2) 产品图形中所标注的尺寸，未加说明时，则指该机件的_____。

A. 加工中尺寸　　　　B. 最后完工尺寸　　　　C. 参考尺寸　　　　D. 原坯料尺寸

(3) 关于尺寸线，以下叙述正确的是_____。

A. 可以用其他图线代替　　　　　　　　　　B. 不能用其他图线代替

C. 可与其他图线重合　　　　　　　　　　D. 可画在其他图线的延长线上

（4）关于尺寸界线，以下叙述错误的是_____。

A. 可以用其他图线代替　　　　　　　　　B. 不能用其他图线代替

C. 可与其他图线重合　　　　　　　　　　D. 可画在其他图线的延长线上

（5）标注尺寸时，当出现平行并列的尺寸，应使_____。

A. 较小的尺寸靠近视图，较大的尺寸依次向外分布

B. 较大的尺寸靠近视图，较小的尺寸依次向外分布

C. 为方便标注，较小或较大的尺寸靠近视图都可以

（6）绘制图形时，有关图线画法正确的叙述是_____。

A. 同一图形中，同类图线的宽度应基本一致

B. 对称图形的对称中心线应超出其轮廓 2~5mm

C. 在较小的图形上绘制点画线或双点画线有困难时，可用细实线代替

（7）标注尺寸时，尺寸界线与尺寸线之间的关系是_____。

A. 两者只需相接

B. 两者必须垂直，且尺寸界线略过尺寸线

C. 两者一般情况下垂直，尺寸界线应略超过尺寸线，特殊情况下也可以不垂直

（8）关于断裂画法的断裂处边界线的选用，以下叙述正确的是_____。

A. 只能选波浪线　　　　　　　　　　　　B. 只能选双点画线

C. 只能选双折线　　　　　　　　　　　　D. 可选择波浪线、双折线或双点画线

（9）当某点有一个坐标值为 0 时，则该点一定在_____。

A. 空间　　　　　　　　　　　　　　　　B. 投影面上

C. 坐标轴上　　　　　　　　　　　　　　D. 原点

（10）关于点的可见性判别，以下描述错误的是_____。

A. 凡面的投影可见，则面上的点可见

B. 凡面的投影不可见，则面上的点不可见

C. 凡面或线的积聚性投影上的点，不判断可见性

D. 对于两个重影点，一定是一个可见，一个不可见

1.3　判断题（正确的画"√"，错误的画"×"）

（1）图纸的幅面代号、图形代号与图号均为同一概念。　　　　　　　　　（　　）

（2）以"GB/T"形式发布的标准只是推荐性标准，可执行也可不执行。　　（　　）

（3）汉字应书写成长仿宋体字，其高度不小于 3.5mm。　　　　　　　　（　　）

（4）尺寸数字与图线相交时，只要能看清数字，图线可通过数字，若尺寸数字看不清楚，应将图线断开。　　　　　　　　　　　　　　　　　　　　　　　　（　　）

（5）标注尺寸的三要素是尺寸数字、尺寸界线与箭头（或斜线）。　　　　（　　）

（6）所有的尺寸标注中，尺寸界线都必须单独画出。　　　　　　　　　　（　　）

（7）若两直线的两个同面投影相交，且交点符合投影规律，则两直线一定相交。（　　）

（8）标注尺寸时，同一张图中的箭头大小不随图形的大小改变而改变。　　（　　）

（9）确定某个空间点的位置至少需要两个投影。　　　　　　　　　　　　（　　）

（10）如果一个面垂直于正立投影面，则该面一定是正垂面。　　　　　　（　　）

2 基本立体三视图

一、基本要求

(1) 了解三视图的形成。

(2) 掌握三视图之间的对应关系（即投影规律）。

(3) 掌握基本立体三视图的画法。

(4) 掌握基本立体表面取点、取线的作图方法。

二、重点和难点

(1) 三视图之间的对应关系，物体与投影之间的对应关系。

(2) 三视图中点、直线、平面的投影特性，并能根据投影图判断其空间位置。

(3) 基本立体三视图的画法与表面取点、线。

2.1 三 视 图

2.1.1 三视图（GB/T 17451—1998）

一、视图

视图是根据有关标准和规定，用正投影法将物体向投影面投射所绘制出的图形。我国一直沿用第一角画法，即将物体放在第一分角内，使其处于观察者与投影面之间而得到的视图。即观察者→物体→视图。

二、三视图

三投影面体系是由正立投影面 V 面，水平投影面 H 面和侧立投影面 W 面两两垂直所构建的。其两两相交的交线分别为投影轴 OX、OY、OZ 轴。将物体置于三投影面体系中，再用正投影法将物体分别向 V、H、W 面进行投射，即得到物体的三个投影。

在三投影面体系中，把物体由前向后投射所得到的图形（即正面投影）称为主视图，它通常反映物体形体的主要特征。把物体由上向下投射所得到的图形（即水平投影）称为俯视图。把物体由左向右投射所得到的图形（即侧面投影）称为左视图，如图 2.1（a）所示。

三视图和三投影图在本质上是一致的，只是三视图中不画投影轴、投影连线，也不标注字母。三视图的配置如图 2.1（b）所示。

2.1.2 三视图的位置关系

物体的三视图是从物体的三个方向表达同一物体的形状，因此三视图之间必然有内在联系和规律。如图 2.1（b）所示，可以看出：主视图反映物体的左右、上下位置关系，即反映了物体的长和高；俯视图反映物体的左右、前后位置关系，即反映物体的长和宽；左视图反映物体的上下、前后位置关系，即反映物体的高和宽。

2.1.3 三视图的投影规律

由于主、俯视图之间反映物体的长度（Δx），主、左视图之间反映物体的高度（Δz），

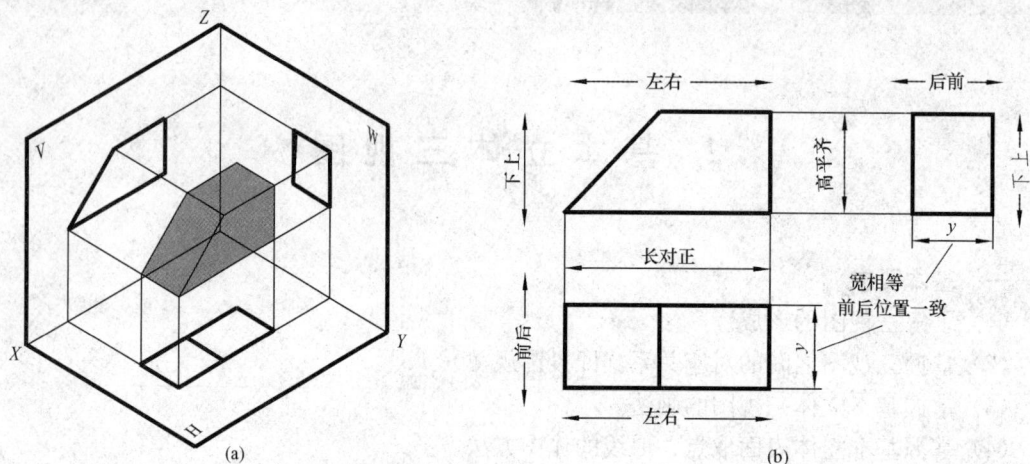

图 2.1　三视图

俯、左视图之间反映物体的宽度（Δy），而同一物体又必须满足相应的对应关系，由此可得物体三视图的投影规律：

主、俯视图长对正；主、左视图高平齐；俯、左视图宽相等，且前后对应。

注　意

在立体的视图中，一般不画投影轴；物体的可见轮廓线用粗实线绘制；不可见轮廓线用细虚线绘制；对称中心线、回转轴线用细点画线绘制；尺寸线、尺寸界线和辅助作图线用细实线绘制；当图线重合时，按可见轮廓线（粗实线）、不可见轮廓线（细虚线）、对称中心线（细点画线）和尺寸界线（细实线）的优先顺序绘制。

2.2　平面立体三视图

2.2.1　平面立体三视图的画法

平面立体是表面由若干平面所围成的立体。平面立体的各表面都是平面多边形，多边形的边是相邻两表面的交线（即棱线或底边），多边形的顶点（平面立体的顶点）是各棱线、底边的交点。

平面立体常分为：棱柱、棱锥和棱台。

棱柱是所有棱线都相互平行的平面立体。棱柱常分为直棱柱和斜棱柱两种，棱线与底面倾斜的棱柱称为斜棱柱；棱线与底面垂直的棱柱称为直棱柱，如图 2.2（a）所示。

棱锥是所有棱线都相交于一点的平面立体。棱锥常分为直棱锥和斜棱锥两种，锥顶在底面的投影不在其几何中心的棱锥称为斜棱锥；锥顶在底面的投影在其几何中心的棱锥称为直棱锥，如图 2.2（b）所示。

棱台是所有锥面都和底面倾斜，且棱线延长都相交于一点的平面立体，如图 2.2（c）所示。

本书只介绍直棱柱、直棱锥等相关内容。

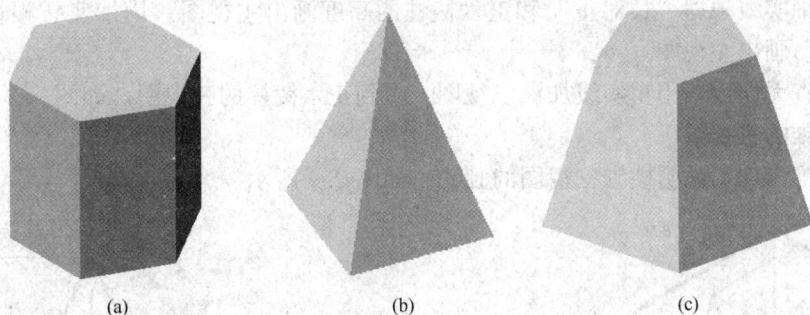

图2.2 平面立体

为了尽量反映立体表面的实形并便于画图，常将立体底面、对称平面（或轴线）放置成平行或垂直于某一投影面的位置。

一、棱柱的三视图

以六棱柱为例，说明棱柱的三视图的画法，如图2.3所示。

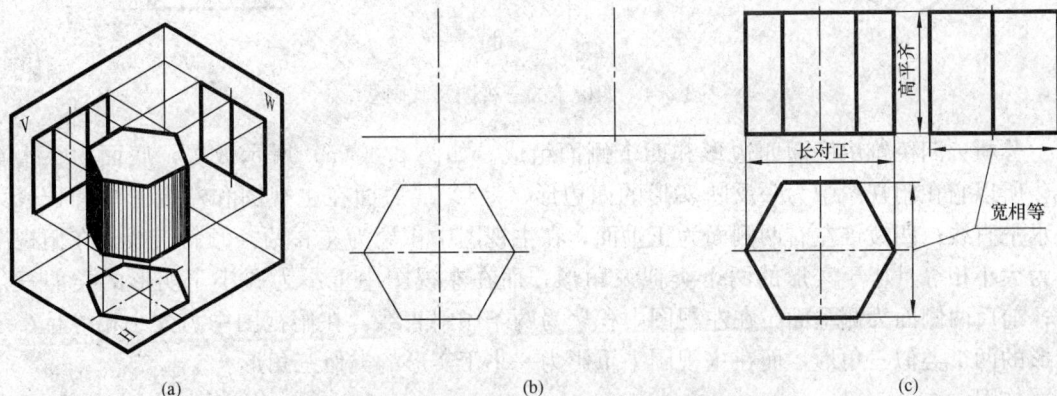

图2.3 六棱柱的三视图及其画法

分析：正六棱柱由上底面、下底面和六个棱面组成；组成其表面的交线包括上底面和下底面各六条边以及棱面两两相交的六条棱线。绘制正六棱柱的投影也就是要绘制其组成表面和棱线的三面投影。如图2.3（a）所示放置正六棱柱，使其上底面和下底面位于水平面，前后两个棱面位于正平面，其他棱面均为铅垂面。因此，在俯视图中，上底面、下底面为水平面，反映实形，投影重影为一正六边形；正六棱柱的六个棱面均为铅垂面，分别积聚为六边形的各边，而其六条棱线则积聚在六边形的六个顶点上。在主视图中，上底面和下底面投影积聚成两段水平直线；前后两棱面为正平面，反映实形，投影重影为中间一四边形；其余四个棱面重影为左右两个大小相等且小于实形的类似形。在左视图中，上底面和下底面积聚成两段水平直线，前后两棱面积聚成两段竖直直线，其余四个棱面重影为两个大小相等且小于实形的类似形。

作图：

（1）用细点画线画出正六棱柱的三视图中的对称中心线，用细实线在主视图和左视图中画出底面的基准线。用细实线画出反映上底面和下底面实形的俯视图，即正六边形。如图2.3（b）所示。

（2）用细实线根据"长对正"和正六棱柱的高度画出主视图。用细实线根据"高平齐"及"宽相等"画出左视图。

（3）检查无误后，用粗实线加深三视图。得到正六棱柱的三视图，如图 2.3（c）所示。

二、棱锥的三视图

以四棱锥为例，说明棱锥三视图的画法。如图 2.4 所示。

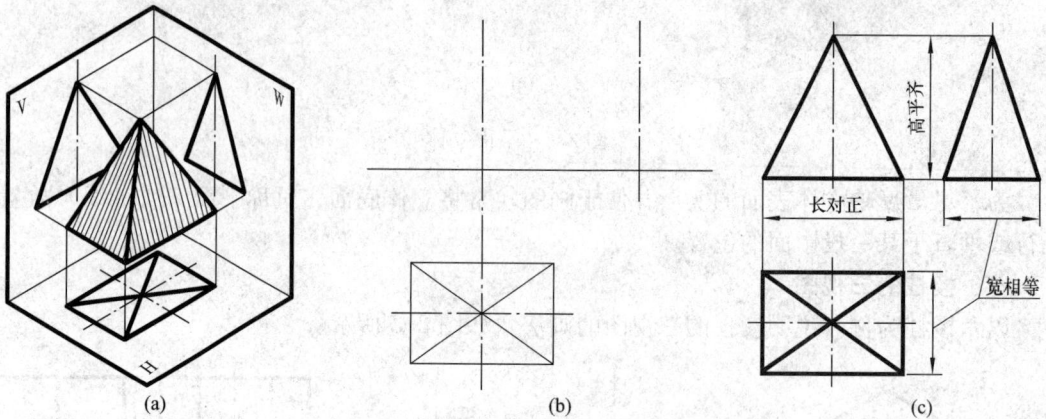

图 2.4　四棱锥的三视图及其画法

分析： 四棱锥由底面四边形和四个侧面组成。如图 2.4（a）所示放置，底面为一水平面，所以它在俯视图中为一反映实形的四边形（矩形）。底面在主视图和左视图中均积聚为一水平直线；四棱锥左右两侧面为正垂面，在主视图中积聚为左右两条倾斜直线，在俯视图中为大小相等且小于实形的两个类似三角形，而在左视图中重影为一小于实形的类似三角形；前后两侧面为侧垂面，在左视图中积聚为两条倾斜直线，在俯视图中为大小相等且小于实形的两个类似三角形，而在主视图中重影为一小于实形的类似三角形。

作图：

（1）用细点画线画出四棱锥的三视图中的对称中心线，用细实线在主视图和左视图中画出底面的基准线。用细实线画出底面在三视图中的投影。如图 2.4（b）所示。

（2）画出顶点在三视图中的投影，并用细实线连接各棱线的同面投影。

（3）检查无误后，用粗实线加深三视图。得到四棱锥的三视图，如图 2.4（c）所示。

三、棱台的三视图

以四棱台为例，其三视图如图 2.5 所示。对于棱台的分析及作图，请读者自己思考。

2.2.2　平面立体表面上的点和线

一、棱柱体表面取点取线

棱柱表面取点取线和平面内取点取线的方法相同。首先分析确定点所在的平面并分析该平面的投影特性；接着采用平面内取点取线的方法进行作图；最后进行可见性判别，通过点、线所在的平面是否可见来判别所求点、线是否可见。

对于可见性的判断，遵循以下规律：凡面的投影可见，则面上的点或线均可见；凡面的投影不可见，则面上的点或线均不可见；凡面或线的积聚性投影上的一点，不判断可见性，两个或两个以上重影点，将离观察者最近的一点作为可见点标注，其余点按不可见点依次标注。可见的点不加圆括号，不可见的点加圆括号；可见的线画粗实线，不可见的线画细虚线。

图 2.5 四棱台的三视图

【例 2.1】 如图 2.6（b）所示，已知正五棱柱的三视图及点 A 的正面投影和直线 BC 侧面投影，求点 A 和直线 BC 的其余两面投影。

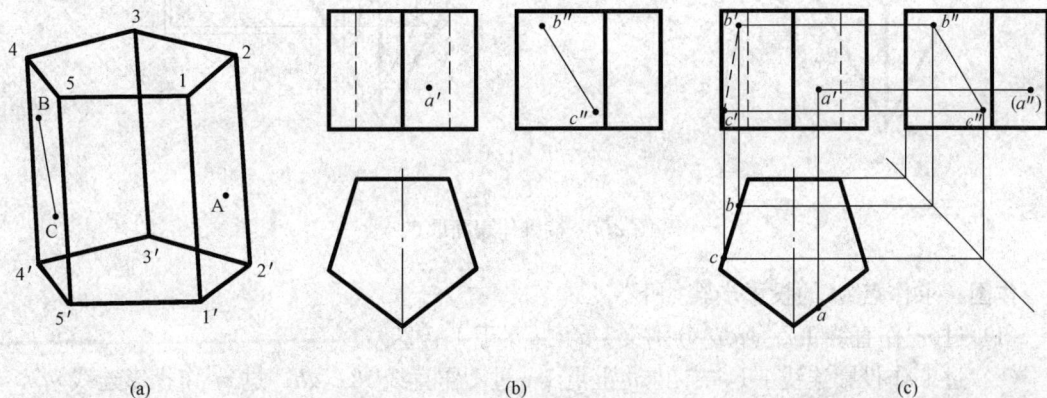

图 2.6 正五棱柱的表面取点取线

分析： 点 A 的正面投影 a' 在主视图中的右边矩形内并且可见，因此点 A 在棱面 $122'1'$ 上，而该棱面在俯视图中积聚为直线，在左视图中投影为矩形框，不可见。直线 BC 侧面投影 $b''c''$ 在左视图中的后边矩形内并且可见，因此直线 BC 是在侧面 $455'4'$ 上，而该侧面在俯视图中积聚为直线，在主视图中投影为最左边小矩形框且不可见。

作图：

（1）过 a' 作竖直线（"长对正"），与俯视图积聚直线相交得 a；通过"高平齐""宽相等"在左视图中作出 a''（不可见，加圆括号）。

（2）在左视图中找一基准点（如以最后棱线为基准），过 b''、c''，由"宽相等"在俯视图中作出 b、c。

（3）通过"长对正""高平齐"在主视图作出 b'、c'。

二、棱锥体表面取点取线

在棱锥体表面取点取线，如该表面是特殊位置平面，则利用积聚性作图直接求得。如该表面是一般位置平面，则利用辅助直线方法求得。辅助直线可以取过棱锥体某一顶点（如锥顶）的直线，也可以过已知点作底面直线的平行线。

【例 2.2】　完成棱锥表面上的点的投影。如图 2.7（a）所示，已知正三棱锥 $SABC$ 的三面投影及其表面上的点 M、N 的正面投影，求作 M、N 的其他两面投影。

分析：主视图中的 m'，n' 均可见，因此点 M、N 分别是三棱锥侧面 SAB、SBC 上面的点。两点在俯视图中均可见，在左视图中，M 点投影可见，N 点投影不可见。求 M、N 点的其他投影的方法可以过锥顶作辅助线（如下求点 N 的投影），也可以过已知点作对应底边的平行线（如求点 M 的投影）来求解，如图 2.7（b）所示。

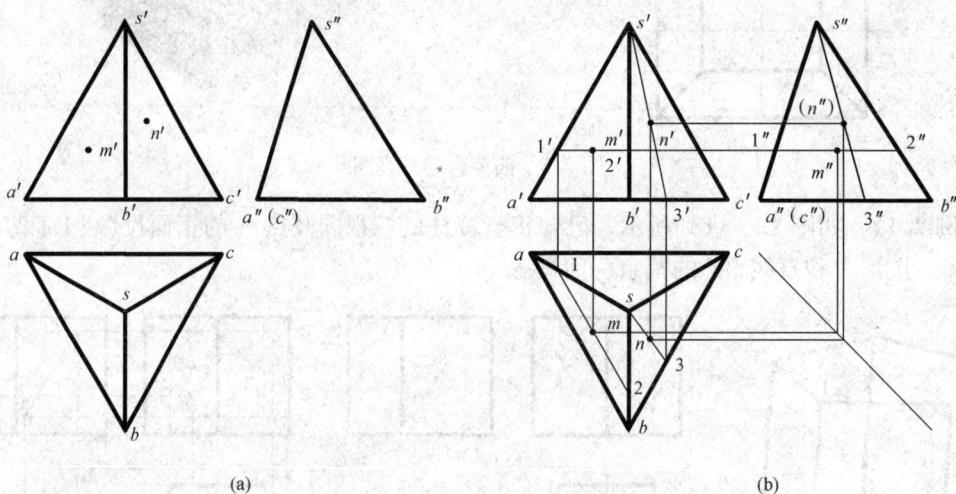

（a）　　　　　　　　　　　　　　　（b）

图 2.7　棱锥体表面取点

作图：求作点 M 的投影步骤如下。

（1）过 m' 作直线 $1'2'//a'b'$ 分别交 $s'a'$，$s'b'$ 于 $1'$，$2'$。

（2）过 $1'$ 作投影连线 $1'1$，求出 sa 上点 1，过 1 作直线 $12//ab$；过 m' 作投影连线 $m'm$ 交直线 12 于 m。

（3）同样的方法，作出 m''。也可以通过"高平齐""宽相等"求作。

求作点 N 的投影步骤如下：

（4）连 $s'n'$ 交 $b'c'$ 于 $3'$。

（5）过 $3'$ 作投影连线 $3'3$ 交 bc 于 3，连 $s3$，过 n' 作投影连线 $n'n$ 交直线 $s3$ 于 n。

（6）同样的方法，作出 n''。因其不可见，所以标注为 (n'')。也可以通过"高平齐""宽相等"求作。

2.3　曲面立体三视图

2.3.1　回转面的形成

回转面可以看作是一任意动线（母线）绕一定直线（轴线）旋转一周后形成的曲面。如圆柱面、圆锥面、球面等。

2.3.2　常见回转体

常见的回转体有圆柱体、圆锥体和圆球体等，如图 2.8 所示。

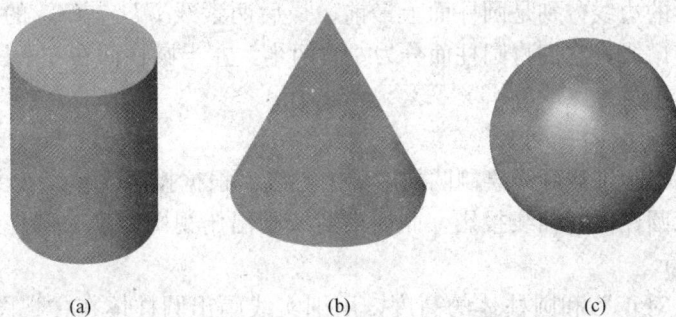

图 2.8　常见回转体

对于回转体的回转面，若按某一投射方向看，有一部分回转面可见，一部分回转面不可见，将其可见与不可见的分界线称为转向线。按规定，转向线的投影只在其投射方向所对应的视图上用粗实线绘制，在其余视图上不画。

2.3.3　圆柱体的三视图及其表面上的点

圆柱面可以看作由直线母线 AA_1 绕与它平行的轴线 OO_1 旋转一周而成。把母线在旋转中的任一位置称为素线，如图 2.9（a）所示。组成圆柱体的表面有圆柱面、上底面和下底面。

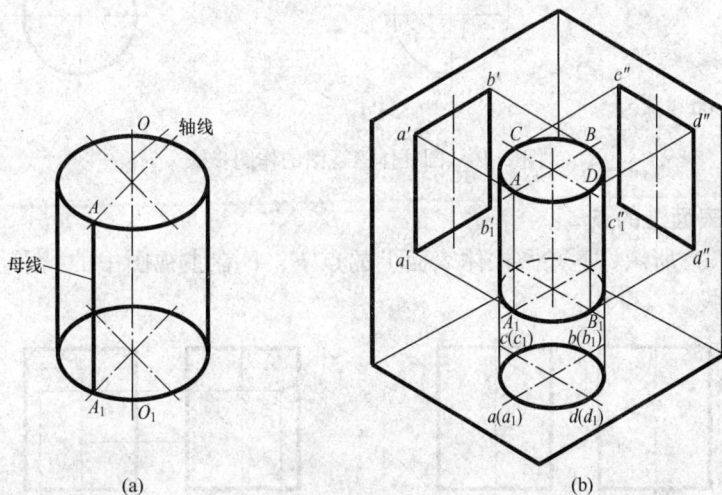

图 2.9　圆柱体的三视图

一、圆柱体的三视图

分析：将圆柱体轴线以铅垂线放置，圆柱体在三投影面体系中的位置如图 2.9（b）所示。将其向三个投影面进行投射得到三视图如图 2.9（b）所示。在俯视图中，圆柱面积聚为一个圆，圆柱体的上底面和下底面均为水平面，其投影重影在圆内，并且上底面可见，下底面不可见。在主视图和左视图中，上底面和下底面积聚为水平直线。圆柱面在俯视图中积聚在整个圆周上，在主视图和左视图中的投影是两大小相等的矩形。主视图中矩形的边线分别是圆柱面上最左、最右两素线 AA_1、BB_1 的投影。AA_1、BB_1 即为圆柱的正（主）视转向线，它们将圆柱面分为前后两半，前半圆柱面在主视图中可见，后半圆柱面在主视图中不可见。左视图中矩形的边线分别是圆柱面上最前、最后两素线 DD_1、CC_1 的投影。DD_1、CC_1 即为圆柱的左视转向线，它们将圆柱面分为左右两半，左半圆柱面在左视图中可见，右半圆柱面在左视图中不可见。

作图：

（1）在俯视图中用细点画线绘制圆的对称中心线。根据投影规律，在主视图、左视图中绘制细点画线表示圆柱体的轴线投影，而用细实线画出俯视图中反映圆柱体底面实形的圆。如图 2.10（a）所示。

（2）根据"长对正"和圆柱体的高度，用细实线画出圆柱体在主视图中的投影；根据"高平齐"画出左视图中圆柱体的上底面和下底面投影，又根据"宽相等"即可画出圆柱体在左视图中的投影。如图 2.10（b）所示。

（3）检查无误后用粗实线加深三视图。如图 2.10（c）所示。

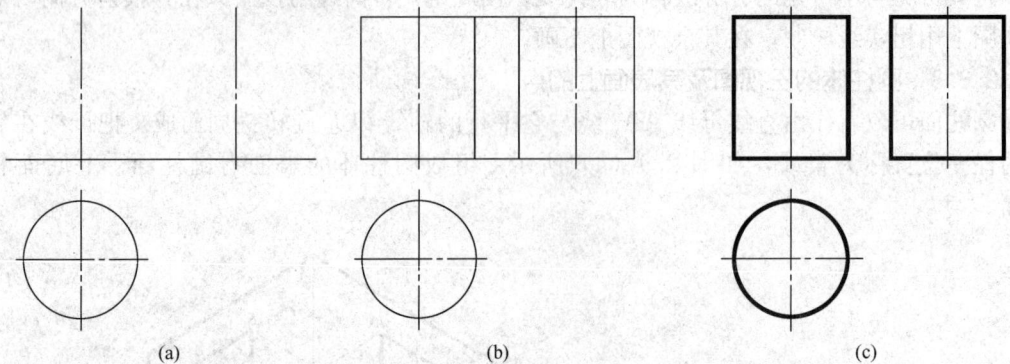

(a)　　　　　　　　(b)　　　　　　　　(c)

图 2.10　圆柱体三视图的作图步骤

二、圆柱体表面上的点

如图 2.11（a）所示，已知圆柱体表面上的点 E、F 在主视图中的投影，求它们在俯视图和左视图中的投影。

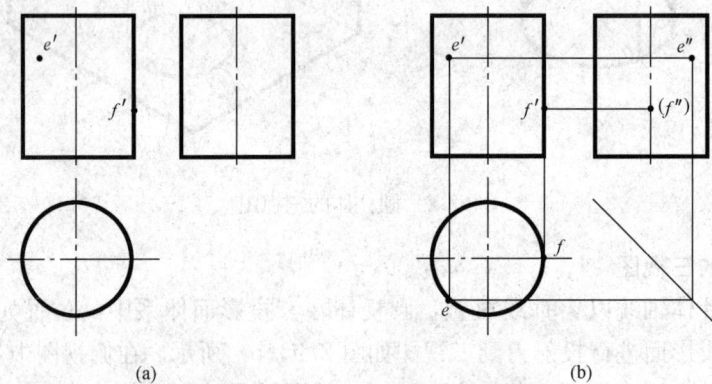

(a)　　　　　　　　(b)

图 2.11　圆柱体表面取点

由于圆柱体轴线垂直于 H 面，圆柱面在俯视图中积聚为一圆。所以圆柱面上的点和线在俯视图中的投影都积聚在圆周上，可以利用积聚性作图。又 E 点在主视图上的投影可见，所以 E 点在俯视图中的投影在前半个圆周上，即 e。再通过"高平齐""宽相等"在左视图

上求得 e''，其位于左半个圆周，所以可见。而 F 点位于最右的素线上，其俯视图中的投影积聚圆周上的最右点；左视图中的投影在对称中心线处且不可见，即 (f'')，如图 2.11 （b）所示。

2.3.4 圆锥体的三视图及其表面上的点

圆锥面可以看作是直母线 SA 绕着与其相交的轴线 SO 回转而成，母线 SA 在旋转中的任一位置称为圆锥面的素线，如图 2.12 （a）所示。组成圆锥面的表面有圆锥面和底圆平面。

一、圆锥体的三视图

分析： 将圆锥体轴线以铅垂线放置，圆锥体在三投影面体系中的位置如图 2.12 （b）所示。将其向三个投影面进行投射得到三视图如图 2.12 （c）所示。圆锥底平面为一水平面，俯视图的圆反映该底平面的实形，圆锥面在俯视图中的投影也重影在该圆内。主视图和左视图为两个大小相等的等腰三角形。其底边为圆锥体底平面积聚的水平直线。主视图三角形的两腰分别为圆锥面上最左、最右两条素线 SA、SC 的投影 $s'a'$、$s'c'$；左视图三角形两腰分别为圆锥面上最前、最后两条素线 SB、SD 的投影 $s''b''$、$s''d''$。素线 SA、SB、SC、SD 常称为转向线。其中，SA、SC 为圆锥体正（主）视转向线，其将圆锥面分成前后两半，在主视图中前半圆锥面可见，后半圆锥面不可见；SB、SD 为圆锥体左视转向线，其将圆锥面分成左右两半，在左视图中左半圆锥面可见，右半圆锥面不可见。

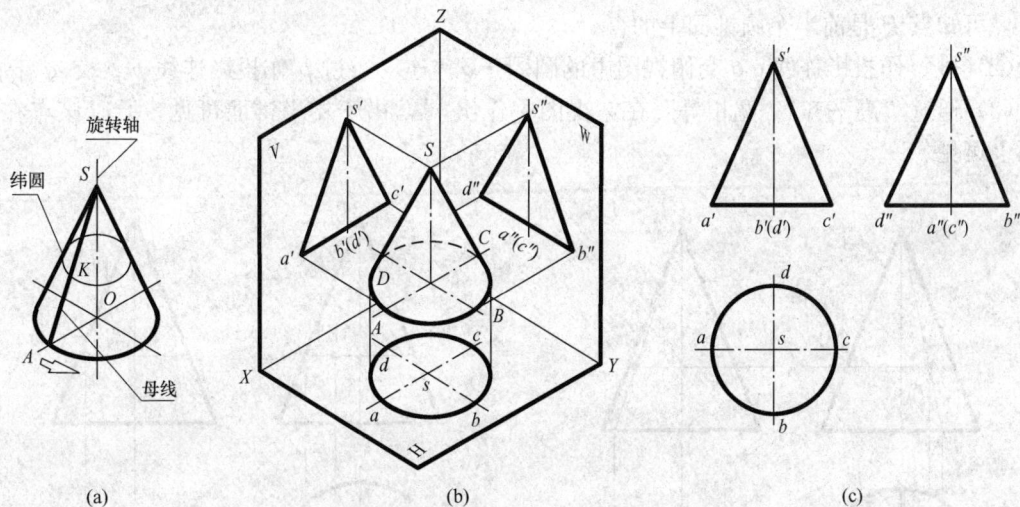

图 2.12 圆锥体的三视图

作图：

（1）在俯视图中用细点画线绘制圆的对称中心线。根据投影规律，在主视图、左视图中绘制细点画线表示圆锥体的轴线投影。用细实线在主视图和左视图中画出底面圆投影的基准线，在俯视图中画出反映圆锥底面圆的实形。如图 2.13 （a）所示。

（2）根据"长对正"和圆锥的高度，用细实线画出圆锥体的主视图；根据"高平齐""宽相等"，用细实线画出圆锥的左视图。如图 2.13 （b）所示。

（3）检查无误后，用粗实线加深三个视图。如图 2.13 （c）所示。

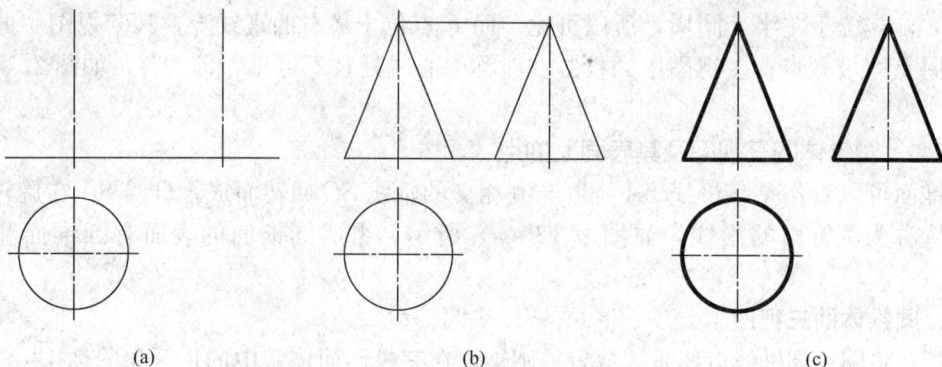

(a)　　　　　　　　(b)　　　　　　　　(c)

图 2.13　圆锥体三视图的作图步骤

二、圆锥体表面上的点

若已知圆锥面上点的一个投影，求作其余两投影的方法有两种：即辅助素线法和辅助纬圆法。

辅助素线法： 如图 2.14 所示，已知圆锥面上 P 点的在主视图中的投影 p'，求其余两投影。

分析： 圆锥面的三个投影都没有积聚性，不能利用积聚性作图。而圆锥面上的素线为直线，可以借助过 P 点的素线作辅助线来求 P 点的其他视图中的投影。

作图： 如图 2.14 所示。

(1) 连 $s'p'$ 并延长交圆锥底面与 q'。即得到过 P 点的素线 SQ 在主视图中的投影。因 p' 可见，可知点 P 是前半个圆锥面上的点。

(2) 过 q' 作投影连线 $q'q$ 交俯视图中的圆周于 q，连 sq，过 p' 作投影连线 $p'p$ 交 sq 于 p。

(3) 通过"高平齐""宽相等"在左视图中作出 p''，由于左半锥面可见，所以该点在左视图上可见。

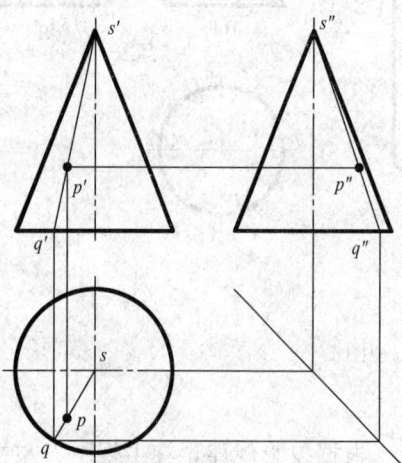

图 2.14　辅助素线法求圆锥面上的点

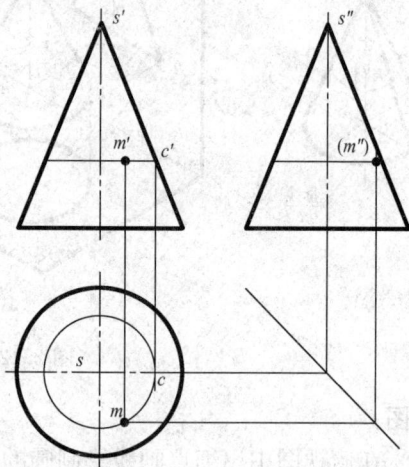

图 2.15　辅助纬线圆法求圆锥面上的点

辅助纬圆法： 如图 2.15 所示，已知圆锥面上 M 点的在主视图中的投影 m'，求其余两投影。

分析： 圆锥面是由一直线母线绕着与其相交的一直线轴线旋转一周得到的，母线上任意一点旋转一周轨迹是一个圆，称为纬圆。纬圆是平行于圆锥底面的水平面，其在主视图和左视图中的投影为水平直线，在俯视图中的投影为反映实形的圆。M 点的投影在主视图可见，因此该点在前半个圆锥面上。

作图： 如图 2.15 所示。

（1）在主视图中，过 m' 作底面直线的平行线交最右素线于 c'。

（2）过 c' 作投影连线 $c'c$ 交俯视图中的水平中心线于 c；以 s 为圆心，sc 为半径作圆，过 m' 作投影连线 $m'm$ 交圆于 m。

（3）通过"高平齐""宽相等"作左视图中的投影，因 M 点在右半个圆锥面上，所以在左视图不可见，即得 (m'')。

2.3.5　圆球体的三视图及其表面上的点

一、圆球体的三视图

球面可以看作是一半圆母线绕着其直径回转一周而成。完整的球面围成的立体称为圆球体。如图 2.16（a）所示。

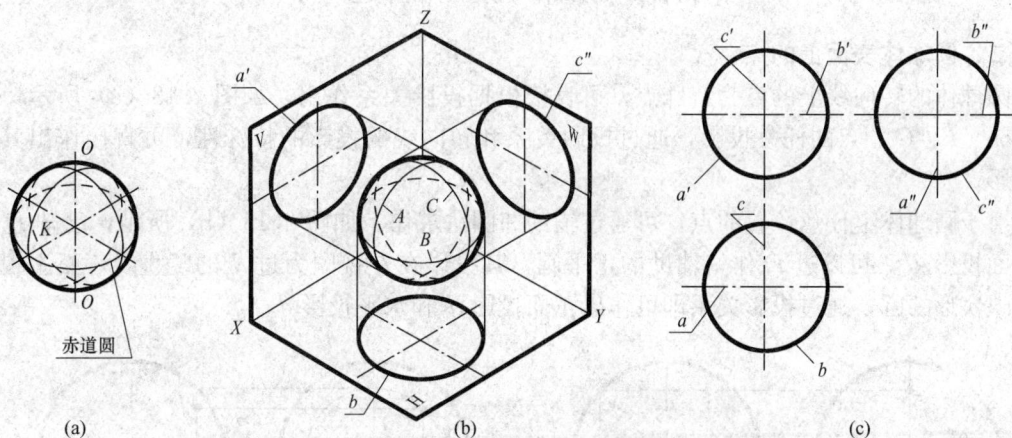

图 2.16　圆球体的三视图

分析： 无论将圆球体在三投影面体系中如何放置，其三视图均为直径相等的圆，但这三个圆是圆球体在三个不同方向上的转向线的投影，如图 2.16（b）所示。

主视图中的圆 a' 是圆球体可见的前半部分和不可见的后半部分分界线处的正（主）视转向线 A 的投影 a'，在主视图中规定要画出。转向线 A 在俯视图中的投影 a 与水平中心线重合；在左视图中的投影 a'' 与竖直的中心线重合，规定均不画出。只用细点画线画出表示圆的对称中心线。

俯视图中的圆 b 是圆球体可见的上半部分和不可见的下半部分分界线处的俯视转向线 B 的投影 b，在俯视图中规定要画出。转向线 B 在主视图中的投影 b' 与水平中心线重合；在左视图中的投影 b'' 与水平的中心线重合，规定均不画出。只用细点画线画出表示圆的对称中心线。

左视图中的圆 c'' 是圆球体可见的左半部分和不可见的右半部分分界线处的左视转向线 C 的投影 c''，在左视图中规定要画出。转向线 C 在主视图中的投影 c' 与竖直中心线重合；在俯视图中的投影 c 与竖直的中心线重合，规定均不画出。只用细点画线画出表示圆的对称中心线。

作图： 首先根据"长对正""高平齐"用细点画线绘制三个圆的对称中心线，以确定球的三视图的位置，如图 2.17（a）所示。根据球的直径，用细实线画出三个直径相等的圆。检查无误后，用粗实线加深，如图 2.17（b）所示。

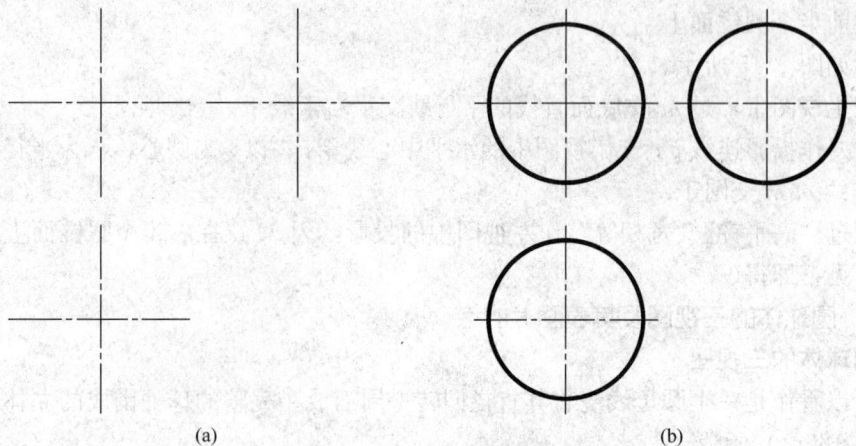

(a)　　　　　　　　　　　　　　　　(b)

图 2.17　圆球体三视图的作图步骤

二、圆球体表面上的点

　　圆球体的转向线上的点为特殊点，可直接根据投影关系作出，如图 2.18（a）所示，若已知 A、B、C 三点的任一投影，通过投影关系和转向线的投影的特殊性，可直接作出其余两投影。

　　对于圆球体上任意位置的点，可通过辅助纬圆法求作。如图 2.18（b）所示，已知 D 点的侧面投影 d''，可以过 D 作一辅助的正平圆，其投影在左视图为过 d'' 的竖直线，而主视图为反映实形的圆，通过投影关系即可作出正面投影 d' 和水平投影 d。

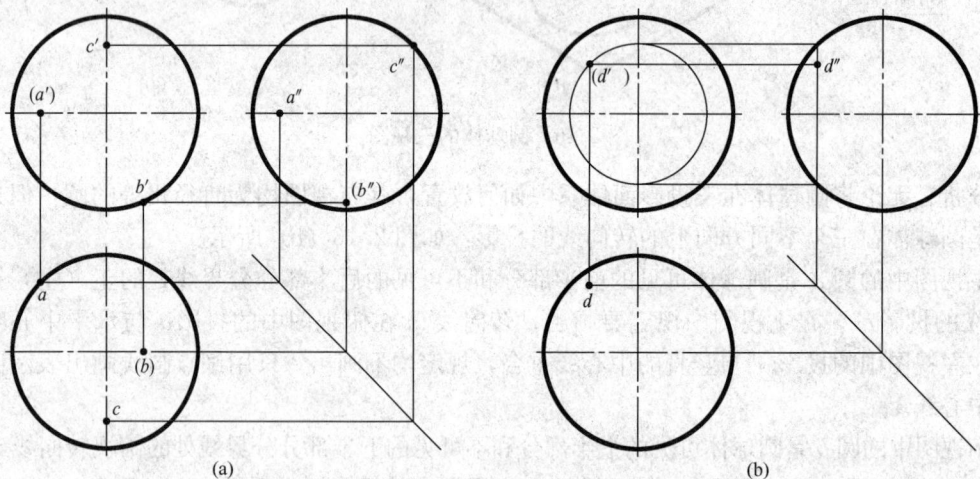

(a)　　　　　　　　　　　　　　　　(b)

图 2.18　圆球体表面取点

练　习　题

2.1　填空题

　　（1）三视图的投影规律是：主、俯视图之间＿＿＿＿；主、左视图之间＿＿＿＿；俯、左视图之间＿＿＿＿。

(2) 平面立体表面不可见的轮廓线需要用_____线画出。

(3) 从投射方向看，曲面立体表面可见与不可见的分界线称为回转体的_____。

(4) 画曲面立体的三视图时，需要用_____线画出其轴线。

(5) 球的三面投影都是_____。

2.2 选择题

(1) 左视图反映物体的_____、_____位置关系。

A. 上下　　　　　　　　B. 左右　　　　　　　　C. 前后

(2) 绘制物体的视图时，当图线重合时，绘制图线的优先顺序应为_____。

A. 粗实线、点画线、细实线、虚线

B. 细实线、点画线、粗实线、虚线

C. 粗实线、细实线、虚线、点画线

D. 粗实线、虚线、点画线、细实线

(3) 关于点的可见性判别，以下描述错误的是_____。

A. 凡面的投影可见，则面上的点可见

B. 凡面的投影不可见，则面上的点不可见

C. 凡面或线的积聚性投影上的点，不判断可见性

D. 对于两个重影点，一定是一个可见，一个不可见

(4) 关于转向线，以下描述错误的是_____。

A. 是针对回转体的回转面而言的

B. 可见与不可见的分界线

C. 其投影和平面轮廓线一样，在三个视图中都应绘制

D. 转向线可能是直线，也可能是曲线

(5) 在圆锥表面上取点时，以下描述错误的是_____。

A. 通过点的已知投影作过锥顶的直素线

B. 通过点的已知投影作平行于底面的纬线圆

C. 通过点的已知投影向底面具有积聚性的投影作投影线

D. 通过点的已知投影也可作不通过锥顶的直线

2.3 判断题 （正确的画"√"，错误的画"×"）

(1) 在任一回转体的表面上既可以绘制直线，也可以绘制曲线。　　　　（　　）

(2) 俯视图反映物体从上往下看的形状以及各组成部分的上下、左右位置关系。（　　）

(3) 平面立体是全部由平面围成的立体。　　　　　　　　　　　　　　（　　）

(4) 曲面立体是全部由曲面围成的立体。　　　　　　　　　　　　　　（　　）

(5) 圆柱体上的圆柱面的投影在与轴线垂直的投影面内积聚在圆的圆周上。（　　）

(6) 圆锥体上的圆锥面的投影在与轴线垂直的投影面内积聚在圆的圆周上。（　　）

(7) 回转体的转向线与平面立体的轮廓线一样，在各个投影图中都必须用粗实线或虚线绘制。　　　　　　　　　　　　　　　　　　　　　　　　　　　　　　　（　　）

3 立体的表面交线

一、基本要求

（1）掌握平面立体被平面截切后形成的截交线的投影以及截断体的投影画法。

（2）掌握常见回转体（圆柱、圆锥、圆球）被平面截切后，截交线的形状与投影画法。

（3）掌握轴线垂直相交的常见回转体（柱与柱、柱与锥、柱与球、锥与球）相交时相贯线的性质和作图方法。

（4）掌握利用表面取点法求解相贯线的方法，特别是简化画法。

（5）掌握立体的组合表面交线的分析方法和作图方法。

二、重点与难点

（1）平面与平面立体截交线的求解。

（2）圆柱切割体的画法及其截交线的求法。

（3）轴线正交的两回转体（圆柱、圆锥、圆球）的相贯线画法。

（4）特殊相贯线的画法。

其中，平面与曲面立体的截交线的求解，相贯线画法是本章的难点。

3.1 平面立体表面的截交线

3.1.1 概述

平面与立体相交，截去立体的一部分，称为截切；用以截切立体的平面称为截平面；截平面与立体表面的交线称为截交线；因截平面的截切，在立体上所形成的平面称为截断面。截切后的立体称为截断体。

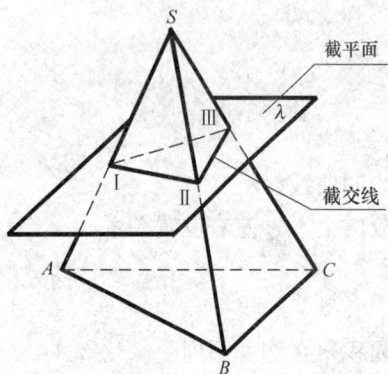

图 3.1 平面立体被截切

如图 3.1 所示，用平面 λ（截平面）与基本立体（三棱锥）相交（截切），截取三棱锥的一部分，在三棱锥的表面上形成了三角形的截交线 ⅠⅡⅢ。

平面立体表面截交线的基本性质：

（1）共有性：截交线的每条边是立体表面和截平面的共有线，即截交线既在截平面上，又在立体表面上。

（2）封闭性：截交线是由直线段组成的封闭的平面多边形。

3.1.2 平面截断体的画法

要画平面截断体的投影图，关键是要正确地画出其截交线的投影。

一、求截交线投影的方法

根据平面立体表面截交线的性质可知，它的形状是平面多边形。所以求出构成此截交的平面多边形各顶点的投影，依次连接即可得截交线的投影。

截平面与平面立体各棱线的交点构成了截交线的顶点或者截平面与平面立体各棱面的交线构成了截交线的各条边。故求平面立体的截交线的投影通常可以采用线面交点法和面面交线法。

（1）线面交点法：求出平面立体棱线与截平面的交点的投影，顺序连接各点，即得截交线的投影。

（2）面面交线法：即求出截平面与平面立体表面的交线的投影。

二、求截交线的投影步骤

（一）空间及投影分析

首先分析被截切的基本平面立体的情况以及截平面与平面立体的相对位置，以便确定截交线的形状。然后分析截平面与投影面的相对位置，以确定截交线的投影特性。截平面可以为一般位置平面和特殊位置平面（投影面平行面和投影面垂直面），只讨论截平面处于特殊位置平面的情况。

（二）画截交线的投影

按照线面交点法或者面面交线法求出截交线的各端点或各边的投影后，依次连接成多边形。

下面通过例题来分析平面立体被截切后截交线以及截断体的投影的求法。

【例3.1】 如图3.2（a）所示的正六棱柱被正垂面截切，完成其侧面投影和水平投影。

空间及其投影分析： 该立体可视为六棱柱被正垂面截去了一部分而形成，如图3.2（a）所示的立体图，所以关键是求截交线的投影。由图3.2（a）给出的视图可知，基本立体是正六棱柱，正垂面与正六棱柱的六个棱柱面和左底面共七个面相交，截交线的形状为七边形。七边形的顶点分别是上面五条侧棱线与截平面的五个交点、左底面（正六边形平面）的两条边与截平面的两个交点。由于截平面为正垂面，它在 V 面的投影积聚为一条线段，故截交线的 V 面投影也积聚在此条线段上，可直接求找出。其 W 面投影在棱线上的五个点均积聚在对应六边形的顶点上，而另外两个点也积聚到对应的棱边上。最后由 V、W 面投影即可求出 H 面投影。

作图步骤：

（1）在正面投影图上标注出截平面与六棱柱的七个交点的正面投影（截交线上的七个顶点），如图3.2（b）所示。

（2）根据这些交点所在的棱以及点的投影特性，求出这七个交点的侧面投影和水平投影，如图3.2（c）所示。

（3）将这七个交点的相应投影顺次连接，即得截交线的投影，如图3.2（d）所示。

（4）补全基本体六棱柱没有被截去的其余轮廓线判并断可见性，如图3.2（e）所示（由于正六棱柱的左上部被切去，所以截交线的三面投影均可见。但是正六棱柱最下面的一条棱线在俯视图上的投影不可见，应为虚线）。

（5）整理图线，如图3.2（f）所示。

【例3.2】 如图3.3（a）所示，完成截头三棱锥的水平投影和侧面投影。

空间与投影分析： 此截头三棱锥可视为三棱锥被截平面截去锥顶部分而形成的几何形体，如图3.3（a）所示立体图。作图的关键是求截交线的投影。

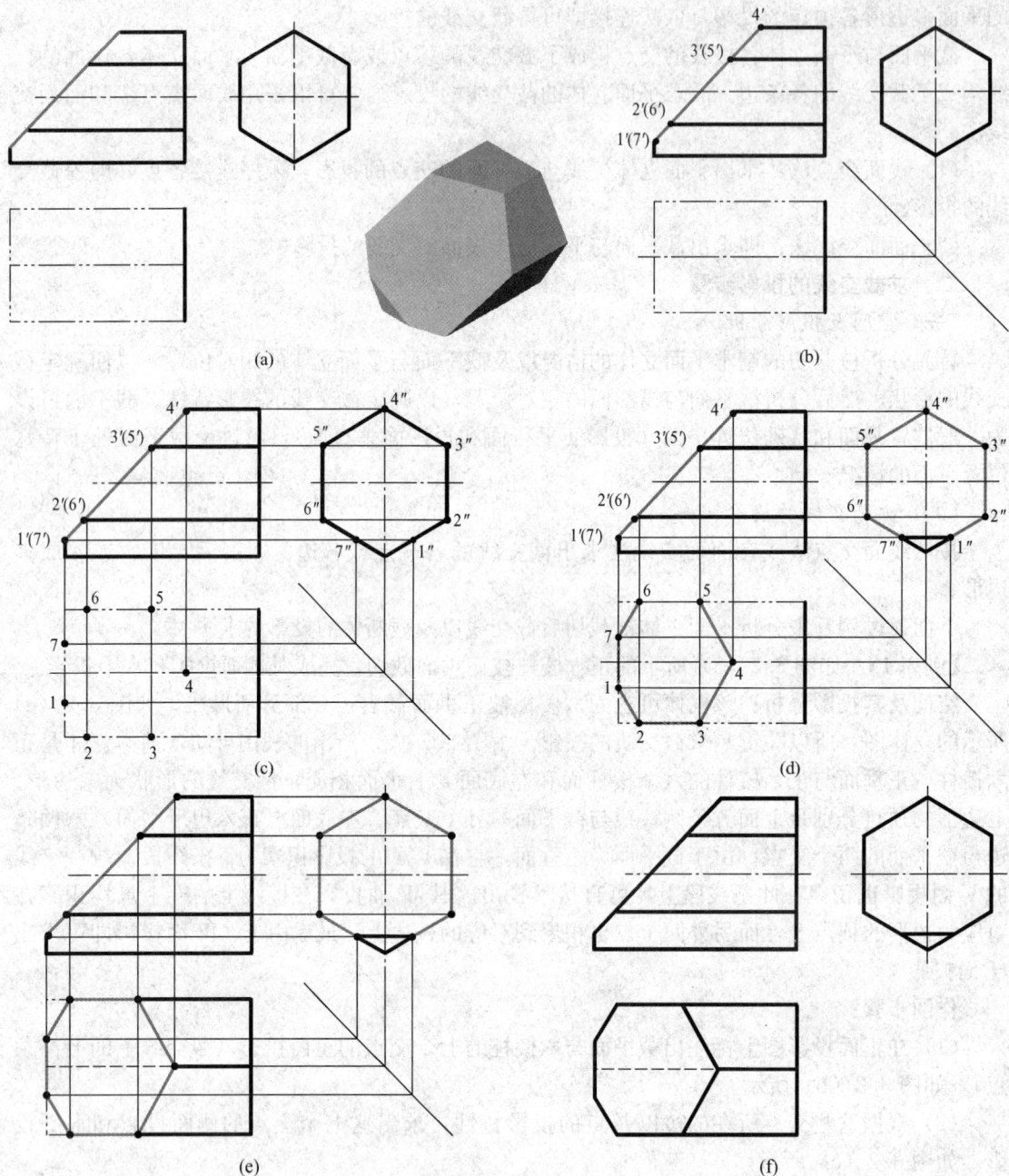

(a)

(b)

(c)

(d)

(e)

(f)

图 3.2　正六棱柱截断体的投影求解

　　基本立体是三棱锥，截平面是正垂面（在正立投影面积聚为一条线），截平面与三棱锥的三条棱截交，所以截交线的形状是三角形Ⅰ Ⅱ Ⅲ，三角形的三个顶点是三棱锥的三条侧棱线与截平面的交点。其在 V 面的投影为 $1'$、$2'$、$3'$。因为Ⅰ、Ⅱ、Ⅲ点又在 SA、SB、SC 棱线上，所以依据点的投影规律可以同时求出这三个点的 H、W 面的投影，然后用线段将他们相应的连接起来。再补全三棱锥的轮廓线的投影即可。

解题步骤：

(1) 如图 3.3 (b) 所示，找出棱线与截平面的交点Ⅰ、Ⅱ、Ⅲ的 V 面投影 $1'$、$2'$、$3'$、按照点的投影规律以及点所在棱线的这种特殊性作出Ⅰ、Ⅱ、Ⅲ的 H、W 面的投影 1、2、3 和 $1''$、$2''$、$3''$。

(2) 将Ⅰ、Ⅱ、Ⅲ点的水平投影和侧面投影分别依次连接起来，即完成截交线的投影；然后补全被截三棱锥所剩下的轮廓线ⅠA、ⅡB、ⅢC，并判断可见性（可见的轮廓线用粗实线表示，不可见的轮廓线用细虚线表示），如图 3.3 (c) 所示。

(3) 整理图线，如图 3.3 (d) 所示。

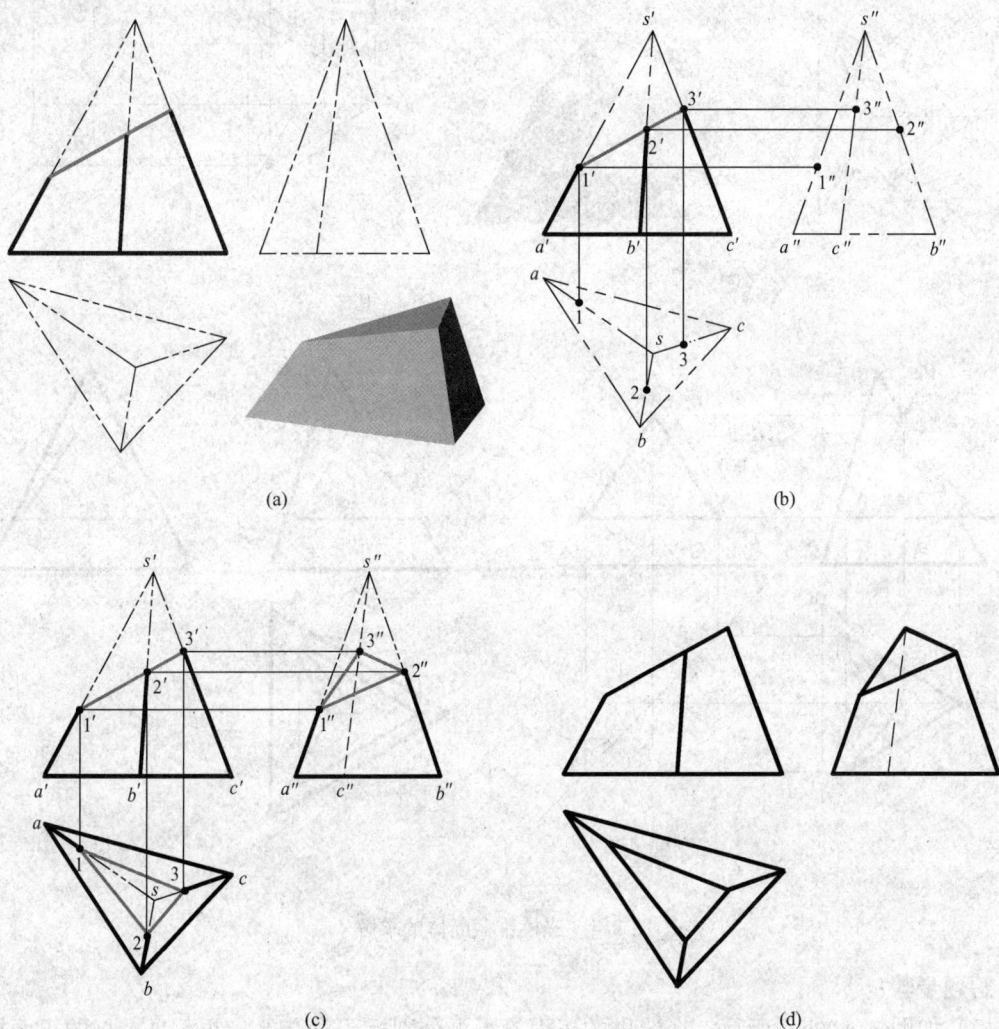

(a)　　　　　　　　　　　　　　(b)

(c)　　　　　　　　　　　　　　(d)

图 3.3　截头三棱锥的求解

【例 3.3】　如图 3.4 (a) 所示，完成被截切的三棱锥的水平投影和侧面投影。

空间与投影分析： 如图 3.4 (a) 所示的立体图，该立体为一三棱锥被两个截平面截切而成。截平面 Q 是一个正垂面（在正面投影积聚成直线 Q_V）。它与三棱锥的棱 SA、侧棱面 SAB 和 SAC 截交。形成交点Ⅲ、Ⅱ、Ⅳ；截平面 P 是一个水平面（在正面和侧面的投影都是积聚成水平线）它与三棱锥的棱 *SA* 和侧棱面 *SAB* 和 *SAC* 截交，形成交点Ⅰ、Ⅱ、Ⅳ；同时截平面 *Q* 与 *P* 有交线ⅡⅣ。

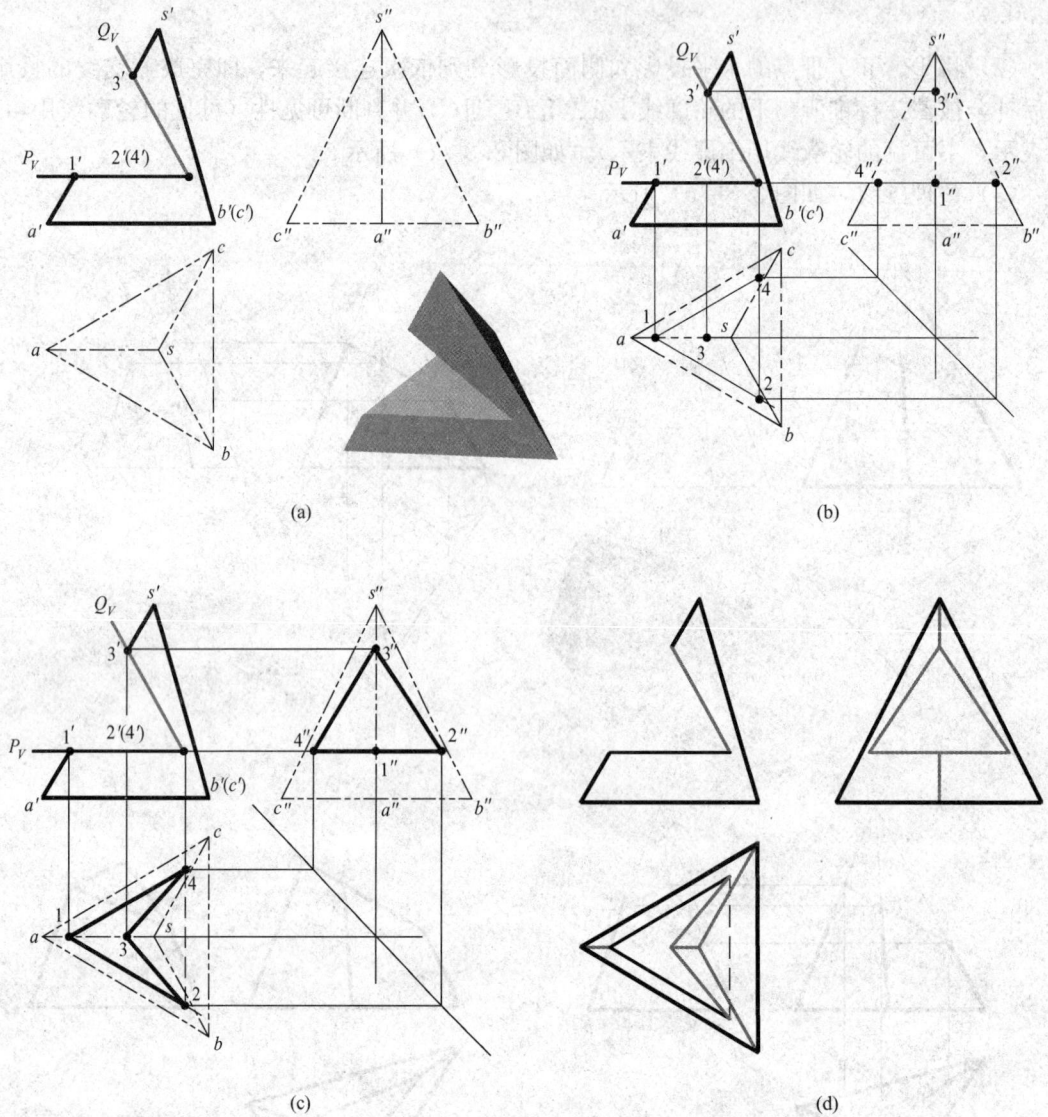

图 3.4　三棱锥截断体的求解

解题步骤：

（1）如图 3.4（b）所示，在给出的正面投影上分别标注出点Ⅰ、Ⅱ、Ⅲ、Ⅳ的正面投影 $1'$、$2'$、$3'$、$4'$。利用点的投影规律以及棱线、棱面上取点的方法分别求出点Ⅰ、Ⅱ、Ⅲ、Ⅳ的水平投影 1、2、3、4 和侧面投影 $1''$、$2''$、$3''$、$4''$。

（2）如图 3.4（c）所示，根据可见性判断分别用相应的线连接ⅠⅡ、ⅡⅣ、ⅣⅠ、Ⅲ Ⅱ、ⅢⅣ的水平投影 12、24、41、32、34 和侧面投影 $1''2''$、$2''4''$、$4''1''$、$3''2''$、$3''4''$。

（3）补全三棱锥的轮廓线的投影，判断可见性并整理图形，如图 3.4（d）所示。

3.2　回转体表面的截交线

3.2.1　概述

与平面立体的截切类似，如图 3.5 所示，截平面 P 与圆柱面的交线——椭圆，就是截交线，椭圆围成的平面就是截断面。

回转体被截切的形式通常有：用一个截平面截切，用两个截平面截切，用多个截平面截切以及截切组合立体，如图 3.6 所示。

一、回转体被截切的截交线的性质

（1）共有性：截交线是截平面与回转体表面的共有线。

（2）封闭性：截交线是封闭的平面图形（由曲线或直线和曲线围成的封闭图形）。

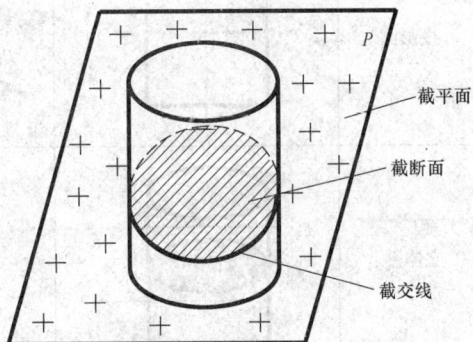

图 3.5　圆柱体被截平面截切示意图

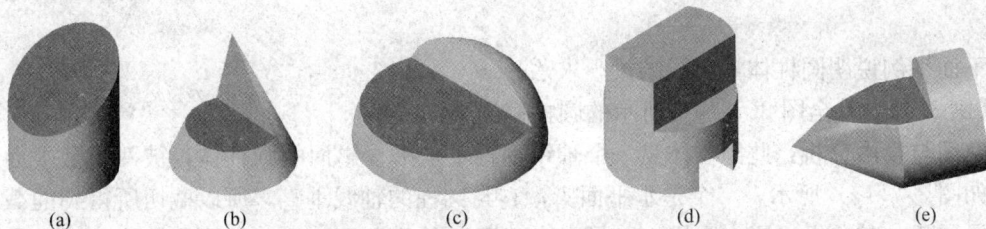

| (a) | (b) | (c) | (d) | (e) |

图 3.6　回转体被截切的形式

（3）截交线的形状取决于回转体表面的形状及截平面与回转体轴线的相对位置。

二、求平面与回转体的截交线的一般步骤

（一）空间与投影分析

分析回转体的形状以及截平面与回转体轴线的相对位置，以便确定截交线的形状。分析截平面与投影面的相对位置，明确截交线的投影特性，如积聚性、类似性等。找出截交线的已知投影，预见未知投影。

（二）画截交线的投影

回转体表面的截交线的形状一般是曲线或者曲线与直线组成的封闭的平面图形，当截交线的投影为非圆曲线时，其作图步骤为：

先找特殊点（一般为转向线上的点，决定曲线走势的关键点等）求解，再补充中间点，然后将各点依次光滑地连接起来，同时注意判断截交线投影的可见性。

3.2.2　平面与圆柱面的截交线

当截平面截切圆柱体时，截平面与圆柱底面的交线是直线段，而截平面与圆柱回转曲面的截交线的形状取决于截平面与圆柱体回转轴线的相对位置，见表 3.1。

（1）当截平面平行于回转轴线时截交线为两平行直线段（即两直素线）。

（2）当截平面垂直于回转轴线时截交线为圆。

表 3.1　　　　　　　　　　　平面与圆柱面的截交线

截平面的位置	垂直	倾斜	平行
投影图	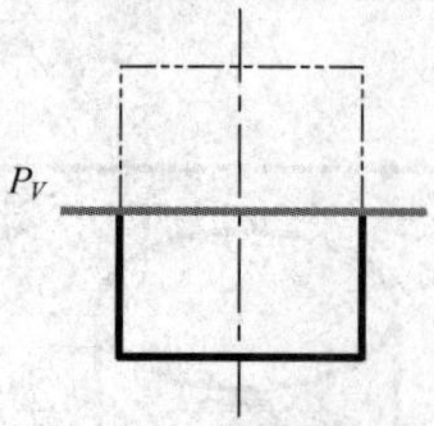	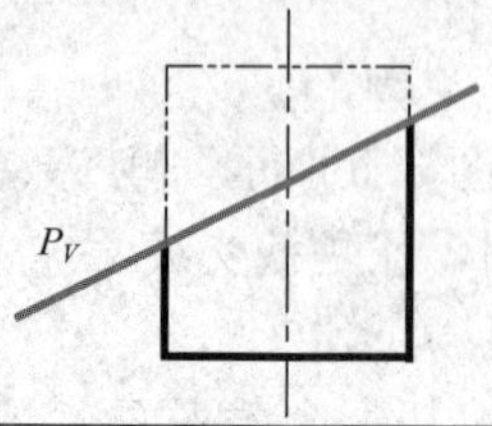	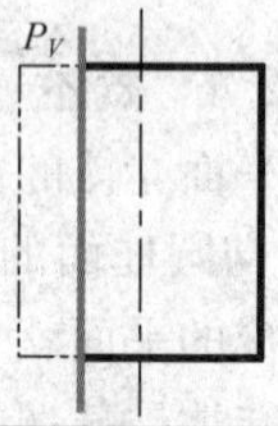
立体图	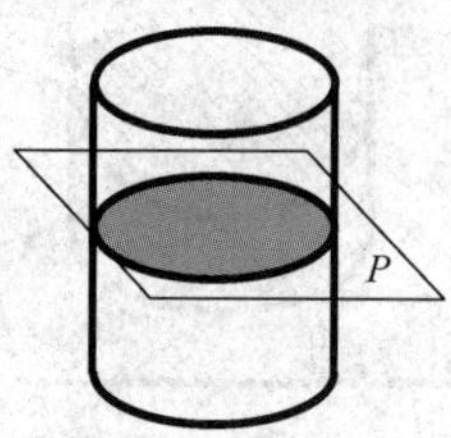	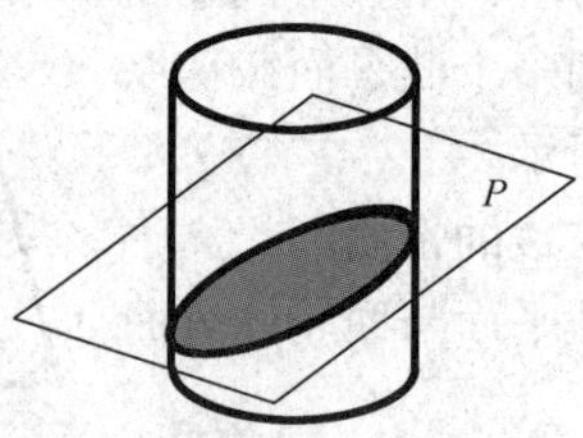	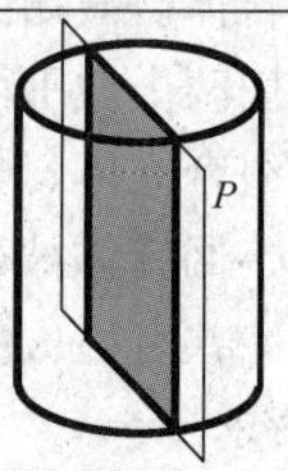
截交线	圆	椭圆	两平行的直素线

（3）当截平面倾斜于回转轴线时截交线为椭圆。当夹角为 45° 时，椭圆就会有两面投影为圆。

下面举例说明圆柱体截交线的投影求法。

【例 3.4】　补全图 3.7（a）所示的圆柱截断体的投影。

空间与投影分析：此圆柱体是一个轴线垂直于水平投影面的圆柱体，被两个截平面所截切，如图 3.7（a）所示，一个是水平面 P，它与圆柱的轴线垂直，所以截切所得到的截交线是一段圆弧，其水平投影在圆周上，另一个截平面是侧平面 Q，它与圆柱轴线是平行的，所以截切圆柱面所得到的截交线是与回转轴线平行的两条直线段。其在水平投影面上的投影为积聚在圆周上的点。同时这两个截平面又相交于ⅠⅡ。

解题步骤：

（1）求出特殊点Ⅰ、Ⅱ的投影，它的水平投影在圆周上，然后根据高平齐、宽相等，作出其对应的侧面投影，如图 3.7（b）所示。

（2）最后补全圆柱体的轮廓线，整理图形，如图 3.7（c）所示。

【例 3.5】　如图 3.8（a）所示，求圆柱截断体的侧面投影。

空间与投影分析：该形体是一个被正垂面截头的圆柱截断体，圆柱的轴线垂直于水平投影面。所以截切面与圆柱轴线是倾斜的，因此截交线的形状是椭圆。在水平投影面上的投影是整个圆周。

解题步骤：

（1）求出截交线上特殊位置的点Ⅰ、Ⅱ、Ⅲ、Ⅳ的正面投影 $1'$、$2'$、$3'$、$4'$ 并求出其另外两个投影面上的投影，如图 3.8（b）所示。

（2）求解截交线上一般位置的点Ⅴ、Ⅵ、Ⅶ、Ⅷ的投影，如图 3.8（c）所示。

（3）将求解的侧面投影上的各点分别依次光滑的连接起来，如图 3.8（d）所示。

（4）检查图形，判断可见性，整理图线，如图 3.8（e）所示。

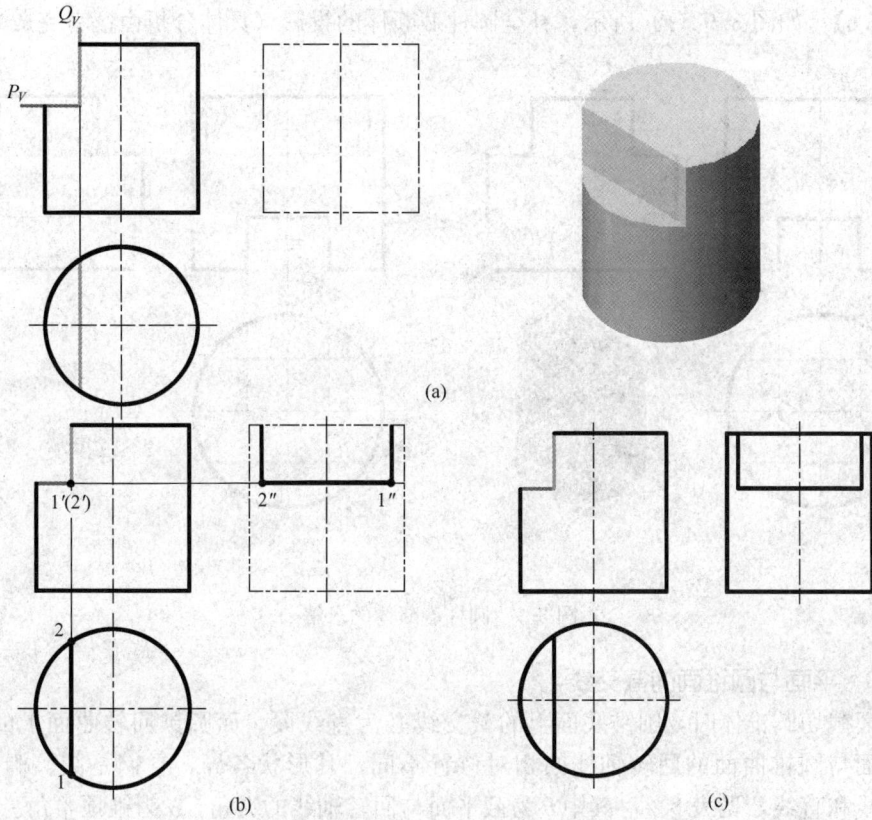

图 3.7 圆柱截断体的求解

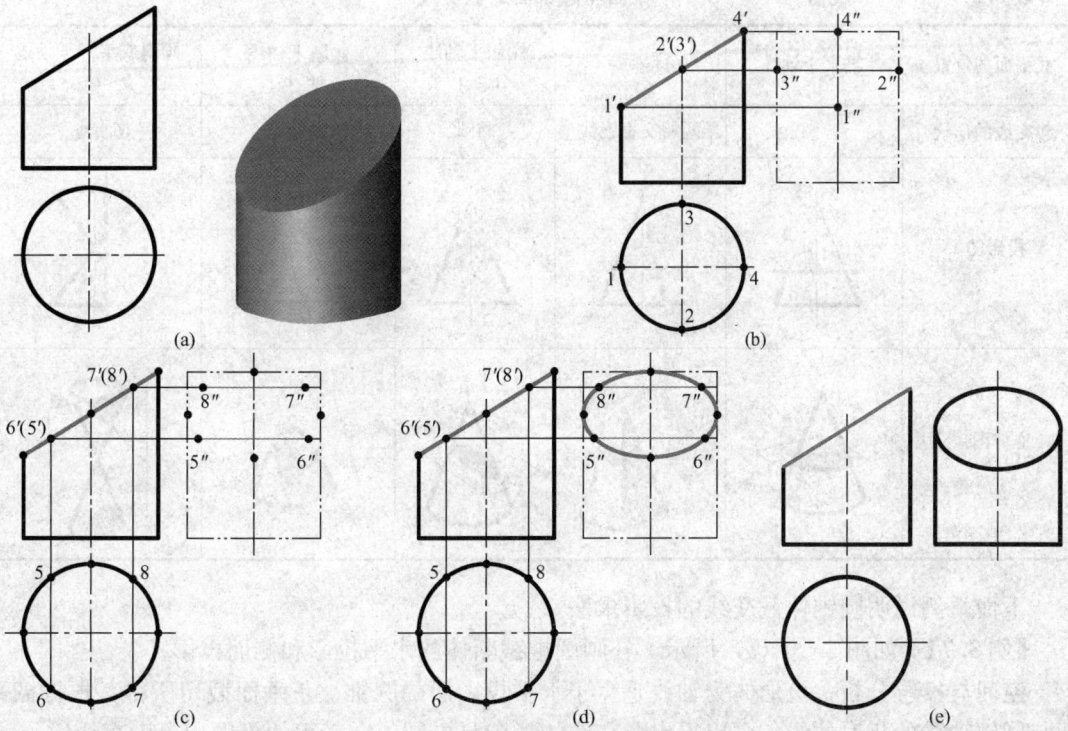

图 3.8 圆柱截断体的求解

【例 3.6】 如图 3.9（a）所示，补全圆柱截断体的投影（具体分析由读者完成）。

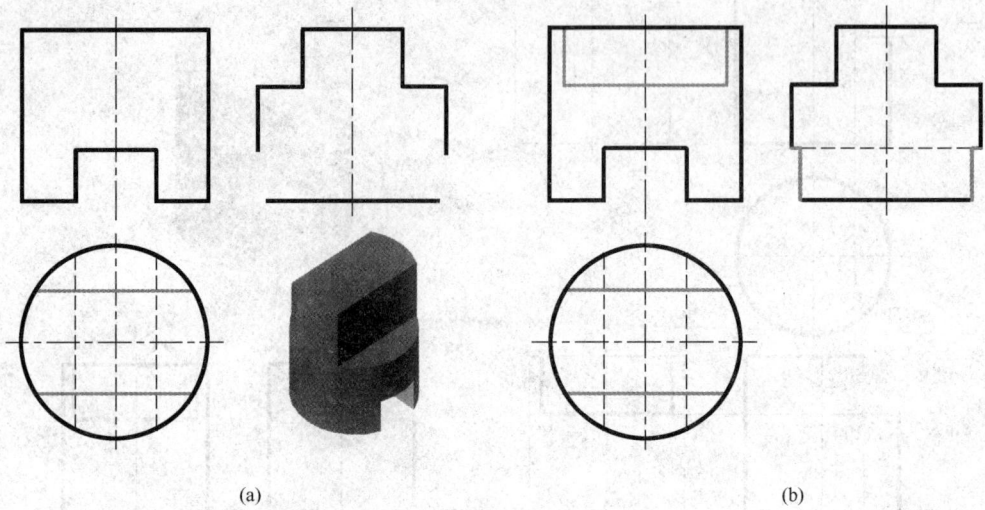

(a)   (b)

图 3.9   圆柱截断体的求解

3.2.3   平面与圆锥面的截交线

当平面截切圆锥体时，圆锥底面上的截交线必为直线段，而圆锥回转曲面上的截交线，随着截平面与圆锥曲面的回转轴线的相对位置不同，其形状各异，它们是圆、椭圆、抛物线、双曲线和直线，见表 3.2，其中 θ 为截平面与回转轴线的夹角，α 为锥顶半角。

表 3.2   平面与圆锥面的截交线

截平面的位置	垂直于轴线	过锥顶	倾斜于轴线 $\theta > \alpha$	倾斜于轴线 $\theta = \alpha$	倾斜或平行于轴线 $\theta < \alpha$
截交线的形状	圆	两相交直素线	椭圆	抛物线	双曲线
投影图					
立体图					

下面举例说明圆锥体截交线的投影求法。

【例 3.7】 如图 3.10（a）所示，补画圆锥截断体的水平投影和侧面投影。

空间与投影分析： 该形体为轴线垂直于水平投影面的圆锥被正垂面截切所得，根据截平面与圆锥轴线的相对位置，可以得出截交线的形状是椭圆，在正面的投影积聚为直线段。

解题步骤：

（1）如图 3.10（b）所示，求解截交线上的特殊点的投影（转向线上的点和椭圆长短轴的端点）。

（2）如图 3.10（c）所示，求解一般点的投影并用光滑的曲线依次连接个投影点。

（3）如图 3.10（d）所示，补全圆锥的轮廓线，整理图形。

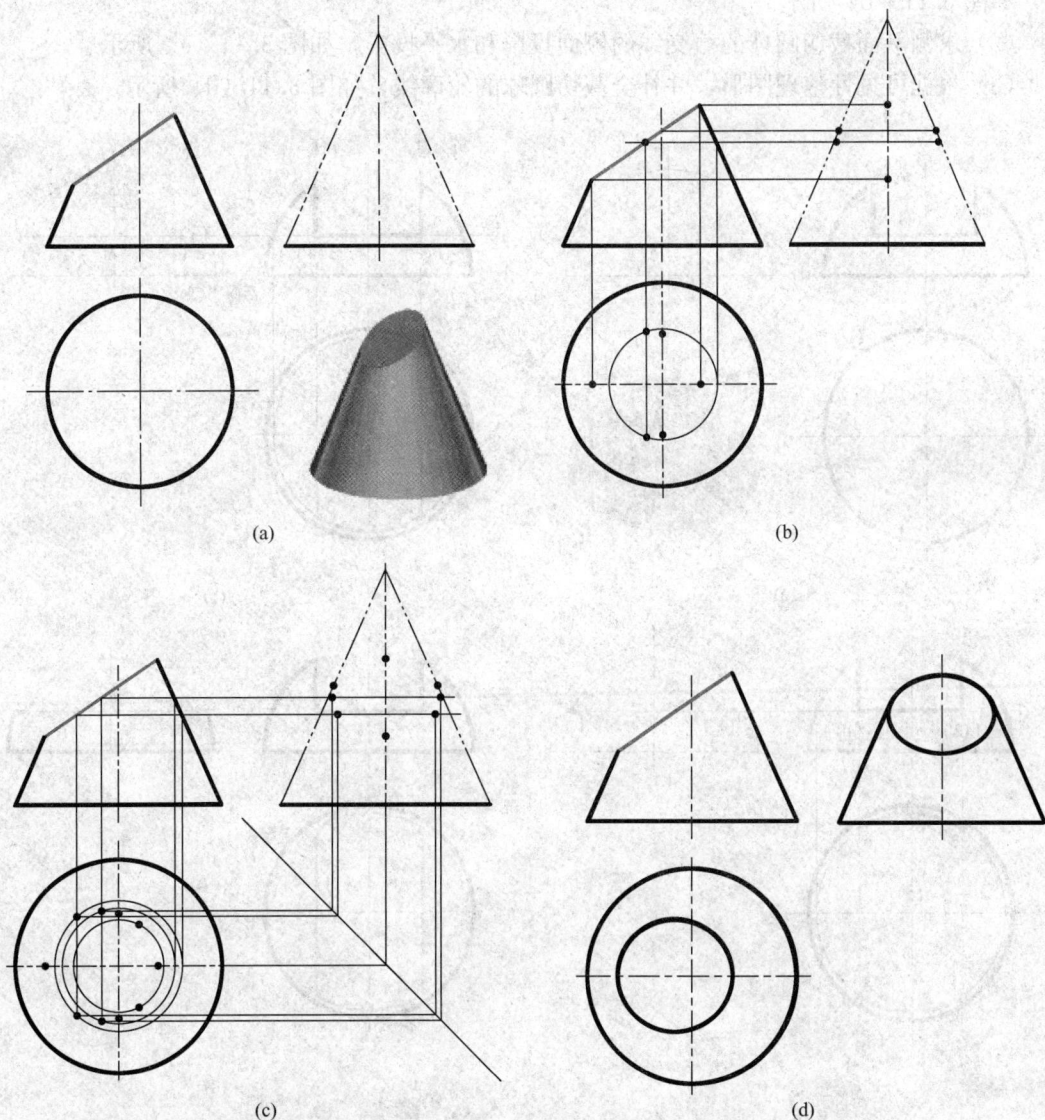

(a)　　　　　　　　　　　　　　　(b)

(c)　　　　　　　　　　　　　　　(d)

图 3.10　圆锥截断体的求解

3.2.4　平面与圆球的截交线

平面与圆球相交，其截交线的形状是圆，但根据截平面与投影面的相对位置不同，其截交线的投影可能为圆、椭圆或积聚成一条线段。这里只讨论截平面是投影面平行面的情况。

下面举例说明圆球截交线的投影的求法。

【例 3.8】　求如图 3.11（a）所示圆球截断体的水平投影和侧面投影。

空间与投影分析：水平截切面截切圆球的截交线的投影，在水平投影上为圆弧，在侧面投影上积聚为一条线段。两个侧平面截圆球的截交线的投影，在侧面投影上为圆弧，在水平投影上积聚为一条线段。

解题步骤：

（1）求出水平面截切圆球的截切线（水平圆）的水平投影（圆弧）和侧面投影（水平线段）如图 3.11（b）所示。

（2）求侧平面截切圆球的截交线的侧面投影和水平投影，如图 3.11（c）所示。

（3）根据可见性整理图形，并补全截切圆球的轮廓线，如图 3.11（d）所示。

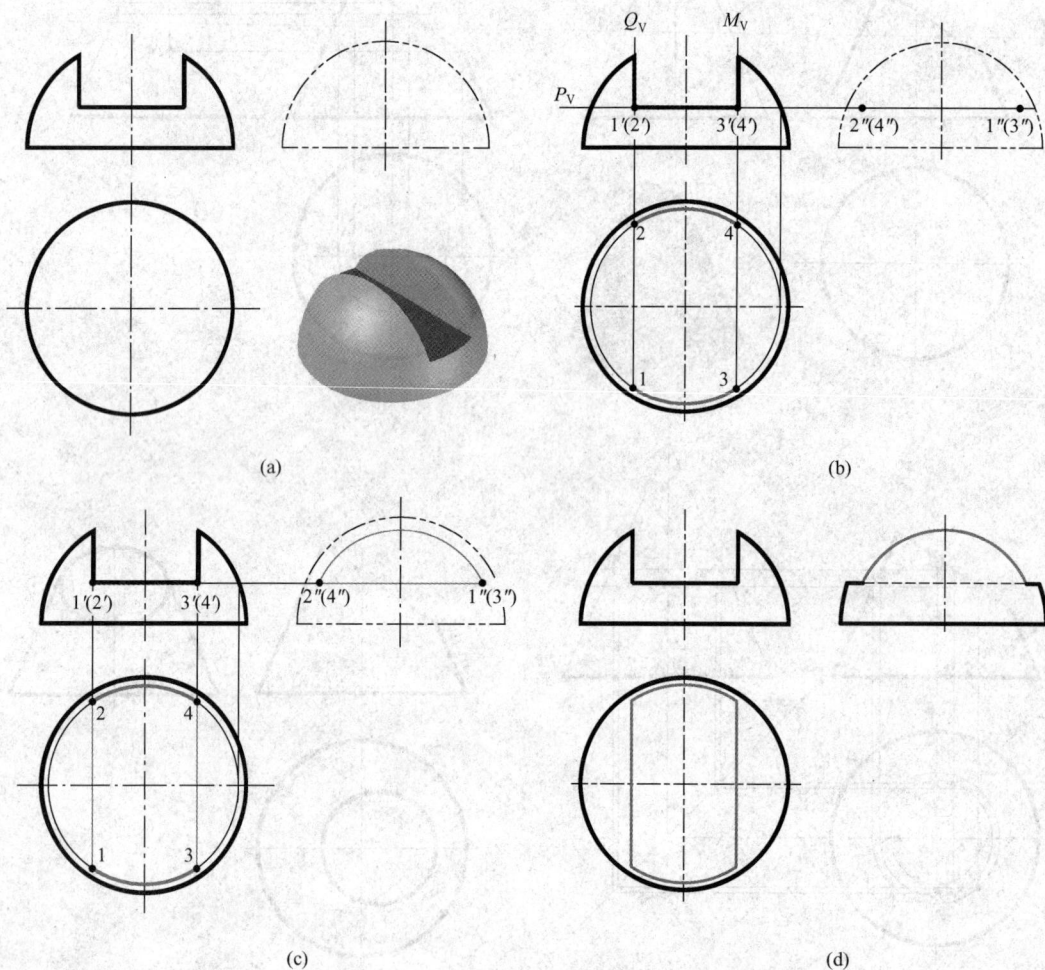

图 3.11　圆球截断体的求解

3.2.5　组合回转体的表面截交线

组合回转体是由多个回转体组合而成，当组合回转体被截平面截切后，要求其表面的截交线，首先要分析组合回转体由哪些基本回转体组成以及它们的连接关系，然后分别求出这些基本回转体的截交线，并依次将其连接。

【例 3.9】　如图 3.12（a）所示，求顶尖的俯视图。

空间投影与分析：如图 3.12（a）所示，此顶尖是由同轴线的两圆柱体 1 和 2，以及圆锥体 3 组成，同时被两个截平面 P 和 H 截切而形成。其中 P 为水平面，它与圆锥体，两个圆柱体都截切，同时与回转轴线是平行的，所以截交线的形状依次是双曲线、两条直素线、两条直素线。其正面投影是积聚在水平线上，而 H 是侧平面，只与大轴径的圆柱体相截切。截交线的形状为圆弧，其侧面投影积聚在大圆周上，而其余两面的投影积聚为线段。

解题步骤：

（1）如图 3.12（b）所示，由于顶尖最前、最后的转向线均未截到，可先补画出顶尖的转向线的水平投影。

（2）如图 3.12（c）所示，依次求截平面截切顶尖的圆锥部分的截交线上的点（转向线上的点、分界点以及一般点等）。

（3）光滑连线，并求出与圆柱体截切后的素线点，如图 3.12（d）所示。

（4）判断可见性，整理图形并加深图线，如图 3.12（e）所示。

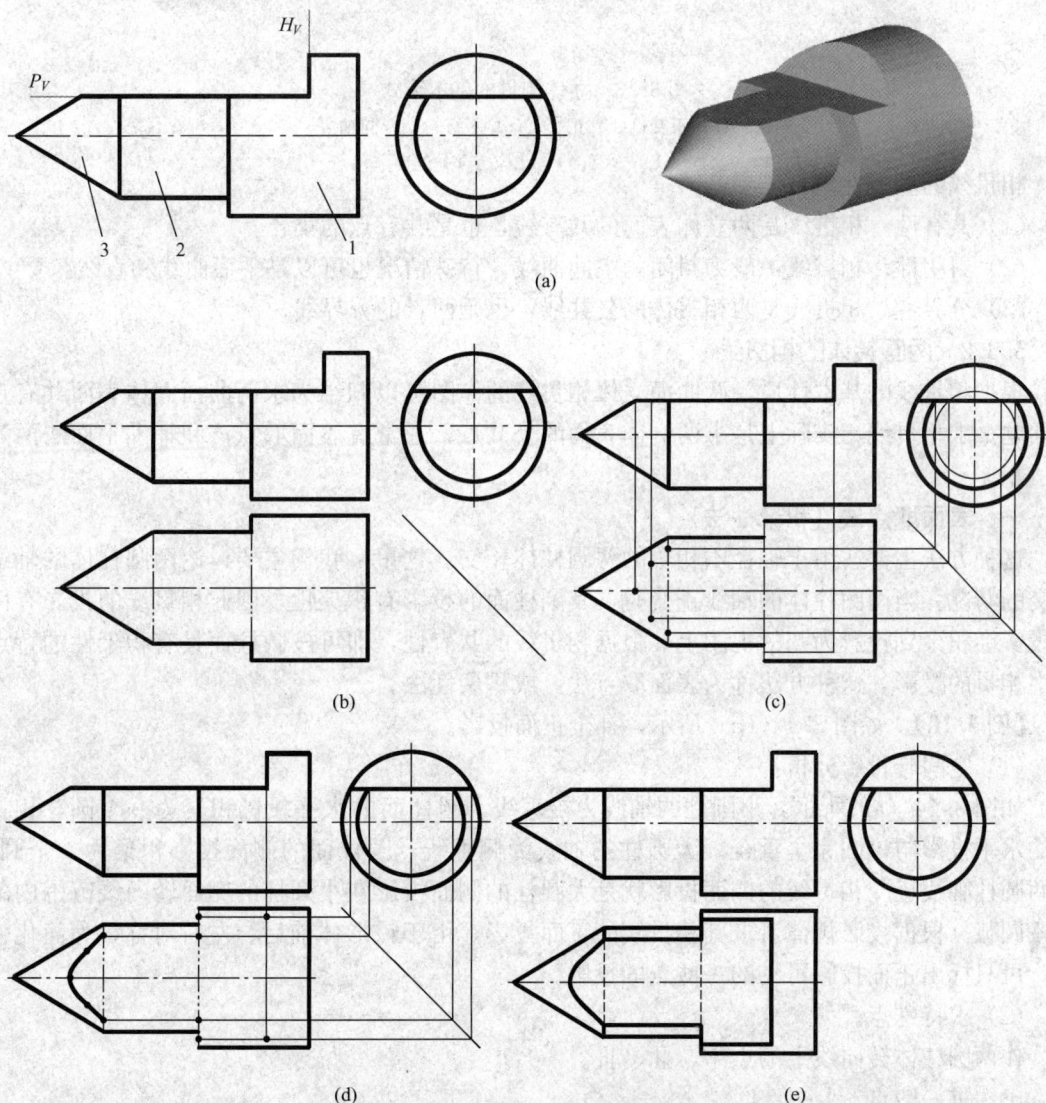

图 3.12　组合表面截交线的求解

3.3　两回转体的相贯线

3.3.1　概述

相贯线是两基本形体彼此相交而得到的立体表面交线。由两相交的基本形体所构成的形体称为相贯体。常见的两回转体相贯的形式有轴线相交、平行、同轴和交叉等。这里，只介绍轴线正交（垂直相交）和轴线平行、同轴的特殊情况，如图 3.13 所示。

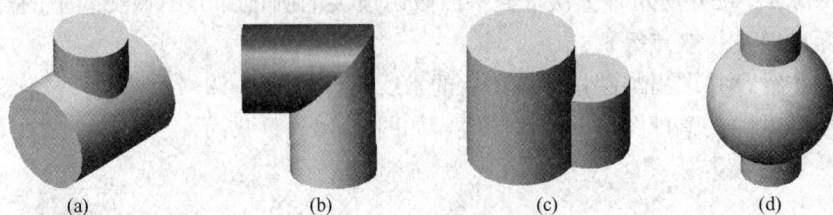

图 3.13　立体相贯的基本形式
(a) 正交；(b) 正交；(c) 平行；(d) 同轴

相贯线的基本性质：

(1) 共有性。相贯线是两立体表面的共有线，也是共有点的集合。

(2) 封闭性。相贯线一般为封闭的空间曲线，特殊情况也可以是平面曲线和直线。

(3) 分界性。相贯线是两相贯体的公共线，也是两者的分界线。

3.3.2　两回转体的相贯线

根据相贯线的基本性质，两曲面立体相贯线的作图可以归结为求两曲面立体表面共有点的问题。求相贯线，实际上是求两立体表面的公共点，通常有表面取点法和辅助平面法两种方法。

一、表面取点法（积聚性法）

这种方法主要适用于轴径不相等的两圆柱体相交。这里，我们主要讨论两圆柱体的轴线正交的情况。当两圆柱体的轴线正交时，其圆柱面的投影有积聚性，因此相贯线的投影有两面投影会积聚到投影为圆的视图上，根据相贯线的共有性，即可按圆柱面具有积聚性的特点求出相贯的投影，这种方法称为表面取点法，或积聚性法。

【例 3.10】　如图 3.14 (a) 所示，补全正面投影。

(1) 空间与投影分析。

如图 3.14 (a) 所示，小圆柱的轴线为铅垂线，圆柱面的水平投影积聚为一个圆，相贯线的水平投影与该圆完全重合。大圆柱的轴线为侧垂线，圆柱面的侧面投影积聚为一个圆，而两圆柱轴线正交相贯线的侧面投影就是大圆柱的侧面投影在小圆柱的侧面转向线范围内的那段圆弧。根据投影规律可求其相贯线的正面投影。由于该形体前后、左右对称，为简化作图，可只标出正面投影可见的一些点的投影。

(2) 求特殊点。

作两圆柱体转向线上的点Ⅰ、Ⅱ、Ⅲ。

(3) 求一般点。

如图 3.14 (b) 所示，在 H 面投影上，任取 4、5 点后，根据投影规律定出 4″、5″，再

求 $4'$、$5'$，同理，可作一系列的一般点。

（4）光滑连线。

依次光滑连线，光滑连接各点即得相贯线，如图 3.14（b）所示。

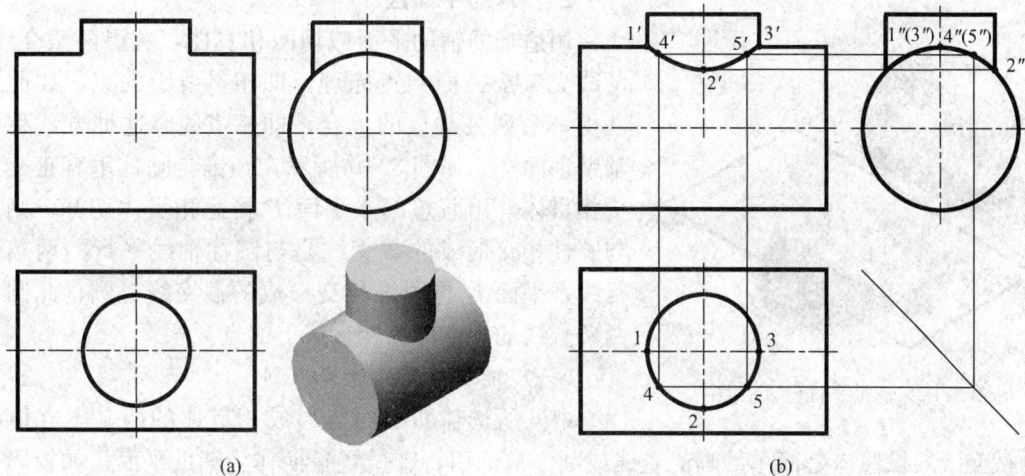

图 3.14 圆柱与圆柱体相贯

二、简化画法

因为相贯线由两相贯体的直径（或半径）及相对位置的确定而自然形成，所以，作相贯线主要是为了反映其形状，而不需要精确作图，只需采用简化画法即可。这里我们只讨论简化画法中以圆弧代替相贯线的画法，即轴线正交且轴径不相等的两圆柱体的相贯线的简化画法。根据经验，只介绍用三点法绘制两不等径圆柱相贯线的方法。

【例 3.11】 如图 3.15（a）所示，补全水平投影。

如图 3.15（a）所示，该形体是一个空心圆柱与一轴线为正垂线的圆柱孔相贯；后者与圆柱外表面是空体与实体相贯，俯视图上形成前、后两条相贯线；又与圆柱内孔相贯，形成左、右两条相贯线，则是空体与空体相贯；下面用三点法来作出该形体的相贯线。

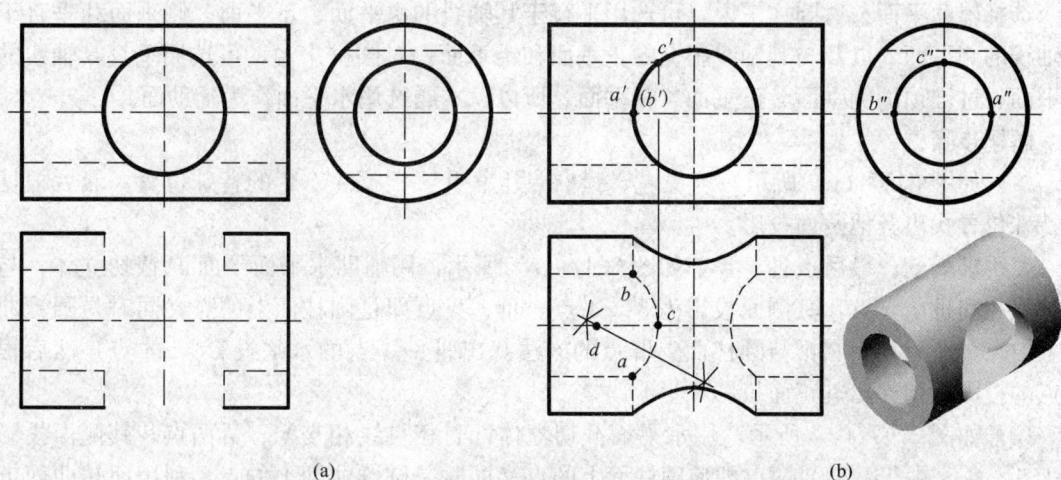

图 3.15 用三点法求不等径两圆柱正交的相贯线

为了简化作图，如图 3.15（b）所示，左边一条相贯线可在求得特殊点 a、b、c 之后，过这三点作一圆弧取代相贯线；即作 ac 连线的中垂线，与轴线交于 d 点，以 d 为圆心、$R_1 = ad$ 为半径，作圆弧 acb。用同样的方法可作出其余的相贯线，如图 3.15（b）所示。

三、辅助平面法

用适当的辅助平面截切两相贯体，获得两截交线，两线交点按三面共点原理，即相贯线上的点，如此可获得一系列公共点的集合，即相贯线。这种方法称为辅助平面法。如图 3.16 所示，圆锥与圆柱垂直正交形成相贯体，用假想的水平面 P 将此相贯体切开，则 P 与圆柱相交形成的截交线是与圆柱轴线平行的两条平行线，平面 P 与圆锥相交形成的截交线是圆，此圆与两条直线的交点即为相贯线上的点。

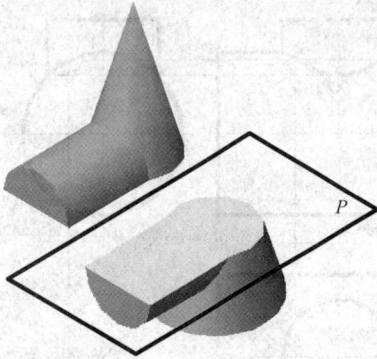

图 3.16　辅助平面法示例图

（一）辅助平面的选择原则

（1）所选辅助平面与形成相贯体的两基本立体的辅助截交线的投影应是简单易画的直线或圆。常选用特殊位置平面作为辅助平面，如投影面平行面或者垂直面。

（2）辅助平面应位于两曲面立体的共有区域内，否则得不到共有点。

（二）利用辅助平面法求解相贯线的作图步骤

（1）选择适当位置的辅助平面。

（2）求作辅助平面与两相贯立体的辅助交线。

（3）求出辅助交线的交点，即为相贯线上的点。

下面通过例题来分析辅助平面法的应用。

【例 3.12】 求如图 3.17（a）所示圆柱和圆锥的相贯线。

空间与投影分析： 圆柱与圆锥的轴线正交，相贯线是一条前、后对称的空间封闭曲线。圆柱轴线为侧垂线，圆柱的 W 面投影积聚为圆周，故相贯线的 W 面投影在圆柱 W 面投影的圆周上。所以，相贯线的 W 面投影为已知，V、H 面投影需用辅助平面法求出。

选择辅助平面： 对圆柱来说，可选用平行于其轴线的水平面、正平面、侧垂面和垂直于其轴线的侧平面，以及与其轴线斜交的正垂面和铅垂面；对圆锥来说，可选用垂直其轴线的水平面、过锥顶的侧垂面、正垂面、铅垂面。所以，本题选用水平面作为辅助面。

解题步骤：

（1）如图 3.17（b）所示，求最左、最右点 Ⅰ、Ⅱ：根据 $1'$、$2'$ 的特殊位置，然后根据其特殊位置找出其他两面投影。

（2）求最前、最后点 Ⅲ、Ⅳ：如图 3.17（b）所示，用辅助水平面平面 P 截切立体，与相贯线相交 Ⅲ、Ⅳ 点，其侧面投影为 $3''$、$4''$ 点，Ⅲ、Ⅳ 点即是圆柱面上的点又同时是圆锥曲面上的点，所以利用圆锥与圆柱面上取点的方法找出 Ⅲ、Ⅳ 点的水平投影 3、4 点，然后根据点的投影规律作出其正面投影 $3'$、$4'$。

（3）如图 3.17（c）所示，用水平面截切立体，与相贯线相交 Ⅴ、Ⅵ 两点，其侧面投影点为 $5''$、$6''$。由于 Ⅴ、Ⅵ 两点即使圆柱面上的点又同时是圆锥曲面上的点，利用回转曲面上取点的方法求出其水平投影 5、6，然后利用点的投影规律求出其在 V 面的投影 $5'$、$6'$。

（4）如图 3.17（c）所示，用上面的方法作出Ⅶ、Ⅷ两点的水平和正面投影。

（5）整理图形，如图 3.17（d）所示。

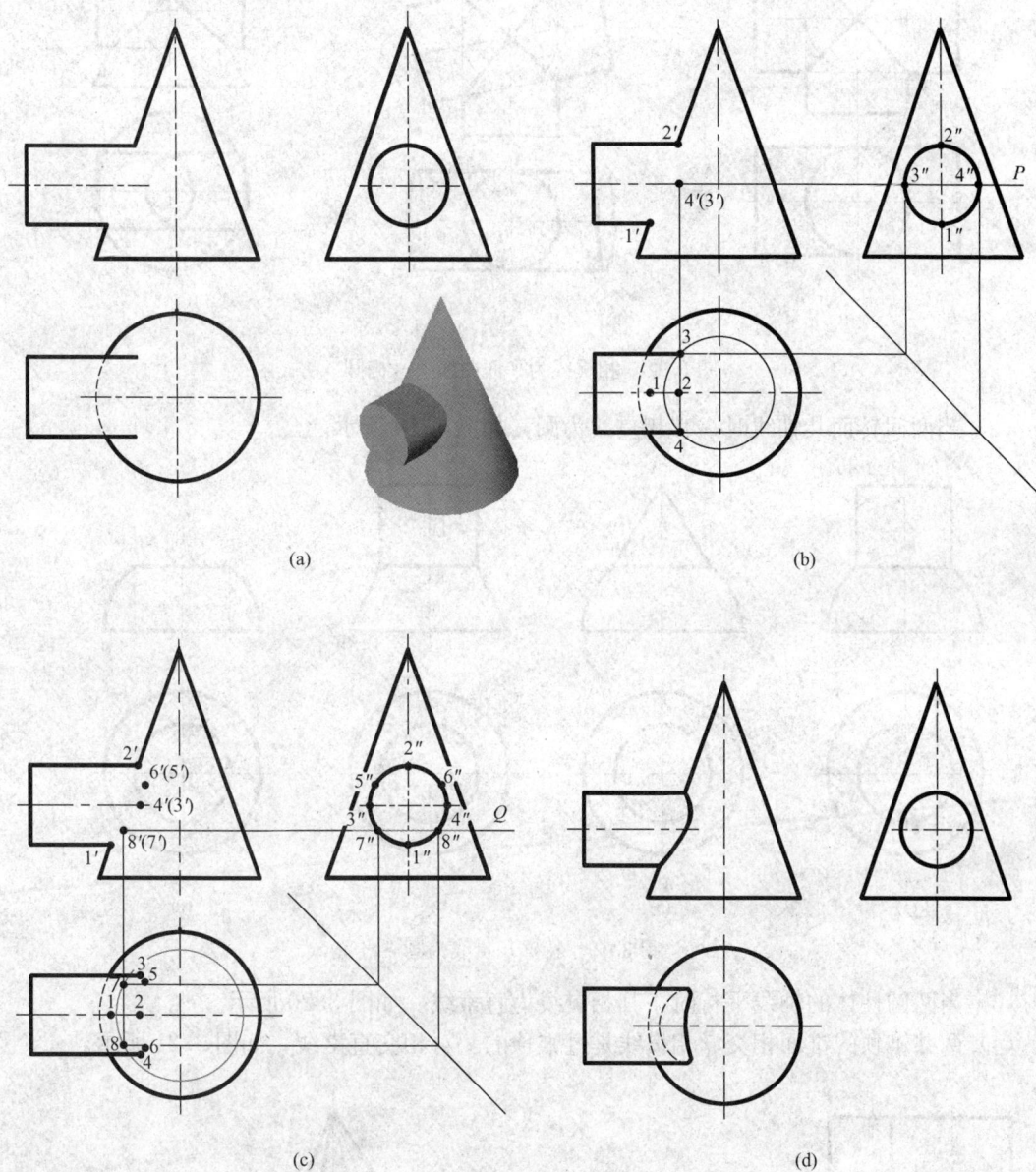

(a)

(b)

(c)

(d)

图 3.17 利用辅助平面法求解圆柱与圆锥的相贯线

四、特殊相贯线的画法

常见的曲面立体，如圆锥、圆柱、圆球等，他们的表面都是回转曲面，当这些表面相交时，在一般情况下，其相贯线是空间曲线，但是在特殊情况下，可以是平面曲线，个别情况是直线。

（1）蒙日定理：若两个二次曲面共切于第三个二次曲面，则两曲面的相贯线为平面曲线（椭圆），如图 3.18 所示。

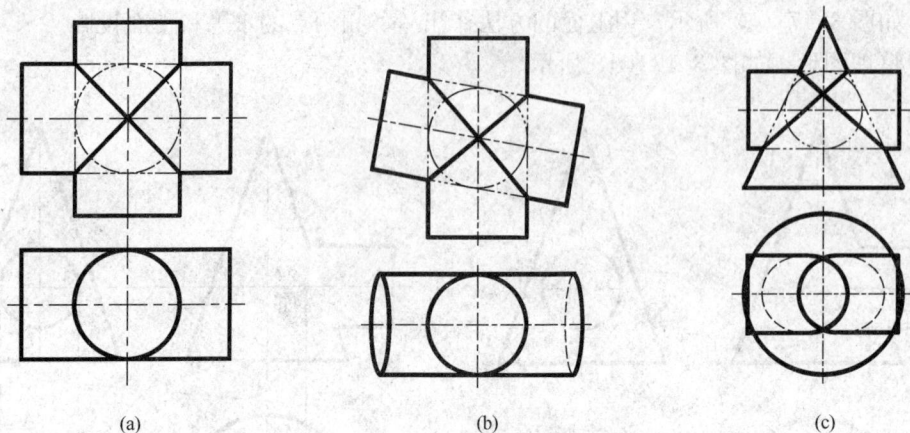

图 3.18　相贯线为平面曲线——椭圆

（2）当两回转面共轴线时，其相贯线为圆，如图 3.19 所示。

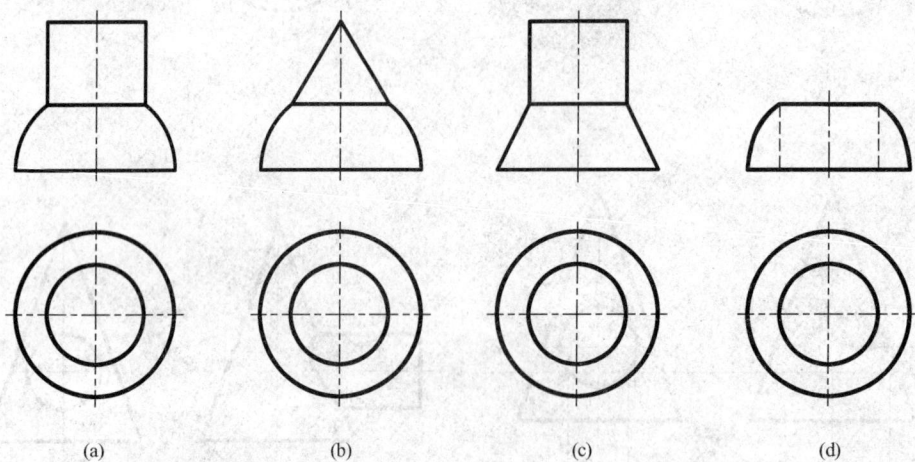

图 3.19　特殊相贯线为圆

（3）当两圆柱体的轴线平行时，其相贯线为直素线，如图 3.20 所示。

（4）两共锥顶的锥面相交，相贯线是过锥顶的一对相交直素线，如图 3.21 所示。

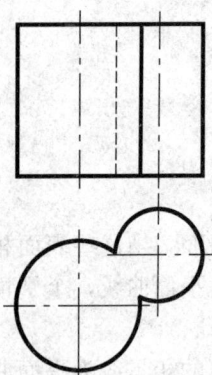

图 3.20　相贯线为直线

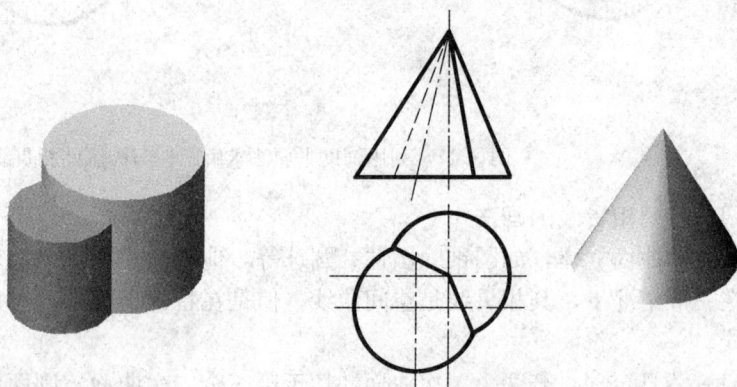

图 3.21　相贯线为直线

【例 3.13】 补全如图 3.22（a）所示的形体的正面投影（具体分析由读者完成）。

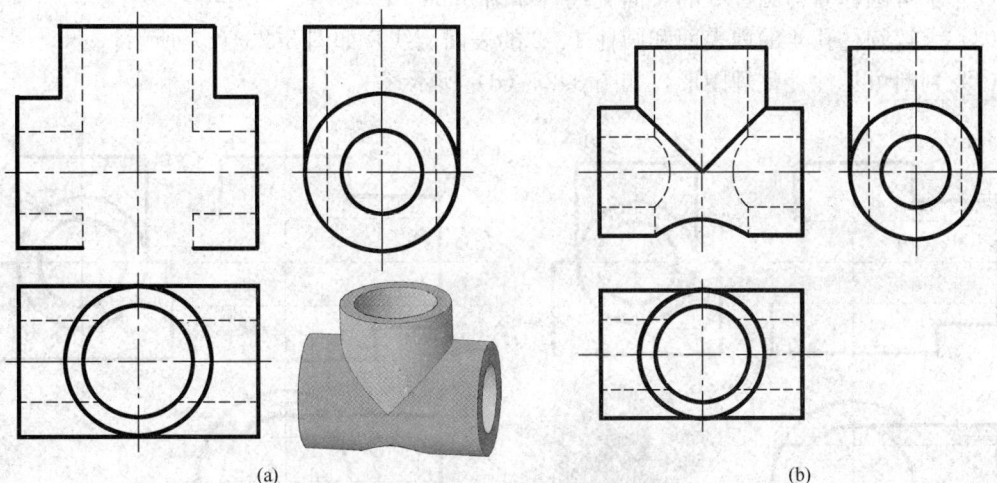

(a)   (b)

图 3.22 圆柱体相贯的求解

3.4 立体的组合表面交线

3.4.1 概述

工程中经常会遇到多个立体相交或截交组合而成的立体，在这类立体表面存在较复杂的表面交线。

组合表面交线是由相邻立体表面上的截交线或相贯线接合而成的立体表面交线。

3.4.2 组合相贯线的求解

组合相贯线是由三个或三个以上的立体相交而形成的立体表面交线。

组合相贯线的各段相贯线，分别是两个立体表面的交线；而两段相贯线的连接点，则必定是相贯体上的三个表面的共有点。其求解步骤如下：

（1）分析组合相贯体是由哪些基本立体构成，这些立体表面之间的关系，确定出各段相贯线。

（2）找出相贯线连接的分界点，然后分别求解各段相贯线的投影。

（3）判断各线的可见性，检查整理图形。

【例 3.14】 补画如图 3.23（a）所示的立体主视图中所缺的图线。

空间与投影分析： 该相贯体是由一个轴线垂直于侧投影面的圆柱体 3 和两个轴线垂直于水平投影面的同轴圆柱体 1 和 2 构成，同时又挖切了一个轴线垂直于侧投影面的圆柱内孔 4。它们之间的表面关系为：圆柱 3 的曲面和圆柱 1 的曲面相交，有相贯线 1 条；圆柱 3 的曲面与圆柱 2 的曲面和顶面都分别相交，有相贯线 2 条；圆柱孔 4 的内表面和圆柱体 1 的圆柱面相交，有相贯线 1 条；圆柱孔 4 的内表面和圆柱体 2 的圆柱面相交以及顶面相交，有相贯线 2 条；圆柱 1 的回转曲面和圆柱 2 的顶面相交，相贯线为圆。

解题步骤：

（1）求解圆柱 3 和圆柱 1 的表面相贯线，因为它们轴径相等，故相贯线如图 3.23（b）

所示。

（2）求解圆柱 3 与圆柱 2 的表面交线，如图 3.23（b）所示。

（3）求解圆柱孔 4 的内表面和圆柱 1、2 的表面交线，如图 3.23（c）所示。

（4）判断可见性，整理图形，如图 3.23（d）所示。

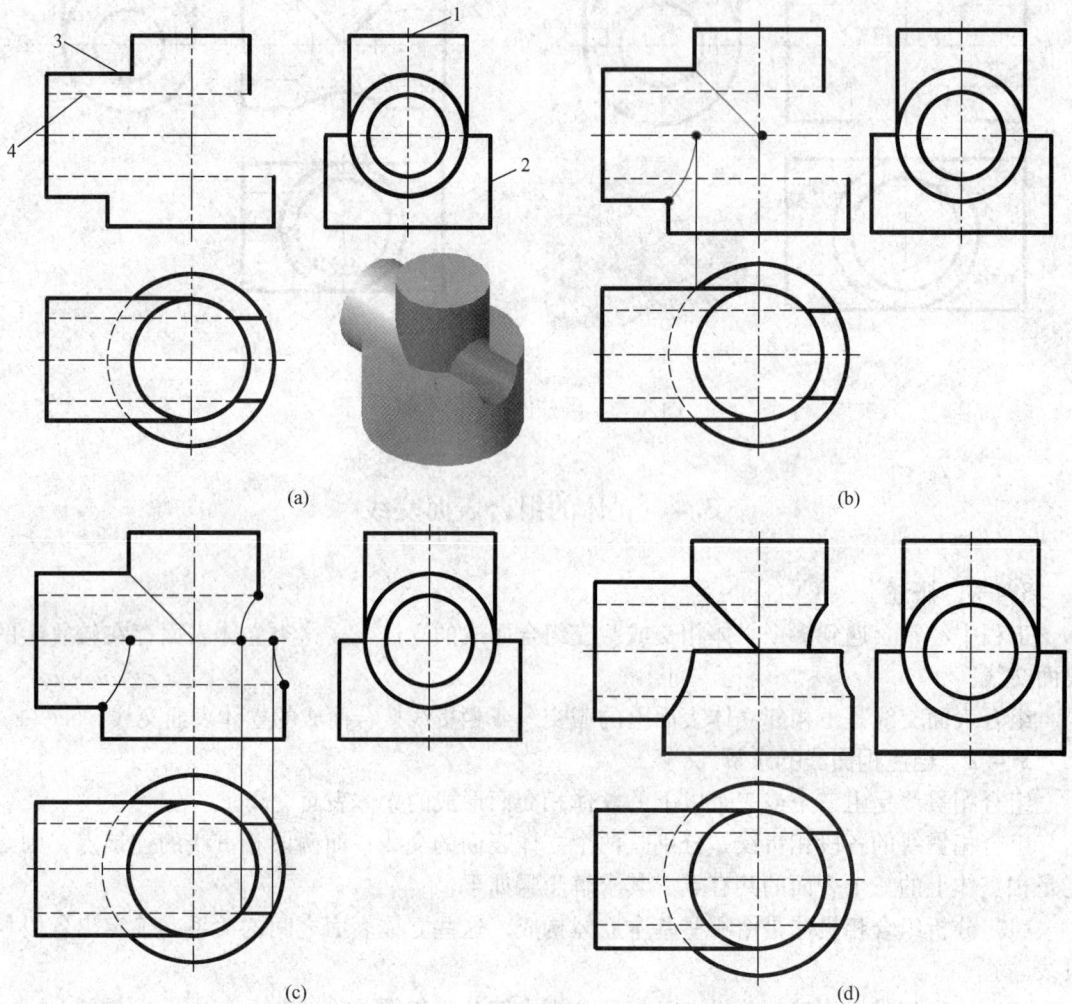

(a)　　　　　　　　　　　　　　　　(b)

(c)　　　　　　　　　　　　　　　　(d)

图 3.23　组合相贯线的求解

3.4.3　组合表面交线的求解

作组合表面交线的一般求法是逐一作出构成组合表面交线的各段交线，即各基本形体两两之间所形成的交线。通常的作图步骤是：首先分清各构成立体的形状、表面关系及其分界线；然后确定各段交线的投影；最后作出组合表面交线的投影。

【例 3.15】　补画如图 3.24（a）所示的立体的侧面投影。

空间与投影分析：如图 3.24 所示，该立体由一个轴线垂直于水平投影面两侧被切块的圆柱体与一个轴线垂直于正投影面的圆柱体相交，再从上到下挖切了一个圆柱孔。其中轴线垂直于正投影面的圆柱体的直径与被切块后的圆柱体的上部在长度方向上的长度大小相等。

解题步骤：

（1）求圆柱内孔和回转轴线垂直于正投影面的圆柱面的交线，如图3.24（b）所示。

（2）求正交的圆柱面的交线如图3.24（b）所示。

（3）求轴线垂直于水平投影面的圆柱体两侧被切后的截交线，如图3.24（b）所示。

（4）最后检查图形，判断可见性，整理图线如图3.24（c）所示。

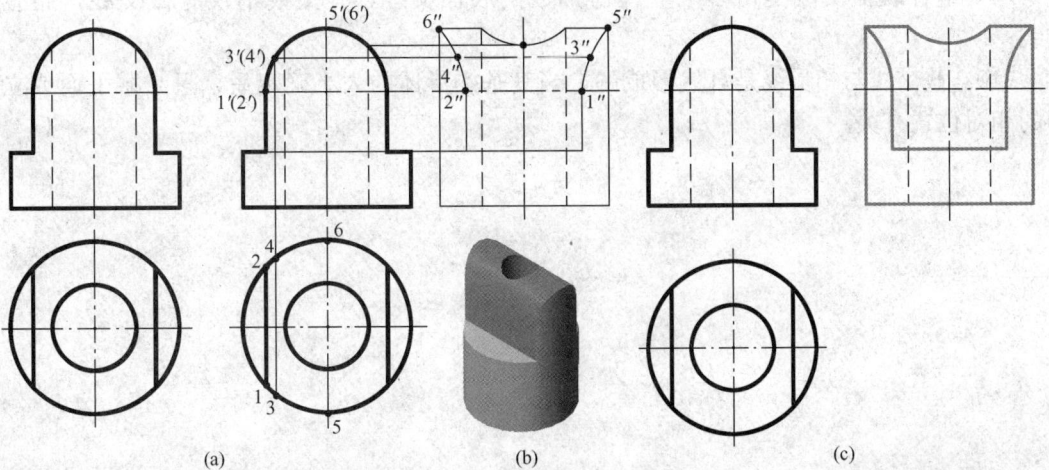

（a）　　　　　　　　　　（b）　　　　　　　　　　（c）

图3.24　组合表面交线的求解

练　习　题

3.1　填空题

（1）由平面截切立体所形成的表面交线叫_____，两立体相互贯穿时的表面交线称为_____。

（2）平面与平面立体的截交线是由_____线组成的封闭的_____。

（3）求解平面立体截交线的方法通常有_____和_____。

（4）回转体表面交线的形状由_____与_____的相对位置决定。

（5）平面与圆柱面相交截交线的形状分别是_____、_____、_____。

（6）平面与圆锥面相交截交线的形状分别是_____、_____、_____、_____、_____。

（7）平面与圆球面相交截交线的形状为_____。

（8）求相贯线常用的方法有_____和_____。

（9）两圆柱相贯线的形状通常有_____、_____、_____。

（10）两同轴线的回转体相贯，其相贯线的形状为_____。

3.2　判断题（正确的画"√"，错误的画"×"）

（1）相贯线是互相贯穿的基本体表面的共有线，它一定是封闭的空间曲线。　　　　（　　）

（2）截交线是立体表面上的线。　　　　　　　　　　　　　　　　　　　　　　　（　　）

（3）相贯体是一个整体。　　　　　　　　　　　　　　　　　　　　　　　　　　（　　）

（4）无论是平面立体，还是曲面立体，其截交线一定是封闭的。　　　　　（　　）

（5）求轴线正交的两圆柱体相贯线时，都要用表面取点法或简化画法。　　　（　　）

（6）平面与圆球的截交线一定是圆（或圆弧），其投影也是圆（或圆弧）。　（　　）

（7）圆柱、圆锥与圆球的相贯线始终都是圆。　　　　　　　　　　　　　　（　　）

（8）两轴线正交的圆柱相贯，其交线一定是空间曲线。　　　　　　　　　　（　　）

（9）组合表面交线是由多个立体所形成的表面交线，其交线不仅有截交线，还有相贯线。　　　　　　　　　　　　　　　　　　　　　　　　　　　　　　　　　（　　）

（10）截交线与相贯线是自然形成的，当其基本形体的大小确定后，只与截平面或立体间的相对位置有关。　　　　　　　　　　　　　　　　　　　　　　　　　　　　（　　）

4 组 合 体

一、基本要求

（1）组合体的概念及其各种组合形式。

（2）学会应用形体特征原则来选择主视图的投射方向。

（3）掌握应用形体分析法绘制组合体视图的方法和步骤。

（4）明确尺寸基准的概念；掌握按形体分析法完整、清晰地标注尺寸的方法和步骤。

（5）掌握以形体分析法为主阅读组合体视图的方法和步骤。

二、重点与难点

组合体读图与视图的尺寸标注是本章的重点。而组合体读图又是难点。

4.1 概　　述

4.1.1 组合体的组合形式

组合体是由基本形体（棱柱、棱锥、圆柱、圆锥、球、圆环等）通过叠加或切割而形成的立体。

组合体按其形成方式，可分为叠加式、切割式和综合式三类。

一、叠加式

叠加式组合体是由基本形体通过叠加形成的组合体。按照基本形体之间表面的相对关系，叠加式可分为叠合、相交和相切，如图4.1所示。

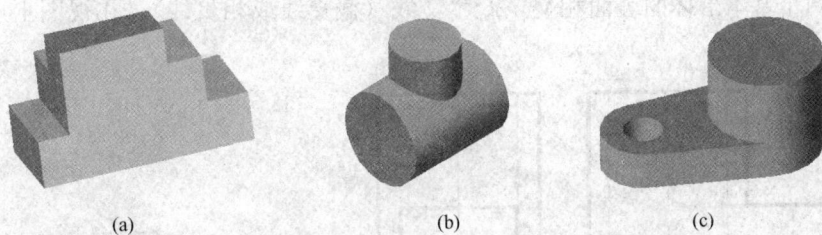

图4.1　叠加式组合体

(a) 叠合；(b) 相交；(c) 相切

二、切割式

切割式组合体是由基本立体的基础上通过切割的方式，切去基本立体的一部分或几个部分而形成的组合体，如图4.2所示。

三、综合式

综合式组合体是既有叠加又有切割的组合体，如图4.3所示。

4.1.2 表面交线形式

当两个基本形体通过叠合的方式形成组合体时，按照两个基本形体的表面相对位置关系，可分为三种情况。

(a)　　　　　　　　　　　(b)

图 4.2　切割式组合体　　　　　　图 4.3　综合式组合体

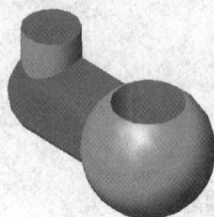

一、相切

相切是两个基本形体的表面（平面与曲面或曲面与曲面）光滑过渡，相切处不存在轮廓线，在视图上一般不画线，如图 4.4 所示。

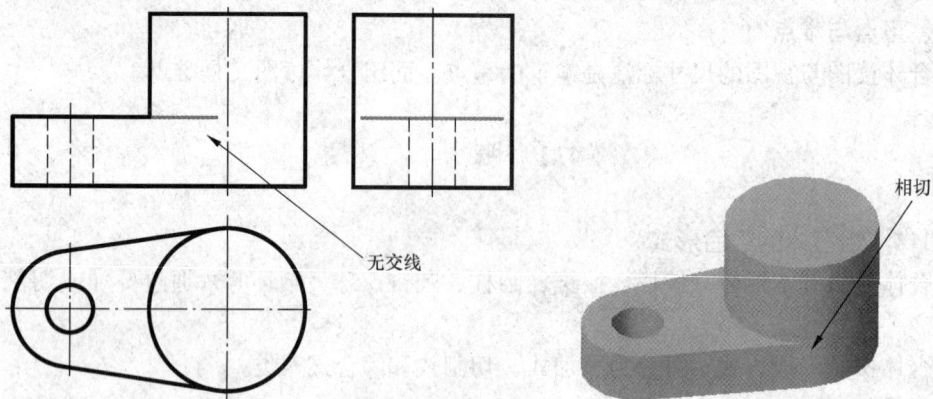

无交线

相切

图 4.4　相切

二、相交

相交指两个基本形体的表面相交，产生交线（截交线或相贯线），在视图上应画出轮廓线，如图 4.5 所示。

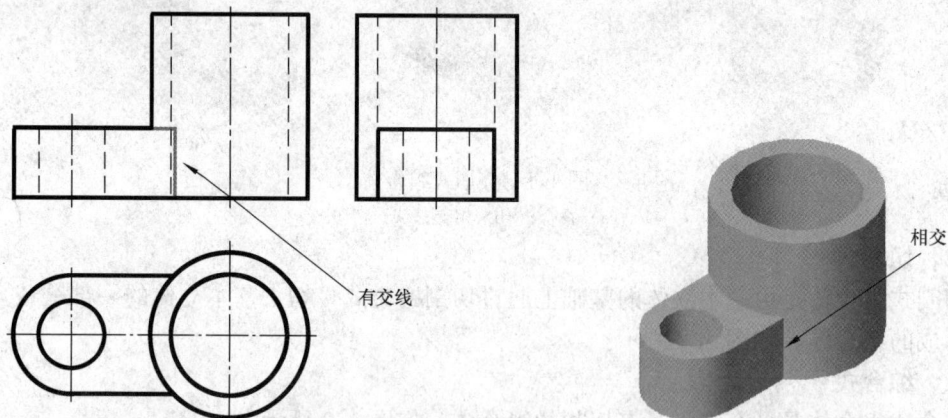

有交线

相交

图 4.5　相交

三、共面与不共面

共面是当两个基本形体具有互相连接的一个面（共平面或共曲面）时，它们之间没有分界线，在视图上不可画出分界线；不共面则是当两个基本形体除叠合处外，没有公共的表面时，在视图中两个基本形体之间有分界线，即面与面相交，如图 4.6 所示。

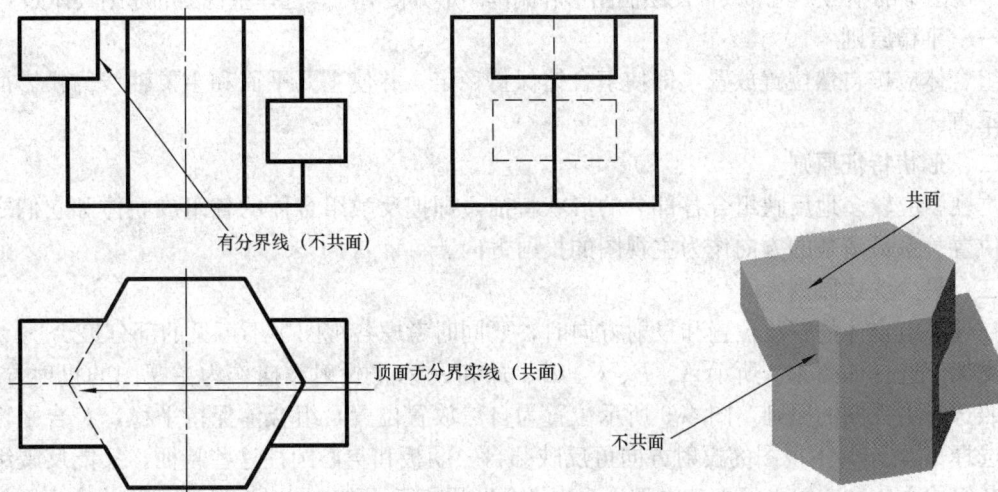

有分界线（不共面）

顶面无分界实线（共面）

共面

不共面

图 4.6　共面与不共面

4.2　画组合体的视图

以如图 4.7 所示的支架为例介绍绘制组合体三视图的方法与步骤。

4.2.1　形体分析

形体分析法：假想将空间比较复杂的组合体分解为若干简单立体，并分析出各简单立体间的组合形式、表面连接关系和相对位置关系的一种方法。这种方法是画组合体视图的基本方法，尤其对于叠加形体更为有效。下面以图 4.7 所示支架为例，说明形体分析法画图的方法和步骤。

按形体分析法假想将支架分解为底板、空心圆柱、肋板与凸台等几个简单立体，如图 4.8 所示。

空心圆柱　　肋板　　凸台

肋板

底板

图 4.7　支架的实体图　　　　图 4.8　支架的分解图

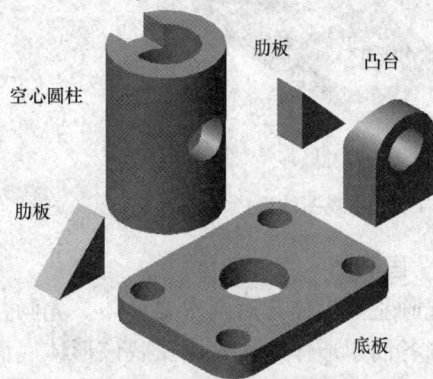

4.2.2　选择主视图的投射方向

主视图是三视图中最主要的视图，主视图应能反映组合体的主要形状特征，并尽可能地减少各个视图中的不可见轮廓线，使绘制图形和阅读图形方便清晰。选择主视图的原则具体如下。

一、平稳原则

组合体应按自然位置放置，即使组合体保持稳定，并使主要平面和主要轴线与投影面平行或垂直。

二、形状特征原则

主视图应较多地反映组合各部分的形状特征，即把反映组合体的各组成立体和它们之间相对位置关系最清楚的方向作为主视图的投射方向。

三、最少虚线原则

在选择组合体的安放位置和投射方向时，要同时考虑各视图中不可见的部分最少。

支架可选择如图 4.9 所示 A、B、C、D、E 和 F 六个投射方向作为主视图的投射方向，但按照选择主视图的原则，图 4.9 所示位置为自然放置位置，组合体保持平稳，符合平稳原则；选择 A 向作为主视图的投射方向可反映凸台，肋板和空心圆柱这些特征，又能反映组合体的各组成立体和它们之间相对位置关系，符合形状特征原则；同时选择 A 向作为主视图的投射方向，视图中不可见的部分最少，符合最少虚线原则，故选择 A 向作为主视图的投射方向。

4.2.3　选比例、定图幅

根据组合体的大小，先选定适当的比例，大概算出三个视图所占图面的大小，包括视图间的适当间隔；然后选定标准的图幅。

4.2.4　布置视图

固定好图纸后，根据各个视图的大小和位置，画出各视图的定位线。一般以各个视图的对称中心线、主要轮廓线或主要轴线和中心线为定位线，如图 4.10 所示。

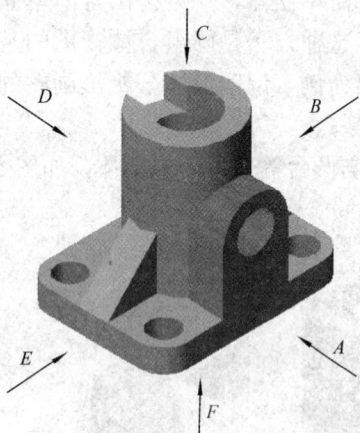

图 4.9　主视图的选择　　　　　　图 4.10　布置视图

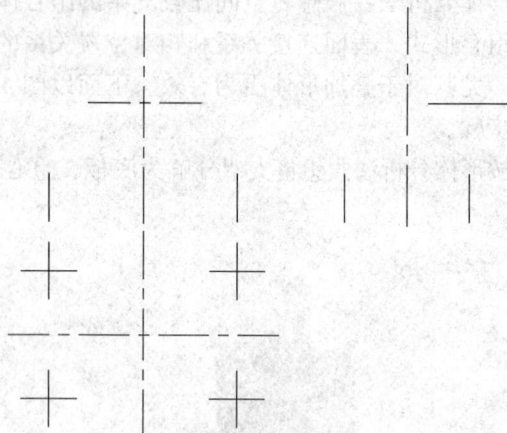

4.2.5　画底图

（1）先画主要形体，后画次要形体。先画各形体的基本轮廓，后完成细节。

（2）画各简单形体时，先画反映该形体底面实形的视图，如图 4.11 所示。

4.2.6　检查加深

底图完成后，必须仔细检查，纠正错误，擦去多余图线，然后按国家标准规定的线型加深，如图 4.12 所示。

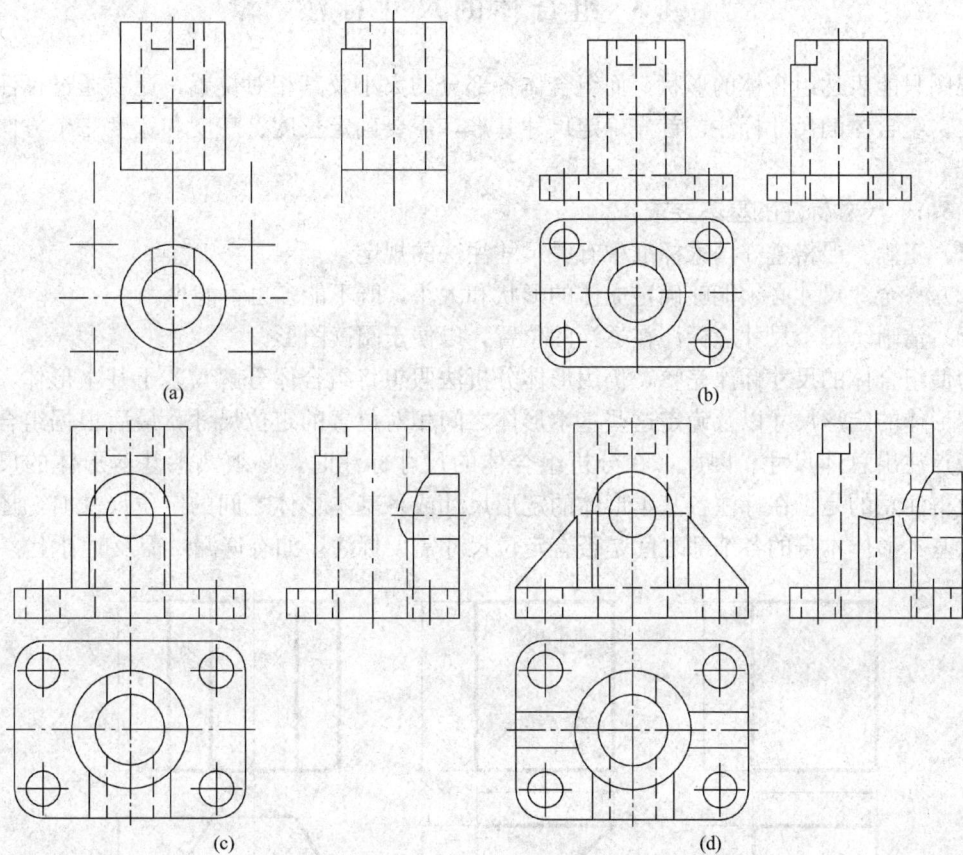

(a) (b)

(c) (d)

图 4.11 画底图

(a) 画空心圆柱；(b) 画底板；(c) 画凸台；(d) 画肋板

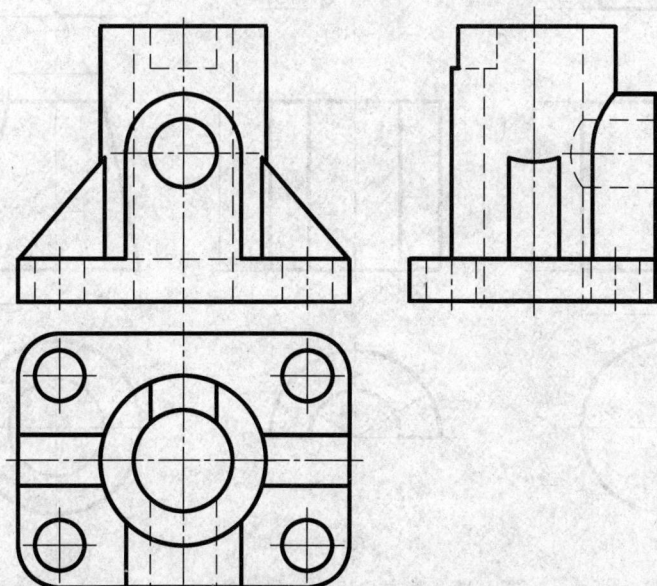

图 4.12 支架的三视图

4.3　组合体的尺寸标注

　　视图只能表达组合体的形状，而组合体各部分的大小及其相对位置，还要通过标注尺寸来确定。组合体的尺寸标注，首先确定尺寸基准，需要确定长度、高度和宽度三个方向的尺寸基准。

4.3.1　尺寸标注的基本要求

　　（1）正确。严格遵守国家标准中有关尺寸注法的规定。

　　（2）齐全。尺寸必须能够确定立体的形状和大小，既不能多也不能少。

　　（3）清晰。每个尺寸应标注在适当的位置，以便于阅读图形。

　　为使组合体的尺寸标注完整，仍用形体分析法假想将组合体分解为若干基本形体，注出各基本形体的定形尺寸以及确定这些基本形体之间相对位置的定位尺寸，最后根据组合体的结构特点注出总体尺寸。因此，在分析组合体的尺寸标注时，必须熟悉基本形体的尺寸标注。值得注意的是：在标注各基本形体的定形尺寸或各基本形体之间的定位尺寸时，还需同时注意基本形体本身的各细部之间是否有定位尺寸需要标注，如有遗漏，需及时补上。

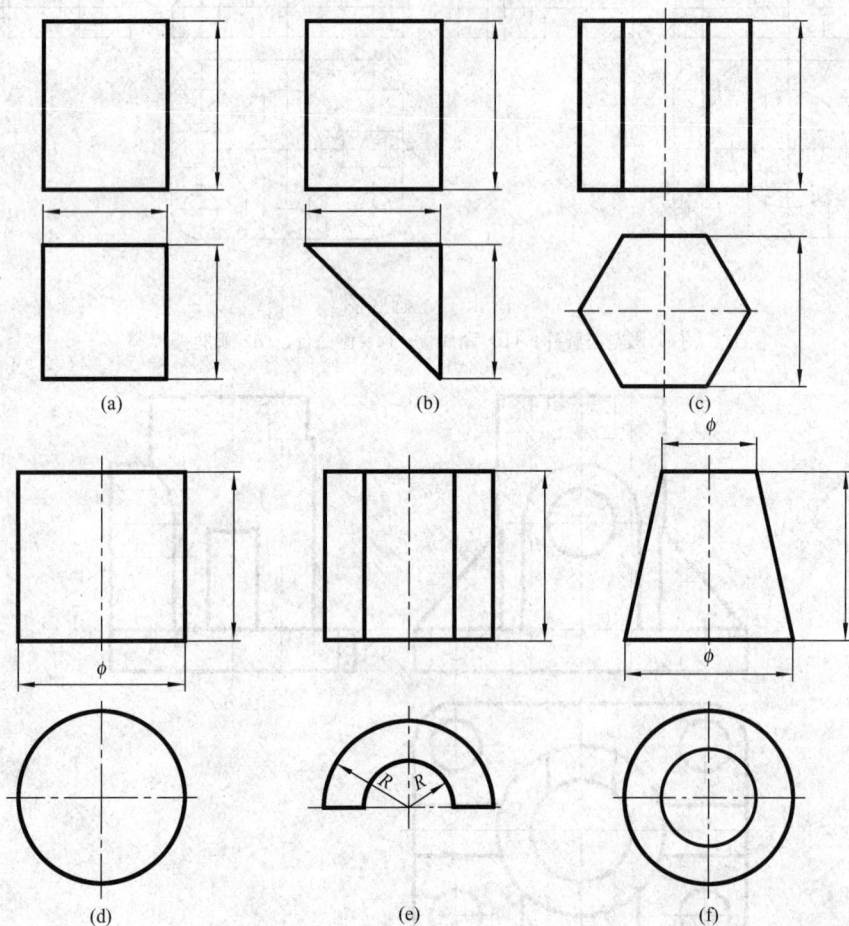

图 4.13　基本几何体的尺寸标注示例

（a）长方体；（b）三棱柱；（c）正六棱柱；（d）圆柱体；（e）空心半圆柱体；（f）圆台

4.3.2　基本几何体的尺寸标注

基本几何体的尺寸标注都已定型，一般情况下不允许多注，也不可随意改变注法。例如如图 4.13 所示，直角三角形一般不标注斜边长，正六边形一般不标注边长，完整的圆柱和球不能标注半径，半圆柱和半圆球（或小于）则只能标注半径。

4.3.3　组合体的尺寸分析

图形上一般要标注三类尺寸：定形尺寸、定位尺寸和总体尺寸。

一、定形尺寸

定形尺寸是确定基本形体大小的尺寸。

二、定位尺寸

（1）定位尺寸是确定各个基本形体相对位置关系的尺寸。

（2）尺寸基准：标注定位尺寸的起点。一般有长、宽、高三个方向的定位尺寸。尺寸基准通常选择组合体的对称面、底面、重要的端面和轴线等。

（3）当基本形体之间的相对位置为叠加、共面或处于组合体的对称面上时，在相应的方向不需要定位尺寸。

（4）回转体的定位尺寸，必须直接确定其轴线的位置。

三、总体尺寸

总体尺寸是确定组合体总长、总宽、总高的尺寸。总体尺寸一般都应直接标注。

当组合体的端部为回转面时，该方向的总体尺寸一般不直接标注，而是由回转面轴线的定位尺寸和回转面半径尺寸间接确定，如图 4.14 所示的总高尺寸由尺寸 85 和 R35 间接确定，如图 4.17 所示的总长尺寸由尺寸 180 和 R27 间接确定。

4.3.4　常见典型结构的尺寸标注

（1）对称结构的定位尺寸。

当某些基本形体对称时，其定位尺寸不是

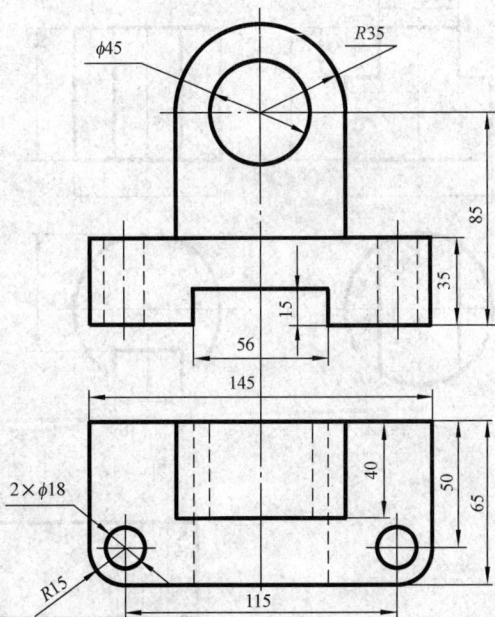

图 4.14　组合体的尺寸标注

从所选基准标注两个尺寸，而是直接确定两对称结构的位置的一个尺寸，如图 4.14 所示的尺寸 115、56 等，如图 4.17 所示的尺寸 180 等。

（2）开槽的尺寸标注，要同时注出槽的宽度和深度，如图 4.14 所示的尺寸 56、15。

（3）相贯组合体的尺寸标注。

对于相贯的组合体，必须注出两回转体（或孔）的定形尺寸和定位尺寸，而不能对相贯线标注尺寸，如图 4.15 所示。

（4）截切组合体的尺寸标注。

对于被截切的组合体体，应标注被挖切前完整立体的尺寸和截平面的定位尺寸，不能标注截交线的尺寸，如图 4.16 所示。

（5）同一基本形体上，相同尺寸的圆孔可只注一孔，但需标明数量，如图 4.17 所示的 2×

$\phi24$；而相同尺寸的圆角只需注一处，一般不标注圆角的数量，如图 4.17 所示的 $R27$。

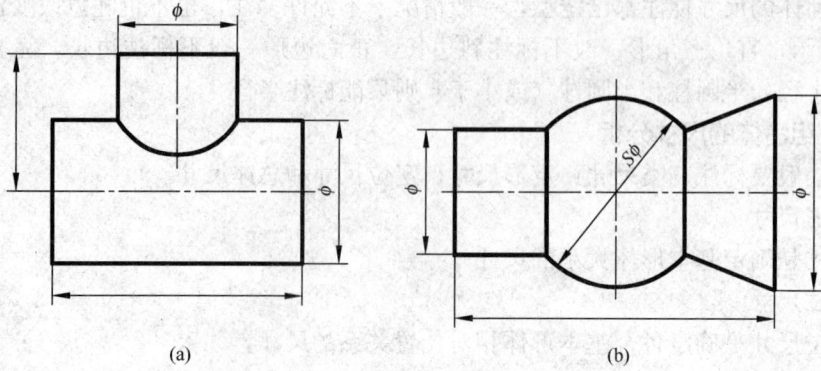

图 4.15　相贯组合体的尺寸标注示例

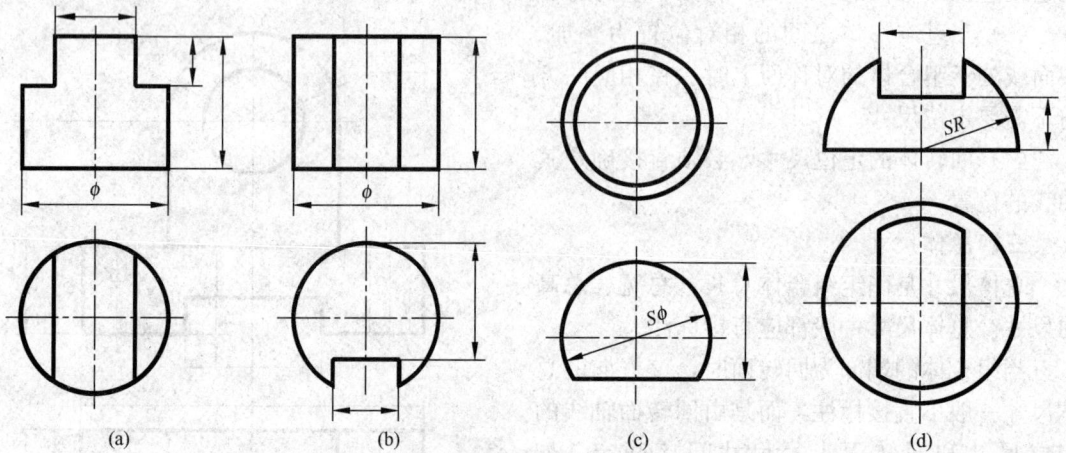

图 4.16　截切组合体的尺寸标注示例

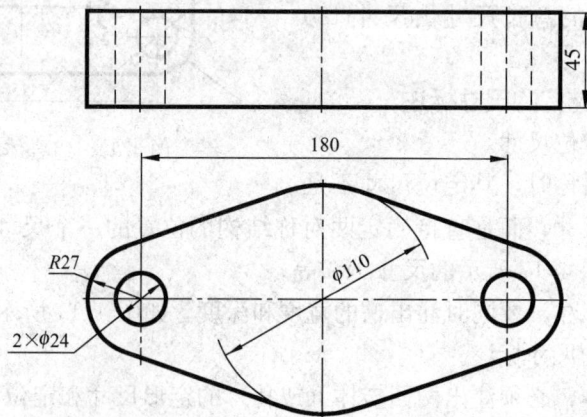

图 4.17　典型结构的尺寸标注

（6）同一圆周上对称分布的几段圆弧，只能标注直径尺寸，如图 4.17 所示的尺寸 $\phi110$。

4.3.5　尺寸的清晰布置

为了便于读图，每个尺寸都必须安排在适当的位置，尺寸与尺寸之间，尺寸与视图之间都不能相互干扰，以免影响图形的清晰。同时，尺寸的布置与各视图所表达的形状特点应配合起来。

标注尺寸时，通常应遵守以下规定。但有时不能完全兼顾，则可根据具体情况统筹安排，合理布置，以便于读图为原则。

（1）要把大多数尺寸注在视图外面。

（2）各个简单形体的尺寸，应集中在反映形体特征最清晰的视图上，特别是回转体的半径尺寸应在圆弧上标注。

（3）同轴回转体的直径尺寸，最好集中在非圆视图上，如图 4.18 所示的直径尺寸 $\phi20$、$\phi40$、$\phi60$。

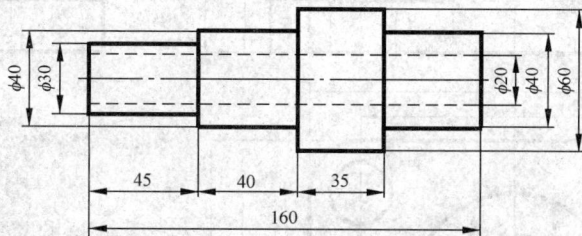

图 4.18 尺寸的标注规定

（4）尽量避免尺寸线与其他尺寸界线相交，一般情况下不允许尺寸线与尺寸线相交，也应避免把尺寸界线拉得太长（尺寸界线超出尺寸线约 2mm）。

（5）同一方向上的尺寸，在不互相重叠的条件下，最好画在一条线上，不要错开，如图 4.18 所示的尺寸 45、40 和 35。

（6）同一投影中平行排列的尺寸，为避免尺寸线与尺寸界线互相交错，应使较小的尺寸靠近图形，较大的尺寸依次向外分布，如图 4.18 所示的直径尺寸 $\phi20$、$\phi40$、$\phi60$。

（7）尽量避免在虚线上标注尺寸。

4.3.6 组合体的尺寸标注步骤

（1）作形体分析，初步考虑各基本形体的定形尺寸。

（2）选择长、宽、高方向的尺寸基准，如图 4.19 所示，长度和宽度方向的尺寸基准分别是这两个方向的对称中心线，而高度方向的尺寸基准是组合体的长度为 160 的底边，在选好尺寸基准的基础上逐一注出各简单形体的定位尺寸，一般来说两简单形体之间在左右、上下、前后方向均应考虑是否有定位尺寸。

（3）依次标注各简单形体的定形尺寸。

（4）标注总体尺寸。有时当定形尺寸、定位尺寸和总体尺寸形成封闭尺寸链时，需要去掉一个不便于测量的定形尺寸。

（5）校核。校核的重点是：尺寸是否完整、清晰，有无遗漏或重复；在校核的基础上进行适当的调整。

【例 4.1】 标注如图 4.12 所示的支架的尺寸。

解 标注结果如图 4.19 所示。

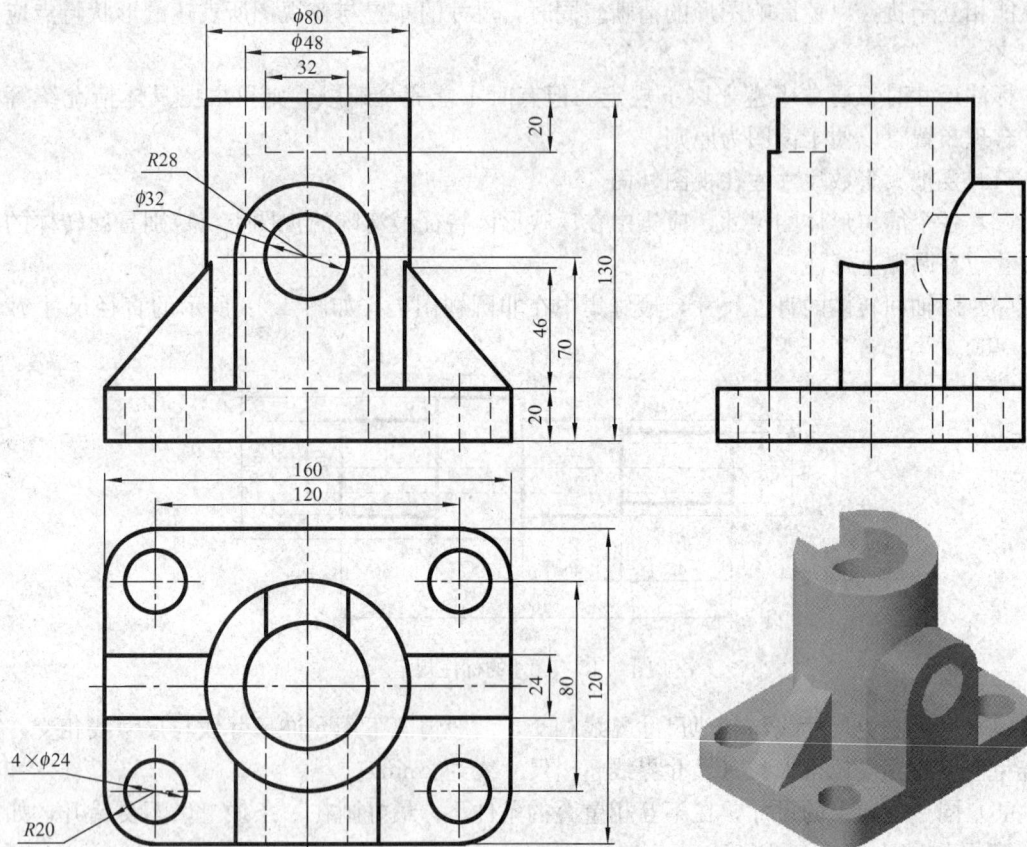

图 4.19 支架的尺寸标注

4.4 组合体的读图

读图与画图是两个相反的过程。画图是把立体按正投影法画到图纸上。而读图是要根据所画出的一组视图，应用投影规律，综合三视图传达的信息，想象出立体的形状的过程。读图的基本方法仍是形体分析法。为了正确、迅速地读懂视图，必须掌握读图的基本要领和基本方法。

4.4.1 读图的基本要领

一、抓住特征视图，把几个视图联系起来看

特征视图是能反映组合体形状特征的视图。

（一）一般情况下，一个视图不能唯一确定物体的形状

一个立体的视图只能反映两个方向的大小尺寸和相对位置关系。除了圆柱、圆锥等部分回转体在图中可借助符号 ϕ、R、SR、$S\phi$，可用一个视图确定立体的形状外，一般一个视图可与很多立体对应，如图 4.20、图 4.21 所示的视图，它们的俯视图都分别相同，但实际上分别表示了几种不同形状的立体，所以还要通过另外一个方向的尺寸或视图才能完全确定立体的形状、大小和各部分的相对位置关系。

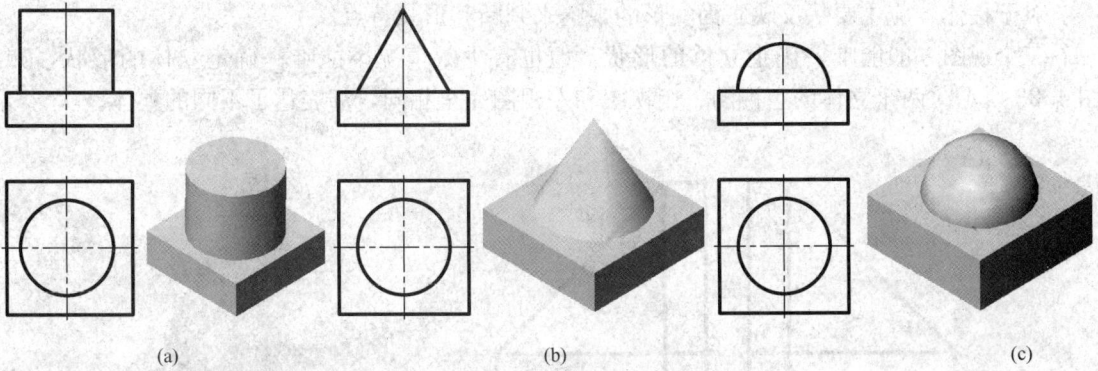

图 4.20　一个视图可确定多个立体的示例（一）

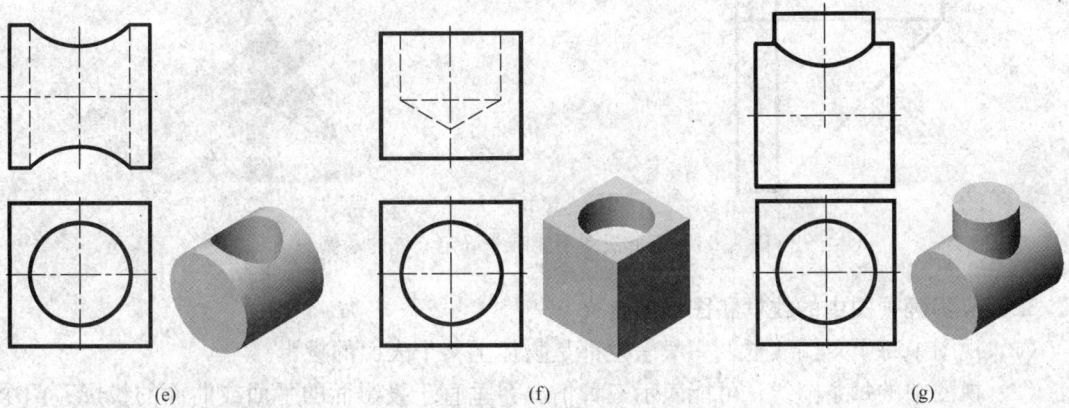

图 4.21　一个视图可确定多个立体的示例（二）

（二）两个视图或三个视图也不一定能唯一确定物体的形状

有时，若不给出特征视图，两个视图有时也不能确定组合体的形状，如图 4.22 所示。由于只给出了立体的主视图和俯视图，而没有给出立体的特征视图（左视图），所以不能确定立体的形状，只有给出物体的形状特征视图，才可由两个视图确定其形状。

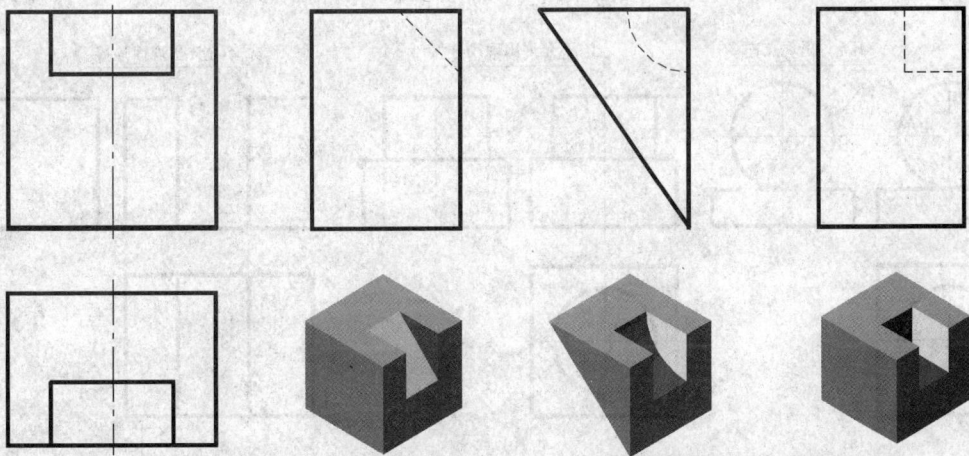

图 4.22　两个视图不能确定立体的示例

对于柱体，应主要从反映底面实形的视图来判断其形状特点。

三个视图一般能唯一确定立体的形状，但也有少数情况不能唯一确定立体的形状，如图 4.23 所示。两个立体的主视图、俯视图和左视图完全相同，却表达了不同的立体。

图 4.23 三个视图不能唯一确定立体的示例

二、应明确视图中的线框和图线的含义

（1）视图中每个封闭线框，一般来说都是物体上某个表面的投影。

（2）视图中的每条图线，可能表示三种情况：垂直于投影面的平面或曲面的投影；两个面的交线的投影；回转体的转向线的投影。

三、应善于构思空间物体的形状

要注意培养构思空间物体形状的能力，从而进一步丰富空间想象能力，达到正确和迅速看懂视图。因此，要多读图，多构思物体的形状。但构思形体时应遵循"三不"原则：不允许出现点连接、不允许出现线连接和不允许出现面连接，即两个基本立体之间不能通过孤立的点、线或面连接起来，如图 4.24 所示的形体是不允许的。

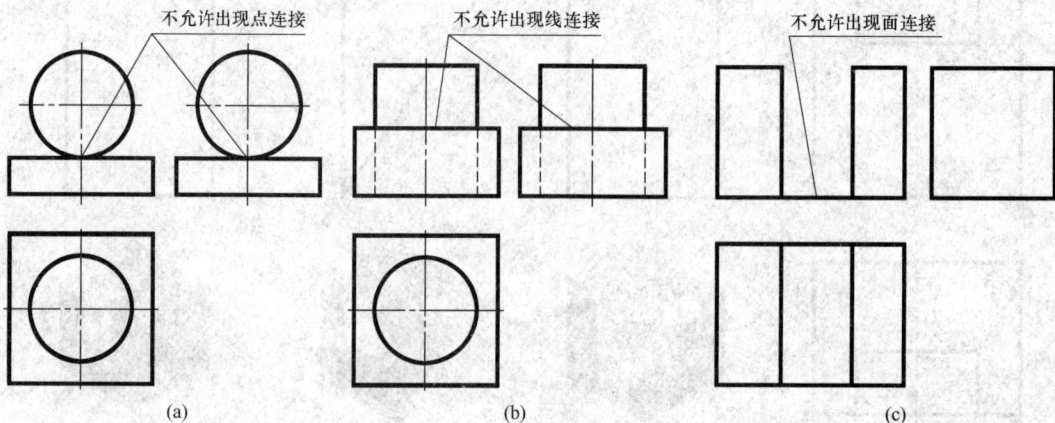

图 4.24 "三不"原则示例

【**例 4.2**】　如图 4.25（a）、（b）所示，由给定的俯视图，想象不同的立体并画出主视图。

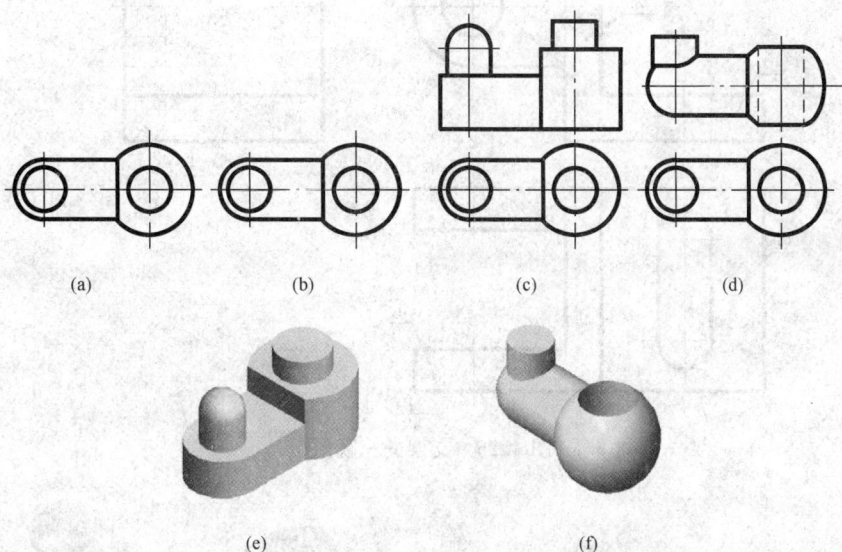

图 4.25　由给定的俯视图想象不同的立体

4.4.2　读图方法

一、形体分析法

将已知的组合体视图分解成若干个简单立体的视图，并想象出它们所表达的形状，然后按照组合形式与相对位置将它们组合起来，从而想象出组合体的整体形状。具体步骤如下：

（1）看视图、分线框。

分线框一般应从主视图入手，但也不是一成不变的，应视具体的视图具体分析处理。

（2）对投影、定形体。

想象出每个线框所表示的基本形体，以及各线框所代表的基本形体间的组合形式与相对位置。

（3）看细节、想整体。

综合以上两步，看清细节，组合起来想象出组合体的整体形状。

【**例 4.3**】　如图 4.26 所示，已知支架的三视图，想象其空间形体。

从主视图入手，把主视图、俯视图和左视图对应起来分析，可将视图划分成三个主要的封闭线框 1、2 和 3。由此可知，封闭线框 1 是水平长方形板，上面有一长圆孔；封闭线框 2 是一竖立的长方形板；封闭线框 3 是一块半圆形耳板，上面有一小圆孔。根据这三部分的相对位置，从而想象其空间形体如图 4.27（d）所示。

二、线面分析法

线面分析法则是在形体分析法读图的基础上，利用线面投影特性，根据组合体表面的形状和位置，想象组合体形状的方法。线面分析法读图，主要用于切割式的组合体，一般先想象出基本立体形状，通过线面分析确定被切割的部分，从而想象出组合体的整体形状。

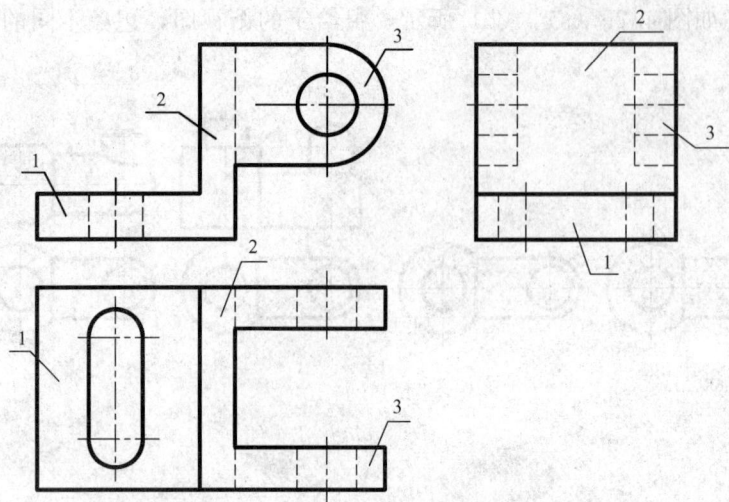

图 4.26　支架的三视图

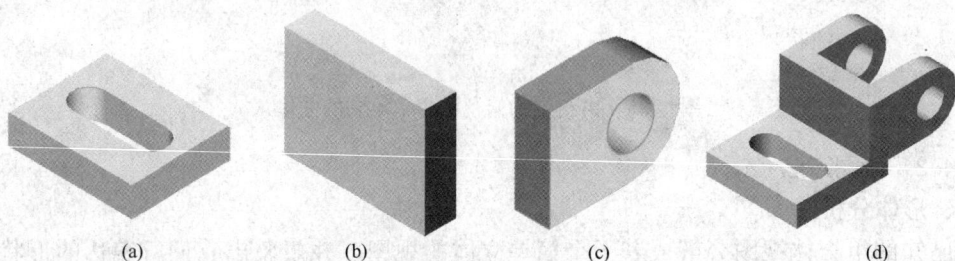

图 4.27　［例 4.3］图解

(a) 水平长方形板；(b) 竖立的长方形板；(c) 半圆形耳板；(d) 支架的空间形体图

　　构成物体的各个表面，不论其形状如何，它们的投影如果不具有积聚性，一般都是一个封闭线框，在读图过程中常用线和面的投影特性来帮助分析物体各部分的形状和相对位置，从而想象出物体的整体形状，如图 4.29 所示。

　　【例 4.4】　如图 4.28（a）所示，已知立体的三视图，想象其空间形体。

　　由于图 4.28（a）所示组合体的三个视图的外形轮廓基本上都是长方形，主俯视图上有缺角和左视图上有缺口，可以想象出该组合体是由一个长方体被切割掉若干部分所形成。

　　如图 4.28（b）所示，由俯视图左边的十边形线框 a 对投影，在主视图上找到对应的斜线 a'，在左视图上找到类似的十边形 a''。根据投影面垂直面的投影特性，就可判断 A 面是一个正垂面。

　　如图 4.28（c）所示，由主视图左边的四边形 b' 对投影，在俯视图上找到对应的前、后对称的两条斜线 b，在左视图上找到对应的前、后对称的两个类似的四边形 b''。可确定有前、后对称的两个铅垂面 B。

　　如图 4.28（d）所示，由左视图上的缺口对投影，从主、俯视图中对应的投影对照思考，可想象出是在长方体的上部中间，用前后对称的两个正平面和一个水平面切割出的一个侧垂的矩形通槽。

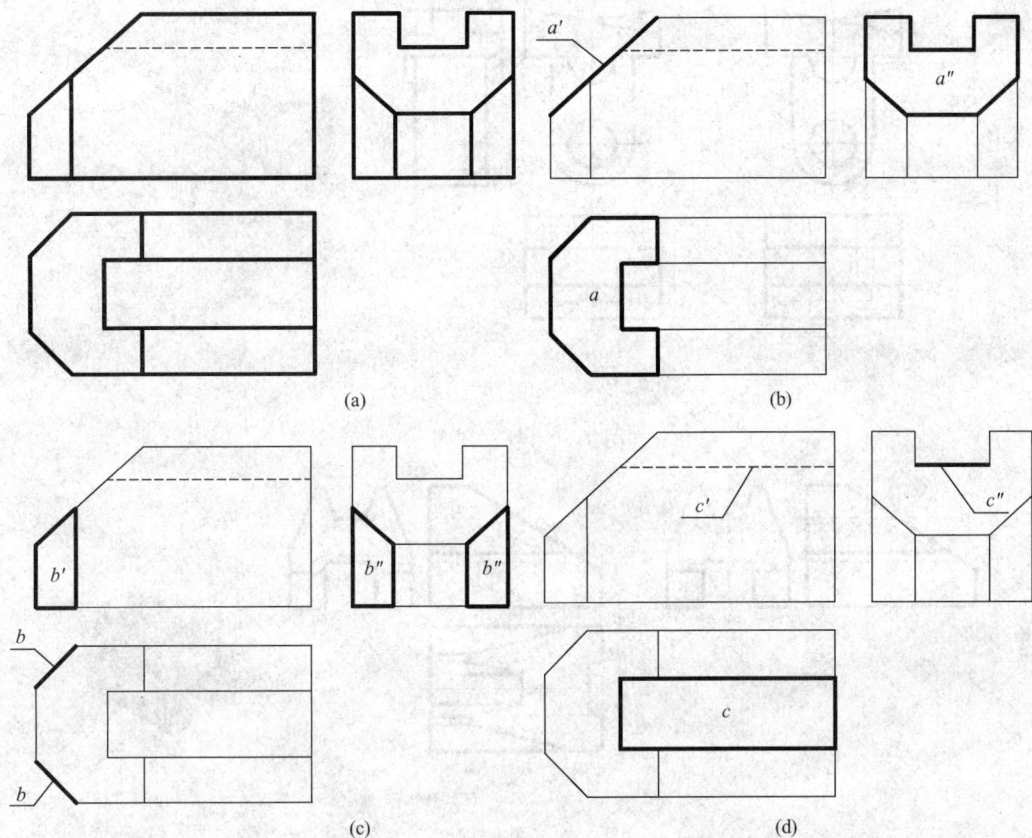

图 4.28 利用线面分析法构思立体

通过上述线面分析，可想象出该组合体是一个长方体在左端被一个正垂面和两个前后对称的铅垂面切割后，再在上部中间用两个前后对称的正平面和一个水平面切割出一个侧垂的矩形槽而形成的。从而就能想象出这个组合体的整体形状，如图 4.29 所示。

4.4.3 补画视图

读图时，读图方法往往要综合应用，互为补充，但是要提高读图能力，主要靠的是多看多练，为此常采用"二求三"的练习，也即是给出组合体的任意两个视图（该两视图已确切地反映出组合体的形状），在读懂后补画出第三个视图。这种练习对培养画图与读图能力，提高分析问题和解决问题的能力，是行之有效的方法，它也是一种读图的综合训练。

【例 4.5】 补左视图，如图 4.30（a）所示，具体的分析和步骤由读者完成。

【例 4.6】 补俯视图，如图 4.31（a）所示，具体的分析和步骤由读者完成。

图 4.29 ［例 4.4］图解

【例 4.7】 补主视图，如图 4.32（a）所示，具体的分析和步骤由读者完成。

【例 4.8】 补左视图，如图 4.33（a）所示，具体的分析和步骤由读者完成。

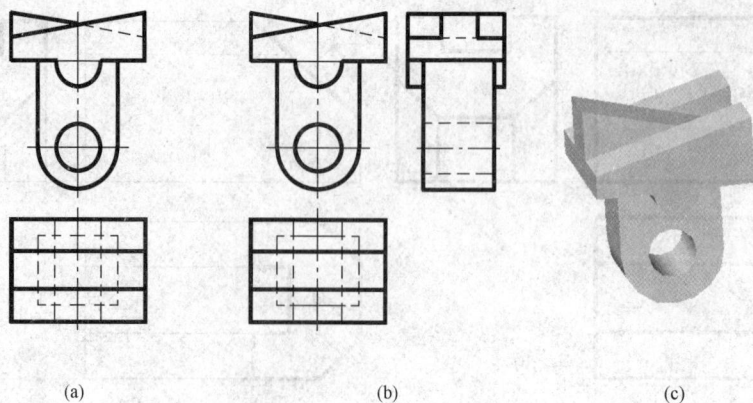

(a)   (b)   (c)

图 4.30 补左视图

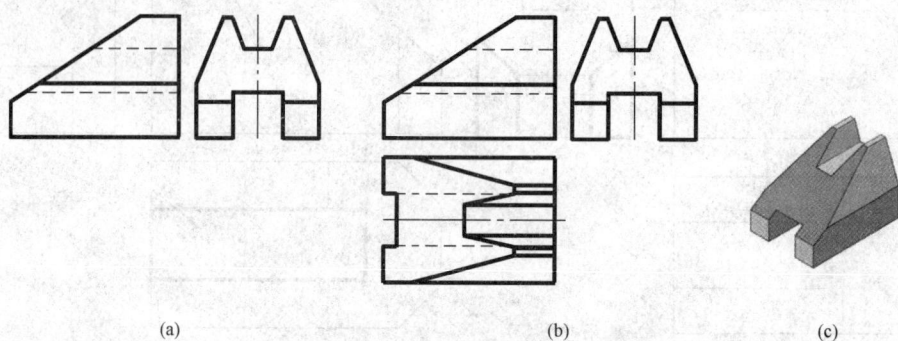

(a)   (b)   (c)

图 4.31 补俯视图

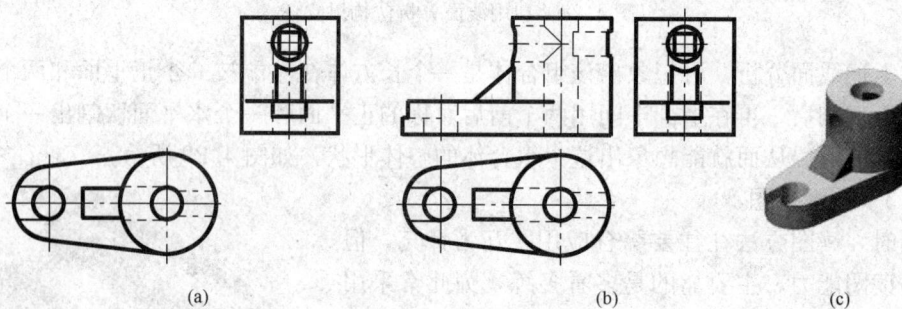

(a)   (b)   (c)

图 4.32 补主视图

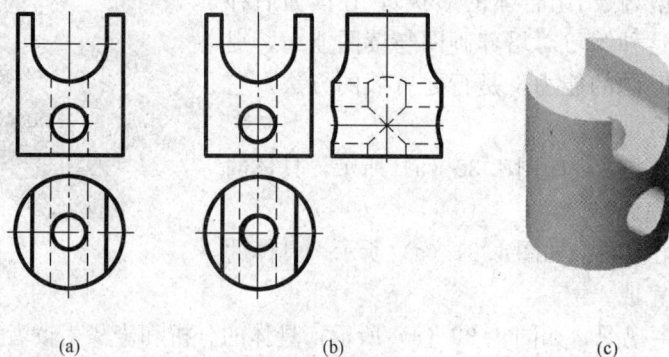

(a)   (b)   (c)

图 4.33 补左视图

4.4.4 补漏线

补漏线也是训练读图能力的一种有效方法，一般情况下一个基本立体只需两个视图就能完全把它的全部信息表达清楚，当然，这两个视图中必须包含一个特征视图，这样该基本形体的第三个视图就是多余的。但作为一个完整的组合体的视图，这些图线又都必须画出，这是补漏线练习中常见的一种情况。通常反映各个基本立体的特征视图，不会完全出现在同一个基本视图中，所以有时几个视图都要补线。

另一种是对于一些典型的结构，如阶梯孔、平面与柱面相切、立体的表面交线等情况，通常把容易漏画或画错的图线去掉，通过补画这些漏线来加深印象。

【例 4.9】 补漏线，如图 4.34（a）所示，具体的分析过程由读者自行思考。

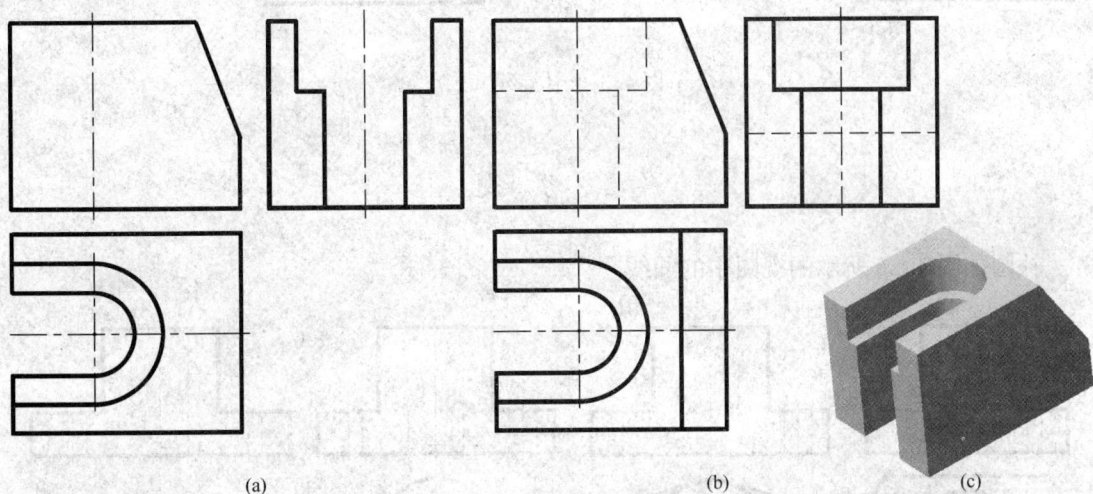

(a)　　　　　　　　　　　(b)　　　　　(c)

图 4.34 补漏线

【例 4.10】 补漏线，如图 4.35（a）、（b）所示，具体的分析过程由读者自行思考。

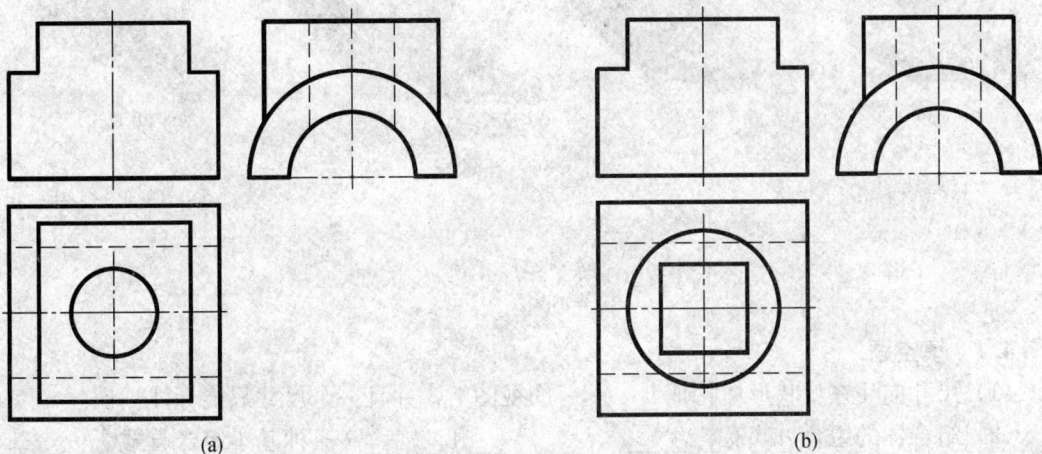

(a)　　　　　　　　　　　(b)

图 4.35 补漏线（一）

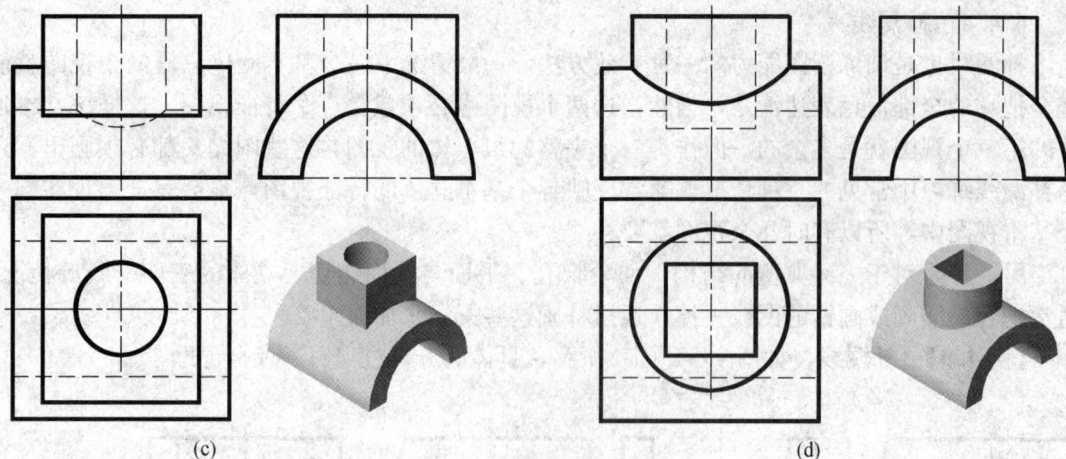

图 4.35 补漏线（二）

思 考 题

补画如图 4.36 所示的视图中的漏线。

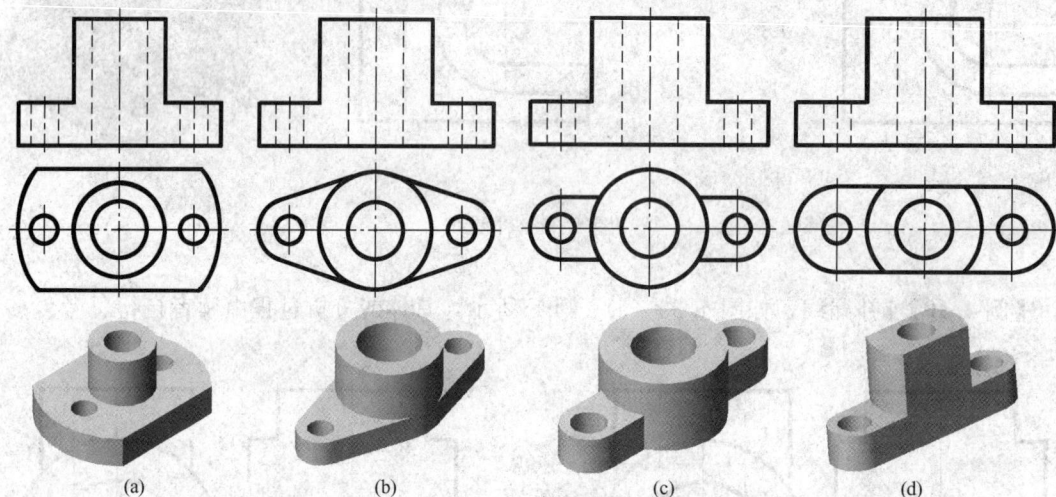

图 4.36 补漏线

练 习 题

4.1 填空题

（1）尺寸应注在反映形体特征_____的视图上，并且一个尺寸只能标注一次。

（2）组合体的组合方式有_____、_____和_____三种基本组合方式。

（3）组合体中的各个基本几何体表面之间有_____、_____和_____三种情况。

（4）组合体的分析方法主要有_____分析法和_____分析法。

(5) 根据尺寸在投影图中的作用可分为＿＿＿＿尺寸、＿＿＿＿尺寸和＿＿＿＿尺寸三类。

(6) 圆的直径尺寸一般注在投影为＿＿＿＿的视图上，圆弧的半径尺寸则应注在投影为
＿＿＿＿的视图上。

(7) 正确、＿＿＿＿、＿＿＿＿是尺寸标注的基本要求。

(8) 读图的基本要领之一是应抓住＿＿＿＿，把几个视图联系起来看。

(9) 读图时常用的两种分析方法是＿＿＿＿和＿＿＿＿。

4.2 判断题 （正确的画"√"，错误的画"×"）

(1) 相贯线是相互贯穿的两个基本形体表面的共有线，它一定是封闭的空间曲线。

（　　）

(2) 标注平行并列的尺寸时，应使较小的尺寸靠近视图，较大的尺寸依次向外分布。

（　　）

(3) 组合体上标注的尺寸，一般情况下包括定位尺寸和定形尺寸两种。 （　　）

(4) 定位尺寸是确定各基本几何体大小的尺寸。 （　　）

(5) 截交线和相贯线上不得标注尺寸。 （　　）

(6) 回转体的定位尺寸必须直接确定其回转轴线的位置。 （　　）

(7) 形体分析法的要点是：分清组合体的基本组成部分，搞清各部分之间的相对位置，
辨清相邻两形体的组合形式及表面连接关系。 （　　）

(8) 一个视图一般不能唯一地反映空间形体，但两个视图则一定可以反映唯一的空间
形体。 （　　）

(9) 选择主视图的投射方向时，应主要反映主要基本形体的形状特征。 （　　）

(10) 视图中的图线只可能是直线或平面的投影。 （　　）

4.3 尺规绘图题

(1) 目的、内容和要求。

1) 目的：进一步理解与巩固"物"与"图"之间的对应关系，应用形体分析法，根据
给出的两视图绘制组合体三视图，并标注尺寸。

2) 内容：如图 4.37 所示，在给定三个小题中任意选择其中的一个，抄画主、俯视图，
并补画左视图。

3) 要求：根据给定的两个视图，按要求完成 A4 图（组合体三视图）；标注尺寸完整、
清晰，并符合国家标准；两周内完成。

(2) 图名、图幅、比例和图样代号。

1) 图名：组合体三视图。

2) 图幅：A4 图纸，其中图幅尺寸 297mm×210mm，图框线尺寸（留装订边）267mm×
200mm。

3) 比例：1：1。

4) 图样代号：01.01，或 01.02，或 01.03。

(3) 绘图步骤及注意事项。

1) 对所绘组合体进行形体分析，补画左视图，按图中尺寸布置三个视图的位置（注意
视图之间预留标注尺寸的位置），画出各视图的对称中心线、轴线和底面（顶面）位置线。

2) 逐步画出组合体各部分的三视图（注意表面相切或相贯时的画法）。

(a)

(b)

(c)

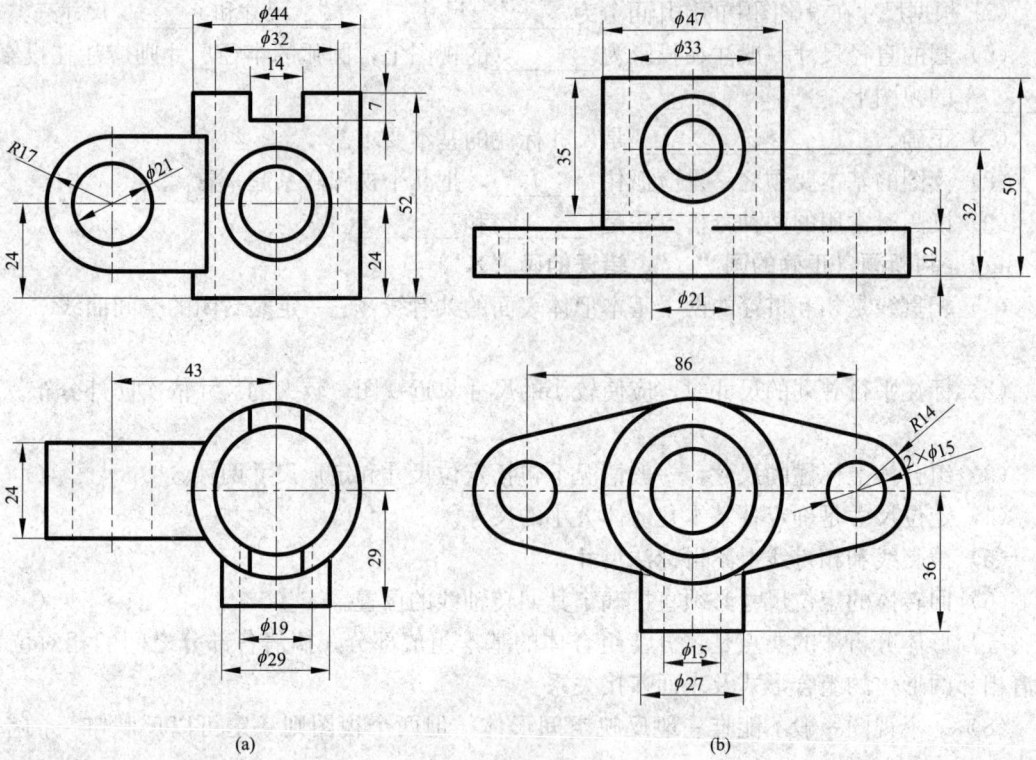

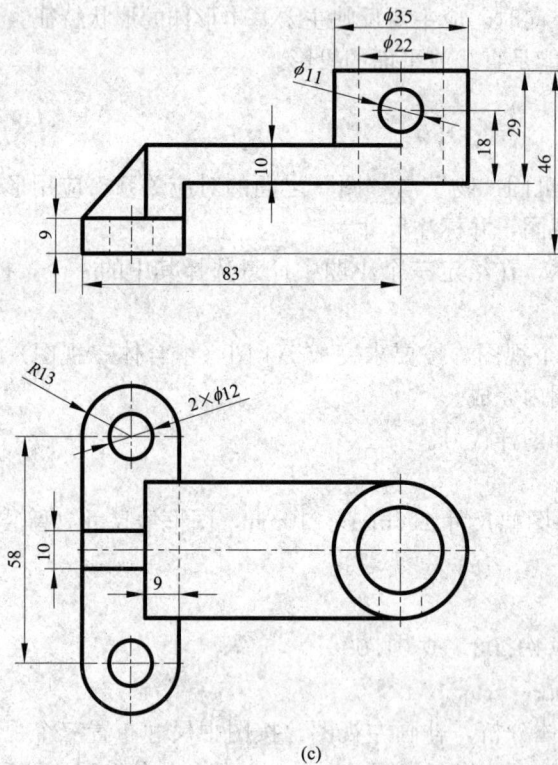

图 4.37　尺规绘图题

3）标注尺寸时应注意：不要照搬视图上标注的尺寸，应重新考虑视图上尺寸的配置，以尺寸完整、注法符合标准、配置适当为原则。

4）完成底稿，经仔细校核后用铅笔加深。

5）线型：粗实线宽度为 0.7mm，细虚线及细线宽度约为粗实线的 1/2，即 0.35mm，细虚线间隔约 1mm，点画线两间隔加点的长度约 3mm。

6）箭头：宽约 0.7mm，长度≥6d，d 为粗实线宽度，一般为 3.5～5mm。

5　图形的表达方法

一、基本要求

(1) 掌握视图、剖视图、断面图的基本概念及用途。

(2) 掌握基本视图（以主、俯、左视图为主）及向视图、局部视图、斜视图的画法。

(3) 掌握单一剖切平面的剖视图、断面图的画法及标注规则。

(4) 掌握肋板、轮辐等在剖视图中的画法。

(5) 能看懂较简单物体的视图、剖视图及断面图。

(6) 了解局部放大图及简化画法，了解第三角投影的投影特点。

二、重点和难点

重点：基本视图、局部视图、斜视图的画法和标注；剖视图的概念，单一剖切平面的剖视图的画法及标注规则；断面图的概念、种类、画法和标注以及肋板、轮辐等结构的规定画法等。

难点：局部剖视图中剖切范围的确定以及物体的表达方法的选择。

在生产实际中，当物体的形状和结构比较复杂时，如果仍用前面所述的两视图或三视图，就难于把它们的内外形状准确、完整、清晰地表达出来。为了满足这些要求，国家标准规定了各种画法——视图、剖视图、断面图、局部放大图、简化画法和其他规定画法等，本章着重介绍一些常用的基本表达方法。

技术图形应采用正投影法绘制，并优先采用第一角画法，必要时允许采用第三角画法。绘制技术图形时，应首先考虑看图方便，并根据物体的结构特点，选用适当的表示方法，在完整、清晰表达物体形状的前提下，力求制图简便。

5.1　视　　图

视图〔技术制图（GB/T 17451—1998）、机械制图（GB/T 4458.1—2002）〕是根据有关标准和规定，用正投影法所绘制出物体的图形。视图主要用来表达物体的外部形状，一般只画物体的可见部分，必要时可用虚线画出其不可见部分。视图通常有基本视图、向视图、局部视图和斜视图四种。

5.1.1　基本视图

目前，世界上一些国家（如中国、英国、法国、德国和俄罗斯等）用第一角画法绘制图形，而另外一些国家（如美国、加拿大、西欧、日本等）用第三角画法绘制图形，因此，《技术制图　投影法》（GB/T 14692—2008）规定，绘制技术图形应以正投影法为主，并采用第一角画法；将第三角画法列入标准的附录，"必要时（按合同规定等）才允许使用第三角画法"。尤其是随着国际技术交流和国际贸易日益增长，我们在今后的工作中很可能会遇到要阅读和绘制第三角画法的图形，因而也应该对第三角画法有所了解。

一、第一角画法的基本视图

当物体的外部结构形状在上下、左右、前后六个方向都不同时，仅用三个视图不能完全把它表达清楚。这时，必须增加其他投影面，从而得到更多的视图，才能把物体表达清楚。

国家标准中规定，用正六面体的六个面作为六个投影面，称为基本投影面。

基本视图是物体向基本投影面投射所得的视图。根据国家标准《机械制图》的规定，表示一个物体可有六个基本投射方向，以正六面体的六个表面作为绘制物体图形的基本投影面，按第一角画法投射就可以得到六个基本视图。

表示物体信息量最多的那个视图应作为主视图，一般是物体的工作位置或加工位置。

主视图——由物体的前方向后方投射得到的视图；

俯视图——由物体的上方向下方投射得到的视图；

左视图——由物体的左方向右方投射得到的视图；

右视图——由物体的右方向左方投射得到的视图；

仰视图——由物体的下方向上方投射得到的视图；

后视图——由物体的后方向前方投射得到的视图。

六个投影面展开时，规定正立投影面（简称正面）不动，其余各投影面按如图 5.1 所示的方向，展开到与正面同在一个平面上。

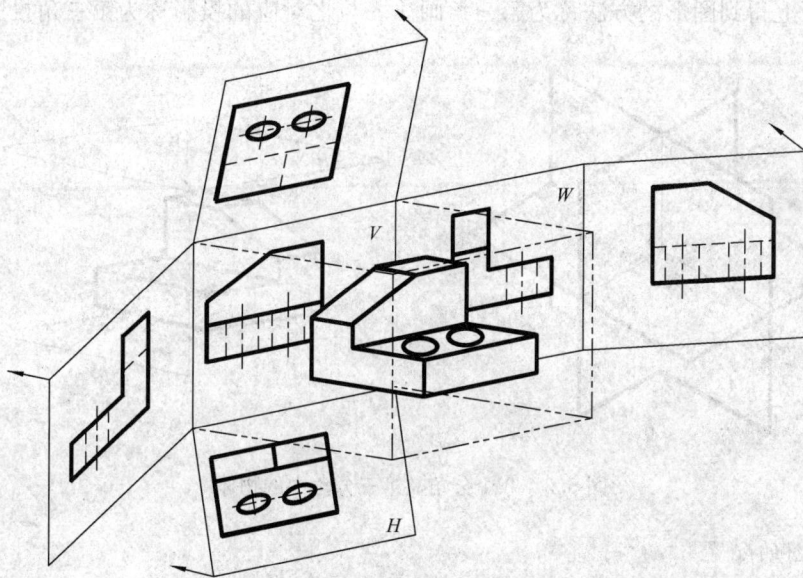

图 5.1　六个基本视图

六个基本视图的配置关系如图 5.2 所示。一旦物体的主视图被确定之后，其他基本视图与主视图的配置关系也随之确定，此时，可不标注视图的名称。

六个基本视图的投影规律仍然与前面介绍的三视图一样，满足"长对正、高平齐、宽相等"，即主、俯、仰、后视图长对正；主、左、右、后视图高平齐，左、右、俯、仰视图宽相等且前后对应。

一般情况下，优先选用主、俯、左三视图。

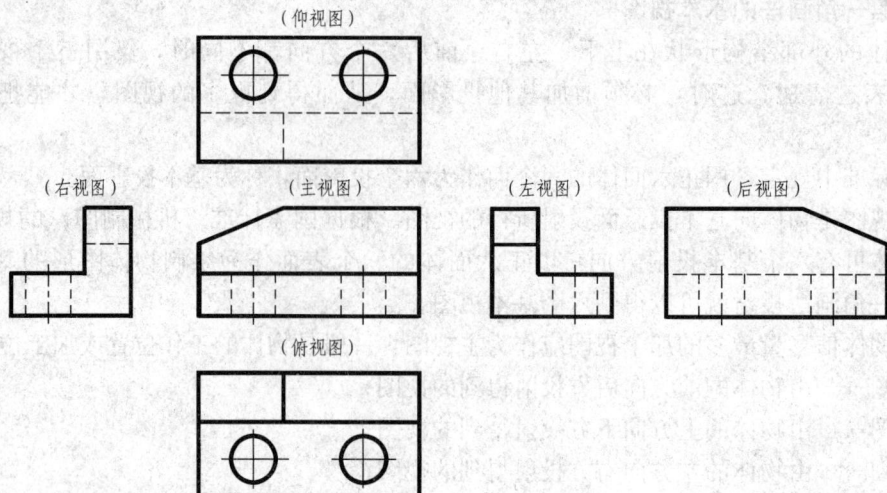

（仰视图）

（右视图） （主视图） （左视图） （后视图）

（俯视图）

图 5.2　六个基本视图的配置

二、第三角画法简介

（一）基本概念

把物体放在如图 5.3 所示的第三分角内（水平面之下，垂直面之后）用正投影法进行投射，在投影面上得到图形的方法称为第三角画法。与之对应的投影称为第三角投影。

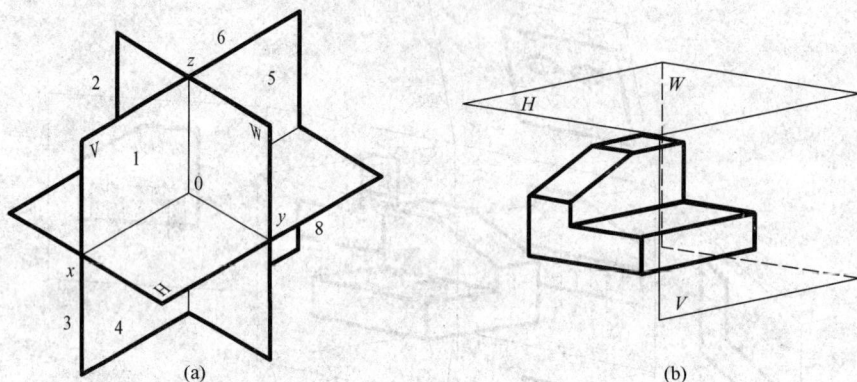

(a) (b)

图 5.3　八个分角及第三分角中的物体

（二）视图的配置

在第三角画法中，同样有六个投影面，使投影面处于观察者与物体之间进行投射，可以得到六个基本视图，即主视图（由前向后投射得到的视图）、俯视图（由上向下投射得到的视图）、左视图（由右向左投射得到的视图）、右视图（由左向右投射得到的视图）、仰视图（由下向上投射得到的视图）和后视图（由后向前投射得到的视图）。主视图、仰视图和右视图是第三角画法的物体三视图。

投影面的展开方法是：规定 V 面不动，其他各面按要求翻转到与 V 面在同一平面上，如图 5.4 所示。展开后，六个基本视图的配置如图 5.4 所示。在同一图纸内按图 5.5 所示配置视图时，一律不标注视图名称。

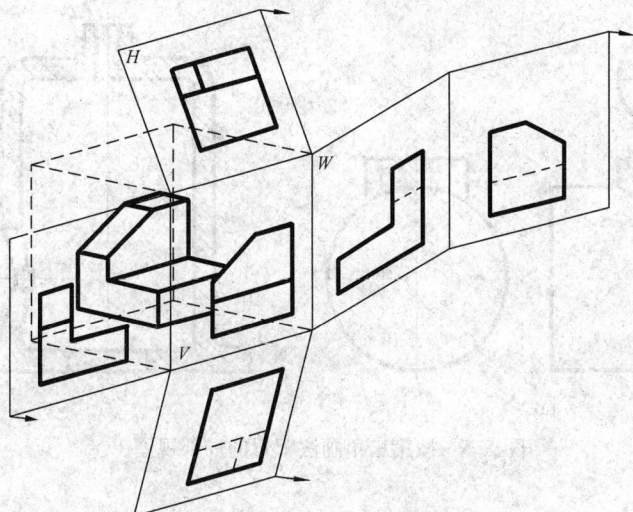

图 5.4　第三角画法的六个基本投影面及其展开

按《技术制图　投影法》（GB/T 14692—2008）规定，采用第三角画法时，必须在标题栏中画出如图 5.6 所示的第三角画法的识别符号。附带说明，当采用第一角画法时，在图形中一般不画出第一角画法的识别符号，但《技术制图　投影法》（GB/T 14692—2008）也规定必要时可画出如图 5.7 所示的第一角画法的识别符号。

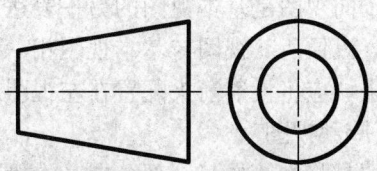

第三角画法与第一角画法的基本区别在于观察者与投影面、物体三者的相对位置不同和视图的配置不同，但是第三角画法仍然采用正投影法绘制，所以第一角画法中视图间的投影规律，如"长对正、高平齐、宽相等"以及投影特性同样适用。

图 5.5　第三角画法的六个基本视图的配置

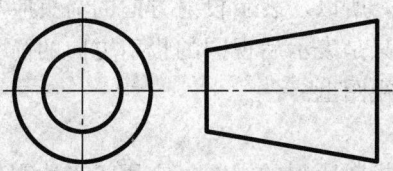

《机械制图　图形画法　视图》（GB/T 4458.1—2002）规定：按第三角配置的局部视图，应配置在视图上所需表示物体局部结构的附近，并用点画线将两者相连。如图 5.8（a）所示，按第三角画法在主视图上方配置了俯视方向的局部视图；如图 5.8（b）所示，按第三角画法在主视图右方配置了右视方向的局部视图。这两个局部视图都配置在所需要表示物体局部结构的主视图附近，并用点画线将两者相连。

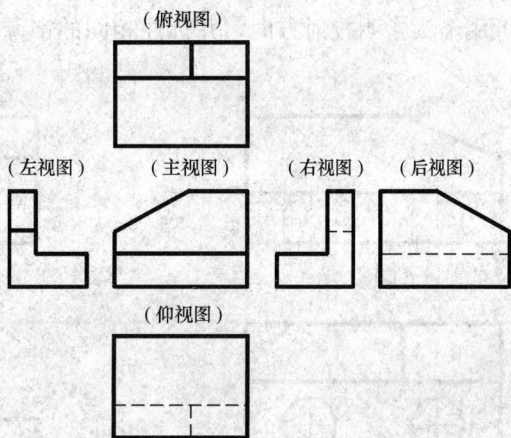

图 5.6　第三角画法的识别符号　　　　　图 5.7　第一角画法的识别符号

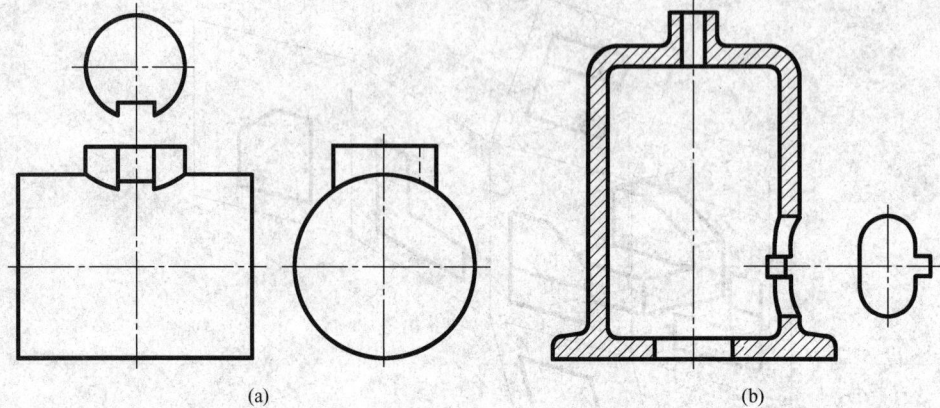

图 5.8　按第三角画法配置的局部视图

5.1.2　向视图

向视图是基本视图的另一种表达方式，是移位（不旋转）配置的基本视图。其表达方式如图 5.9 所示，即在向视图的上方标注字母"×"（"×"为大写拉丁字母）；在相应视图的附近用箭头指明投射方向，并标注相同的字母。

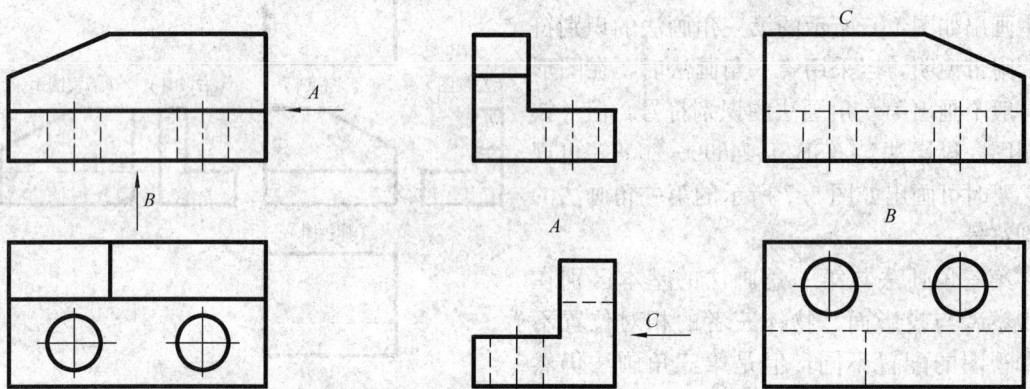

图 5.9　向视图

实际应用时，要注意以下几点：

（1）向视图是基本视图的一种表达形式，向视图与基本视图的主要差别在于视图的配置方面。基本视图的配置由于其他视图围绕主视图使关系确定，所以简化了标注；而向视图的配置是随意的，就必须予以明确标注才不产生误解。这两种配置方法对局部视图的配置将产生影响。

（2）向视图的名称"×"为大写拉丁字母，无论是在箭头旁的字母，还是视图上方的字母均应与正常的读图方向相一致，以便于识别。

（3）由于向视图是基本视图的另一表达形式，所以，表示投射方向的箭头应尽可能配置在主视图上，以便所获视图与基本视图相一致。只是表示后视图的投射方向的箭头在主视图中反映不出来，应将投射箭头配置在左视图或右视图上。

5.1.3　局部视图

局部视图是将物体的某一部分向基本投影面投射所得的视图。它用于表达零件上的局部形状，而又没有必要画出整个基本视图的情况，如图 5.10 所示。

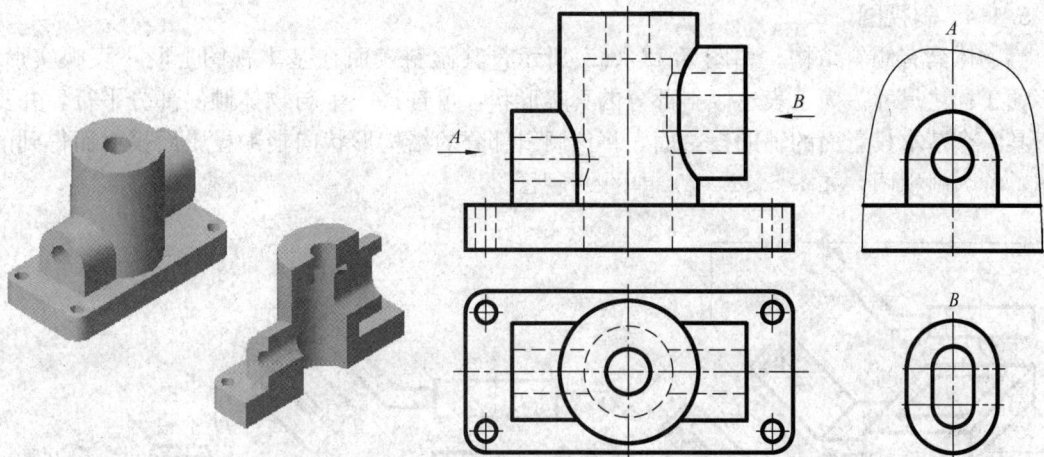

图 5.10　局部视图

局部视图与基本视图都是要求将物体向基本投影面投射所得，但两者的不同之处是，基本视图要求将整个物体全部向基本投影面投射而得到的视图，而局部视图是将物体的某一部分向基本投影面投射而得到的视图。

局部视图的画法和标注应符合如下规定：

（1）局部视图的断裂边界通常以波浪线表示，如图 5.10 的 A 视图所示。但是用波浪线作为断裂边界时，波浪线不应超出断裂零件的轮廓线，应画在零件的实体上，不可画在中空处，也不应画在图线的延长线上。

（2）当所表示的物体的局部结构是完整的，且外形轮廓又是封闭状态，则可以省略表示断裂边界的波浪线，如图 5.10 的 B 视图所示。

（3）局部视图可按向视图的配置形式配置，并标注，如图 5.10 所示。

（4）局部视图可按基本视图的配置形式。当局部视图按投影关系配置，中间又没有其他图形隔开时，可省略标注，如图 5.11 所示。局部视图也可按第三角画法配置，如图 5.8 所示。

图 5.11　局部视图省略标注

5.1.4　斜视图

当物体具有倾斜结构，如图 5.12（a）所示，其倾斜表面在基本视图上既不反映实形，又不便于标注尺寸。为了表达倾斜部分的真实形状，可选择一个与物体倾斜部分平行，并垂直于某一个基本投影面的辅助投影面，将该倾斜部分的结构形状向辅助投影面投射而得到的视图，称为斜视图，如图 5.12（b）中的 A 视图。

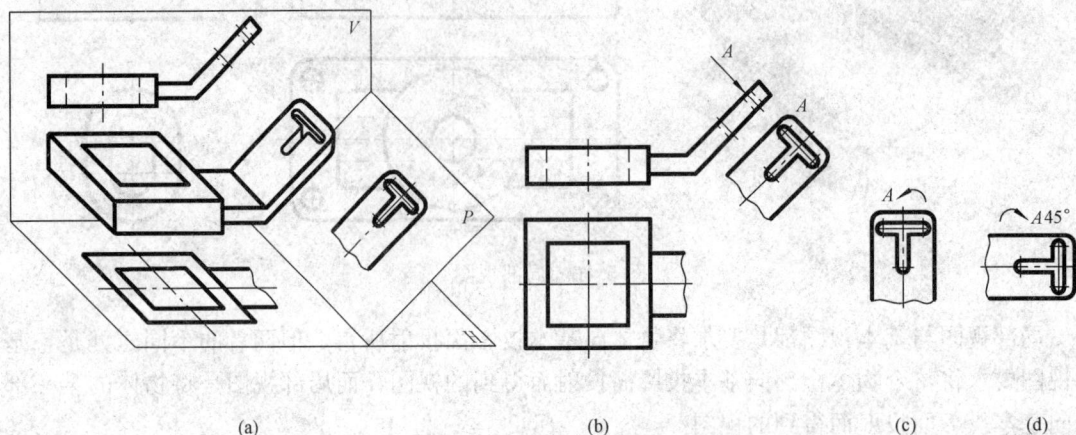

(a)　　　　　　　　　　(b)　　　　　　(c)　(d)

图 5.12　斜视图

斜视图上反映物体倾斜部分的实形，而不需表达的部分，可省略不画，用波浪线断开，如图 5.12（b）中的 A 视图。

斜视图通常按向视图的配置形式配置并标注，如图 5.12（b）所示。必要时允许将斜视图旋转配置，旋转符号的箭头指向应与旋转方向一致，表示该视图名称的大写拉丁字母应靠近旋转符号的箭头端，如图 5.12（c）所示。需给出旋转角度时，角度应注写在字母之后，如图 5.12（d）所示。需注意的是：斜视图的旋转角度可根据具体情况确定，为了避免出现视图倒置等而产生读图困难的现象，允许图形旋转的角度超过 90°，其旋转角度为旋转至与主视图配置形式相一致的位置。

5.2　剖　视　图

如前所述，物体上不可见的结构形状，规定用虚线表示，如图 5.13（a）所示。当物体内部形状比较复杂时，则视图上的虚线过多，给读图和标注增加困难，为了清楚地表达物体内部形状，国家标准规定采用剖视图（GB/T 17452—1998、GB/T 17453—1998、GB/T 4458.6—2002）来表示。

5.2.1　剖视图的概念

剖切面是剖切被表达物体的假想平面或曲面。

剖视图是假想用剖切面剖开物体，将处在观察者和剖切面之间的部分移去，而将其余部分向投影面投射所得的图形，如图 5.13（b）所示。剖视图简称剖视，主要用于反映物体的内部结构，虚线一般省略不画。

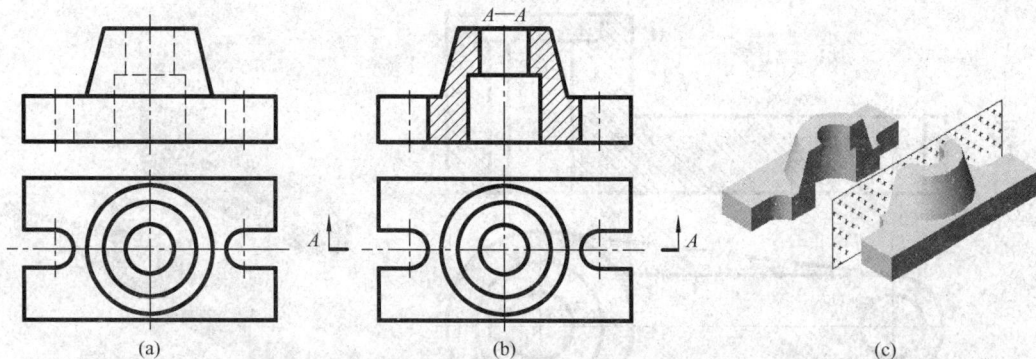

图 5.13 剖视图

5.2.2 剖视图的画法

一、画剖视图的注意事项

（1）画剖视图时，先要确定剖切面的位置。剖切平面必须平行或垂直于某一投影面，并通过物体内部孔、槽等结构的对称平面或轴线，这样剖切后的投影能反映实形。

（2）剖视图是假想将物体剖开画出来的图形，而物体仍是完整无缺的。故其他视图仍按完整的物体投影画出。

（3）对于剖切平面之后的不可见部分，若在其他视图上已表达清楚，则虚线可省略，即在一般情况下剖视图中不画表示不可见部分的虚线，如图 5.14（a）所示。当省略虚线后，物体不能定形，或画出少量虚线后能节省一个视图时，则应画出对应的虚线，如图 5.14（b）所示。

（4）画剖视图时，剖切平面后的可见轮廓线均应用粗实线画出，如图 5.15 所示。

二、剖面符号的画法

剖面区域是假想用剖切面剖开物体，剖切面与物体的接触部分。在绘制剖视图或断面图时，通常应在剖面区域画出剖面符号，国家标准规定了各种剖面符号，金属材料的剖面符号常用剖面线。

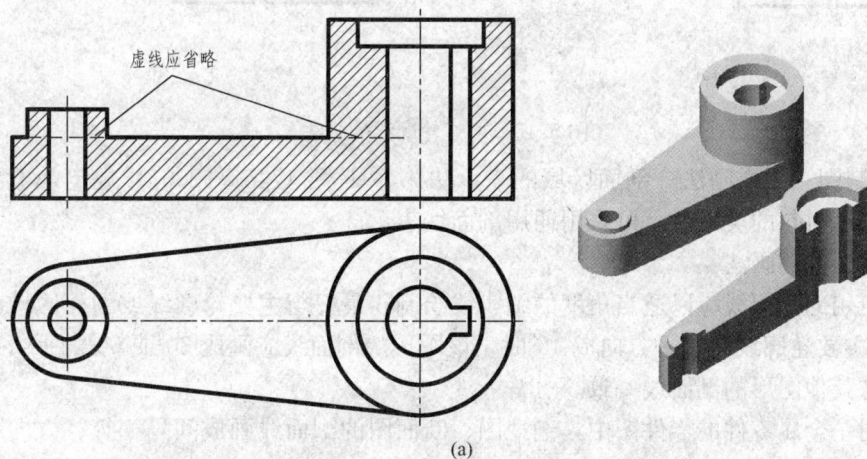

图 5.14 剖视图中虚线的处理（一）

（a）虚线应省略

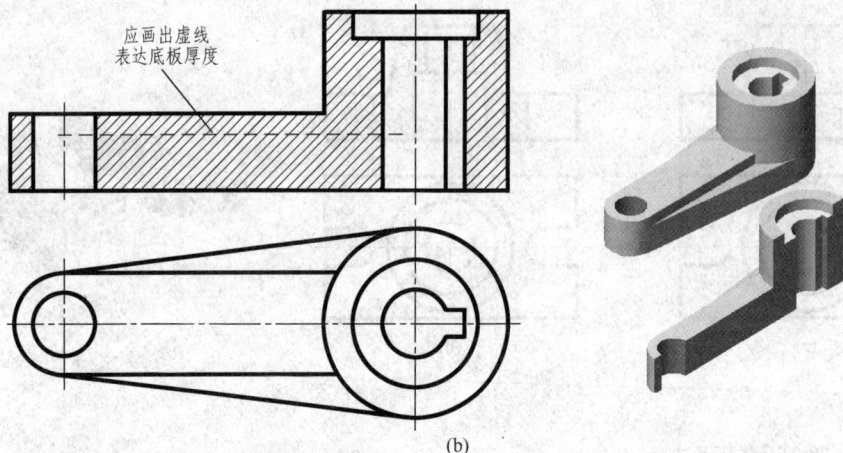

应画出虚线
表达底板厚度

(b)

图 5.14　剖视图中虚线的处理（二）

(b) 虚线应画出

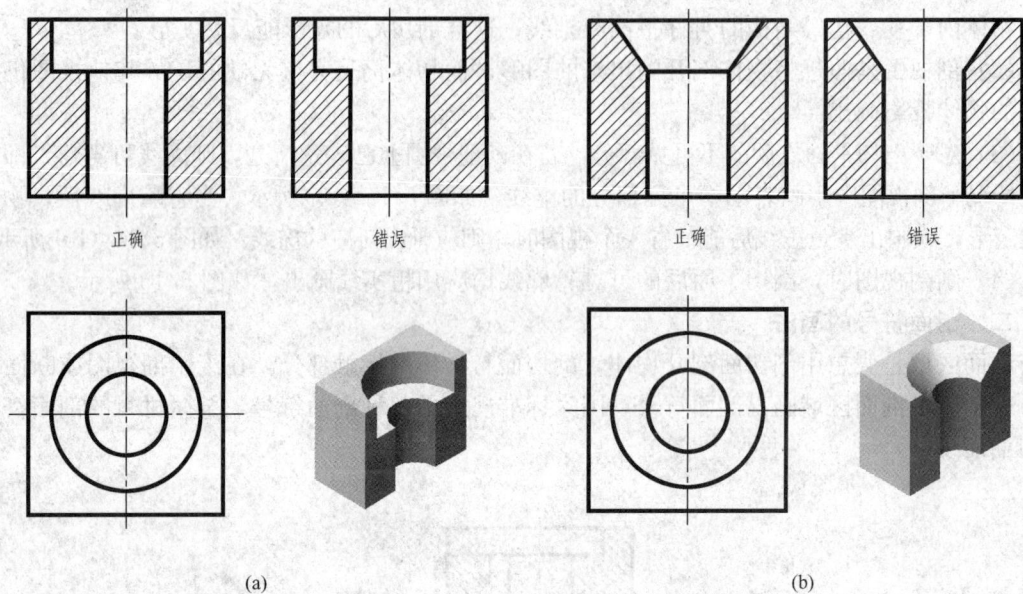

正确　　　　　错误　　　　　正确　　　　　错误

(a)　　　　　　　　　　　　　　(b)

图 5.15　可见轮廓线的画法

《技术制图　图样画法　剖面区域的表示法》（GB/T 17453—2005）规定，不需要在剖面区域中表示材料的类别时，可采用通用剖面线表示。

通用剖面线的画法：

（1）通用的剖面线应以适当角度的细实线绘制，最好与主要轮廓线或剖面区域的对称线成 45°。当主要轮廓线与水平方向成 45°时，该图形的剖面线应画成 30°或 60°的平行线，其倾斜方向仍与其他图形的剖面线一致。

（2）同一金属零件的零件图中，剖视图、断面图的剖面线画成间隔相等、方向相同的平行线。

若需要在剖面区域中表示材料的类别时，应采用特定的剖面符号表示。特定剖面符号的分类结构示例如图 5.16 所示。

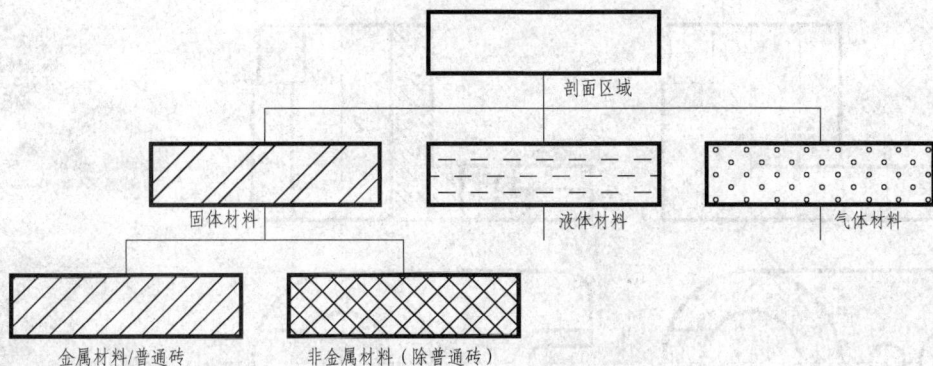

图 5.16 特定剖面符号的分类结构示例

5.2.3 剖视图的标注

一、剖视图的标注三要素

(1) 剖切线：指示剖切面的位置，用细点画线绘制。

(2) 剖切符号：指示剖切符号的起止、转折位置，用粗短画表示。

(3) 字母：表示剖视图的名称。

二、剖视图的标注三要素的标注及组合标注

(1) 标注剖视图的名称"×—×"（"×"为大写的拉丁字母）。

(2) 在相应的视图上用剖切符号表示剖切位置，并标注相同的字母。

剖切符号是表示剖切面起、止和转折位置及投射方向的符号。剖切符号尽可能不与图形轮廓线相交。

(3) 在剖切符号的起、止处用箭头画出投射方向，如图 5.17 所示。

(4) 剖切符号、剖切线和字母的组合标注是国际标准的规定。为了适应我国的习惯，国家标准规定剖切线可以省略不画。

三、剖视图的标注三要素的取舍原则

(1) 当剖视图按投影关系配置，中间又没有其他图形隔开时，可省略箭头。

(2) 当单一剖切平面通过物体的对称平面或基本对称的平面，且剖视图按投影关系配置，中间又没有其他图形隔开时，可省略标注。

(3) 当单一剖切平面的剖切位置明显时，局部剖视图的标注可省略。

5.2.4 剖视图的种类

《技术制图　图样画法　剖视图和断面图》（GB/T 17452）规定剖视图可分为全剖视图、半剖视图和局部剖视图三种。

一、全剖视图

全剖视图是用剖切面完全剖开物体所得的剖视图。如图 5.17 所示的物体，因外形简单而内部需要表达，故假想用剖切平面沿图示剖切位置将它完全剖开，便得到全剖的主视图。

全剖视图主要用于表达内部形状复杂而外形简单或外形在其他视图中表达清楚的物体。对于某些内外形都比较复杂而又不对称的物体，则可用全剖视图表达它的内部结构，再用视图表达它的外形。

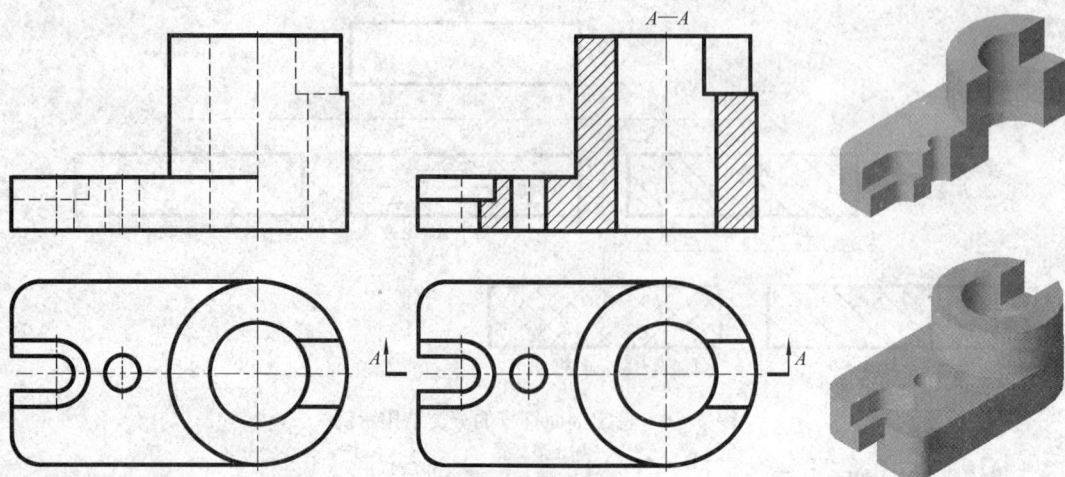

图 5.17　全剖视图

在图 5.17 中，剖切平面通过物体的对称平面，且剖视图按投影关系配置，中间又没有其他图形隔开时，故剖视图可省略标注。

二、半剖视图

半剖视图是当物体具有对称平面时，向垂直于对称平面的投影面上投射所得的图形，可以对称中心线为界，一半画成剖视图，另一半画成视图，这种组合图形称为半剖视图。

半剖视图用于内、外形状都需要表达的对称物体。如图 5.18 所示，物体的内外结构都比较复杂，如果主视图采用全剖视图，则物体前方的凸台将被剖掉，在主视图中就不能完全地表达物体的外形。由于该物体左右、前后都对称，因此可用图示的剖切方法，将主视图和俯视图都画成半剖视图，这样既反映了内部结构，又保留了物体的外部形状。

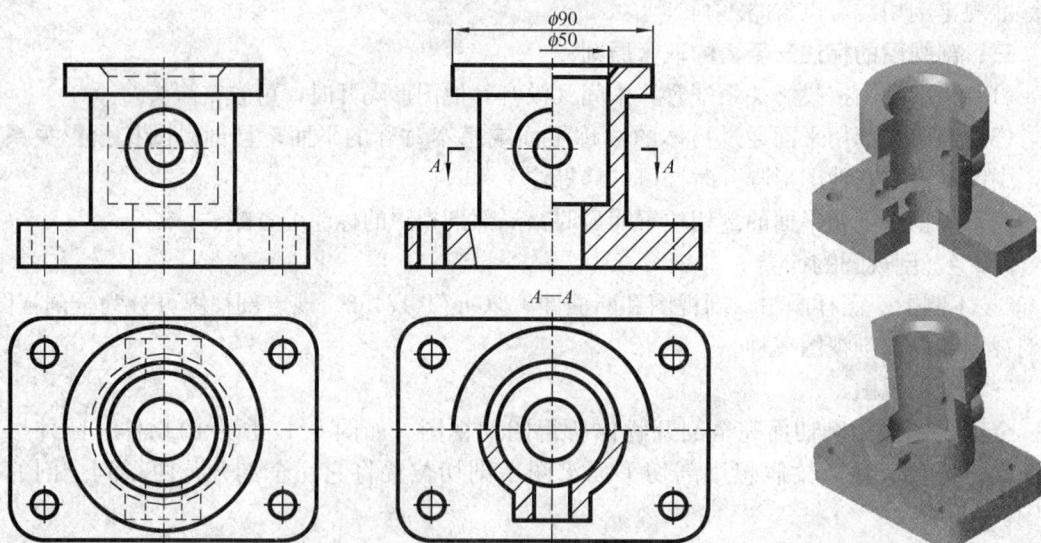

图 5.18　半剖视图

　　半剖视图的标注与全剖视图相同。如图 5.18 所示的主视图所采用的剖切平面通过物体的前后对称面，故可省略标注；而俯视图所采用的剖切平面不是物体的对称平面，故应标出剖切位置和名称，箭头可以省略。

　　半剖视图能在同一视图上兼顾表达物体的内、外结构，适用于内外结构都需要表达且具有对称平面的物体。当物体接近于对称，而且不对称部分已在其他视图中表达清楚时，也可采用半剖视图，以便将物体的内、外结构简明地表达出来。

注意事项：

　　(1) 半个视图和半个剖视图的分界线只能是对称中心线（细点画线），不能画成粗实线或其他图线。

　　(2) 半剖视图中剖视部分的位置通常按以下原则配置：在主、左视图中位于对称线的右侧；在俯视图中位于对称线的下方。

　　(3) 半剖视图的标注和全剖视图的标注是一致的。

　　(4) 半剖视图中，标注内部结构对称方向的尺寸时，如果在需要标注的结构只画出了一半，则尺寸线应略超出对称中心线，并只在一端画出箭头，尺寸数字仍按完整的尺寸数值标注；如果需要标注的结构已完整地画出，则仍按完整的尺寸进行标注，如图 5.18 所示。

　　(5) 由于物体对称，物体的内部结构在半个剖视图中已表示清楚，因此在表达外形的半个视图中不必再画出相应的虚线。

　　如图 5.19 所示，主视图采用了半剖视图，由于符合省略标注的原则，故图中未加标注。如图 5.20 所示，左视图采用了半剖视图，标注中省略了箭头。

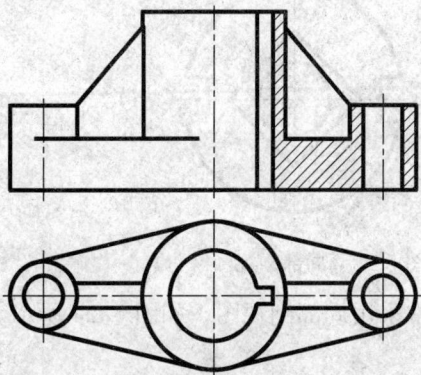

图 5.19　半剖视图标注示例（一）　　　　　　　图 5.20　半剖视图标注示例（二）

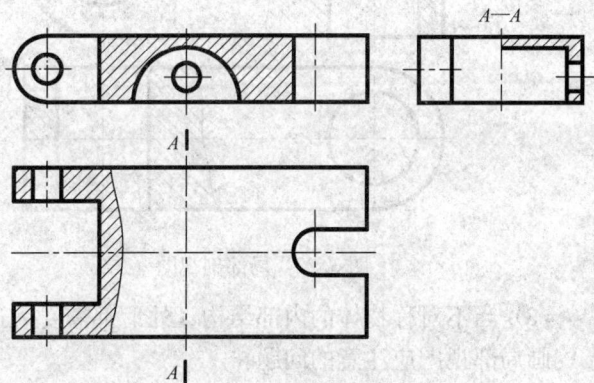

三、局部剖视图

　　局部剖视图是用剖切面局部地（非一半的局部）剖开物体所得的剖视图。它主要用于表达物体的局部内部形状结构，或不宜采用全剖视图或半剖视图的地方。

　　局部剖视图是一种比较灵活的表达方式，主要用于以下几种情况：

　　(1) 物体上只有局部的内部结构形状需要表达，而不必画成全剖视图，如图 5.21、图 5.22 所示。

　　(2) 物体具有对称面，但不宜采用半剖视图表达内部形状时，通常采用局部剖视图，如图 5.23 所示。

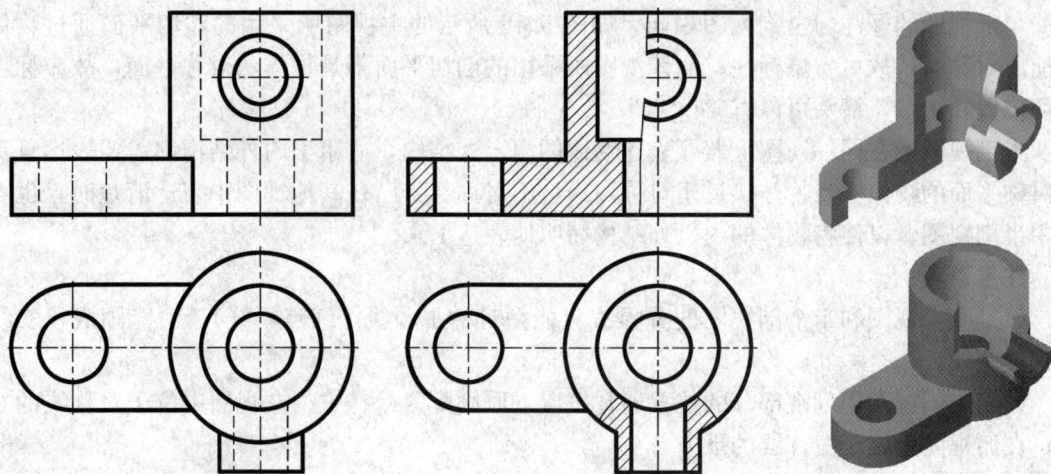

图 5.21　局部剖视图（一）

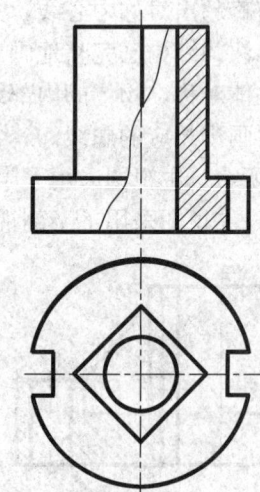

图 5.22　局部剖视图（二）　　　　图 5.23　局部剖视图（三）

（3）当不对称物体的内部结构、外形都需要表达，常采用局部剖视图，如图 5.24 所示。

画局部视图应注意的问题：

（1）波浪线只能画在物体表面的实体部分，不能穿越孔或槽（应断开），也不能超出视图之外，其错误画法如图 5.25（a）所示。

（2）波浪线不应与其他图线重合或画在它们的延长线上，其错误画法如图 5.25（b）所示。

（3）当被剖切结构为回转体时，允许将该结构的轴线作为局部剖视图与视图的分界线，如图 5.26 所示。

（4）当用单一剖切平面剖切，且剖切位置明显时，局部剖视图的标注可省略，如图 5.21～图 5.24 所示。当剖切平面的位置不明显或视图不在基本视图位置时，应标注剖切符号、投射方向和剖视图的名称，如图 5.27 所示。

（5）在一个视图中，采用局部剖视图的部位不宜过多，否则会显得零乱以致影响图形清晰。

(c)

(a)　　　　　　　　　(b)　　　　　　　　　(d)

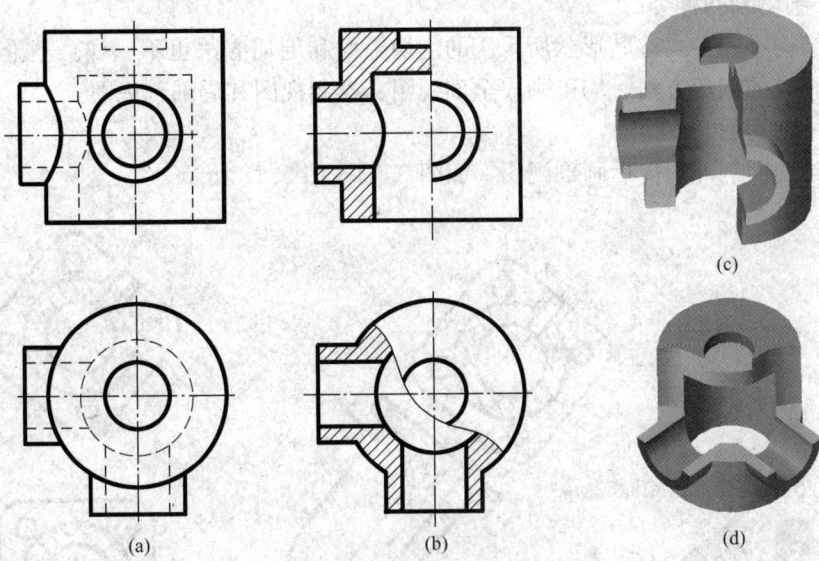

图 5.24　局部剖视图（四）

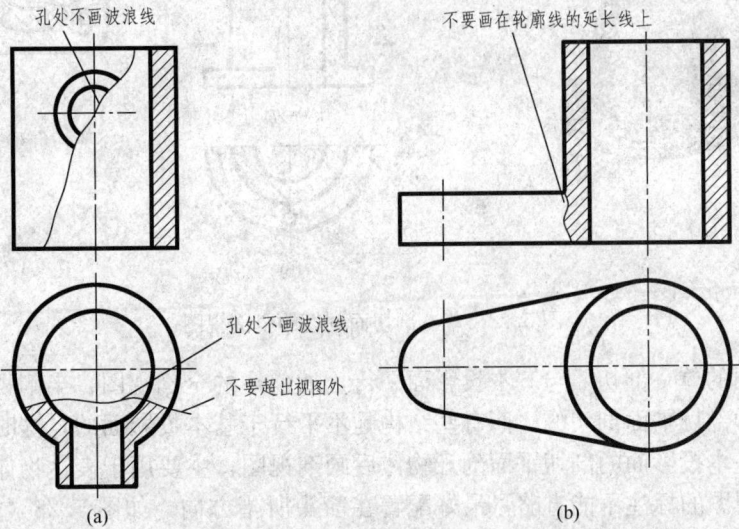

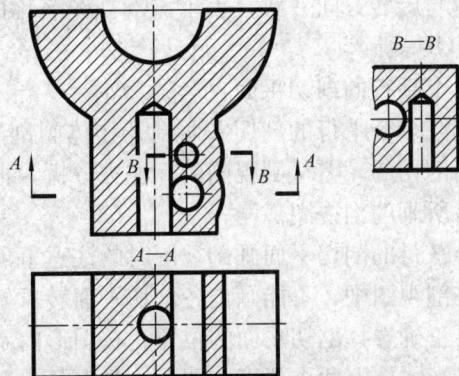

孔处不画波浪线

不要画在轮廓线的延长线上

孔处不画波浪线

不要超出视图外

(a)　　　　　　　　　　　　　　　　(b)

图 5.25　局部剖视图分界线的错误画法

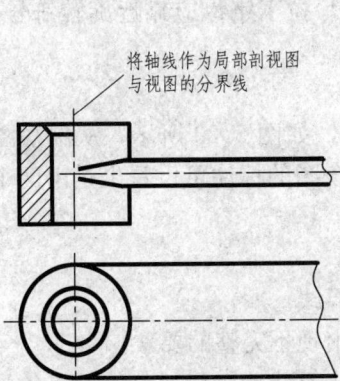

将轴线作为局部剖视图
与视图的分界线

B

A

B

A

$B—B$

$A—A$

图 5.26　局部剖视图（五）　　　　　图 5.27　局部剖视图的标注

5.2.5 剖切面的种类

物体的结构不同，表达其形状所采用的剖切平面和剖切方法也不一样。不论采用哪一种剖切平面及相应的剖切方法，均可画成全剖视图、半剖视图和局部剖视图。

一、单一剖切面

用一个剖切面剖开物体后画剖视图，如图 5.13～图 5.28 所示。

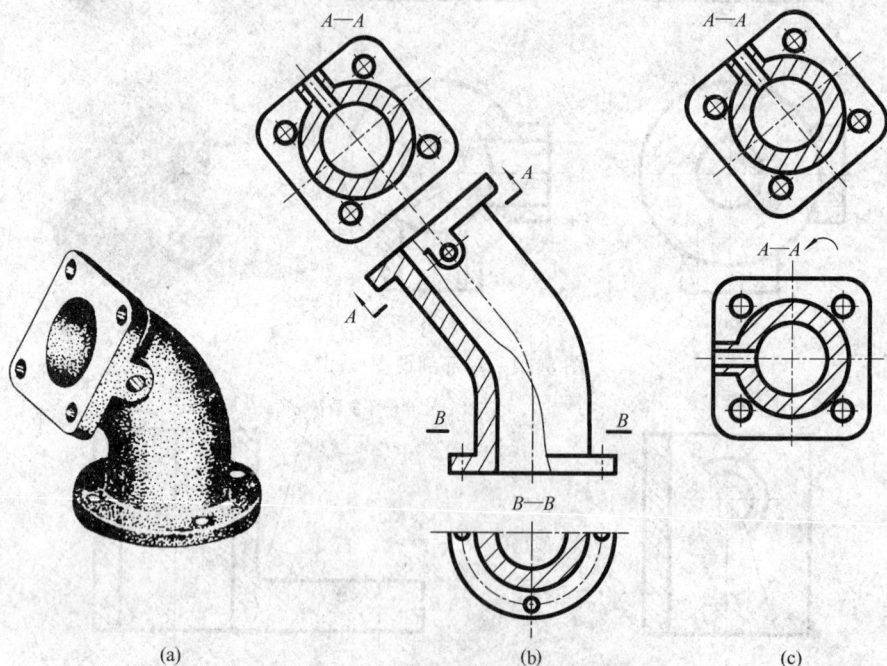

图 5.28　单一剖切面剖切的全剖视图

通常所采用的单一剖切面与基本投影面平行，如前述的全剖视图、半剖视图、局部剖视图都是采用这种剖切平面剖切的。而有些结构是不平行于基本投影面的，这时就会采用一个不平行于任何基本投影面的剖切平面剖开物体后画剖视图，主要用于表达物体倾斜部分的内部形状。该剖视图的标注不能省略，最好配置在箭头所指方向，如图 5.28（a）所示。也允许放在其他位置，如图 5.28（c）所示。允许旋转配置，但必须标出旋转符号，旋转符号的箭头指向应与旋转方向一致，表示该剖视图名称的大写拉丁字母应靠近旋转符号的箭头端，如图 5.28（b）所示。

二、几个平行的剖切平面

用两个或多个平行的剖切平面剖开物体画剖视图，如图 5.29 所示，从剖视图本身看不出是几个面剖切的，需从剖视图的标注去分析，根据该图的标注可以看出是由两个平行剖切平面剖切后所画的剖视图。

用几个平行的剖切平面画剖视图时的注意事项：

（1）在剖视图中，不能画出各剖切平面转折处的界线。

（2）要正确选择剖切平面的位置，在图形内不应出现不完整的要素。

（3）仅当物体上两个要素在图形上具有公共对称中心线或轴线时，才可以各画一半，此时，不完整要素应以对称中心线或轴线为界，如图 5.30 所示。

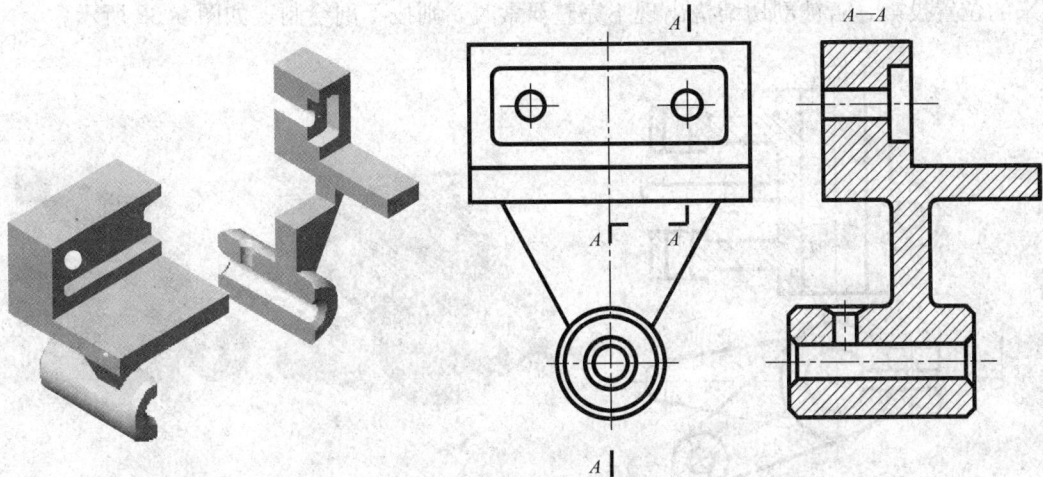

图 5.29　两平行的剖切平面剖切的剖视图

（4）该剖视不能省略标注。在剖切平面的起、止和转折处用剖切符号表示剖切位置；并在剖切符号附近注写相同字母，当空间狭小时，转折处可省略字母，同时用箭头指明投射方向，如图 5.30 所示。但当剖视图按投影关系配置，中间无其他图形隔开时，可省略箭头，如图 5.29 所示。

三、几个相交的剖切面

用几个相交的剖切面（其交线垂直于某一基本投影面）剖开物体后画剖视图，如图 5.31 所示，是由两个垂直于水平投影面的相交剖切面剖切后所画的剖视图。

适用范围：可用于表达轮、盘类物体上的孔、槽结构，及具有公共轴线的非回转体物体。

该剖视的标注规定与几个平行的剖切面剖切时相同。

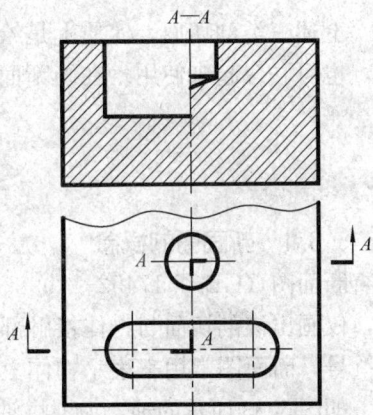

图 5.30　两平行的
剖切平面剖切的剖视图

图 5.31　两相交的剖切平面剖切的剖视图

采用这种剖视方法画剖视图时，先假想按剖切位置剖开物体，然后将被剖切面剖开的结构及有关部分旋转到与选定的投影面平行后再进行投射。在剖切平面后的其他结构一般应按原来的位置投影，若被剖切结构出现不完整要素时，则按不剖绘制，如图 5.32 所示。

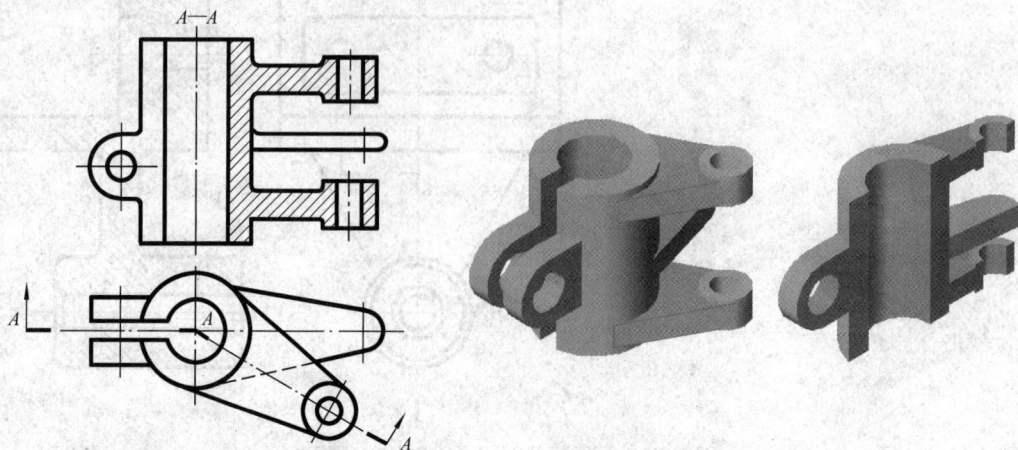

图 5.32   两相交的剖切平面剖切的剖视图

　　上述三类剖切面，实质上是绘制物体的剖视图时可供选择的几种剖切方法，既可单独应用，也可联合起来使用。在画断面图时，这些剖切面也都适用。

5.3   断 面 图

5.3.1   断面图的概念

　　断面图（GB/T 17452—1998、GB/T 4458.6—2002）是假想用剖切面将物体的某处切断，仅画出该剖切面与物体接触部分的图形。断面图可简称为断面。通常在断面图上画出剖面符号，断面图常用来表示物体上某一局部的断面形状。

　　如图 5.33 所示的轴，为了将轴上的键槽清晰地表达出来，可假想用一个垂直于轴线的剖切平面在键槽处将轴切断，只画出断面的图形，并画上剖面符号，这样得到的图形就是断面图。

　　断面图与剖视图的区别在于：断面图是面的投影，仅画出断面的形状，如图 5.34（a）所示；而剖视图是体的投影，要将剖切面之后的结构投影全部画出，如图 5.34（b）所示。

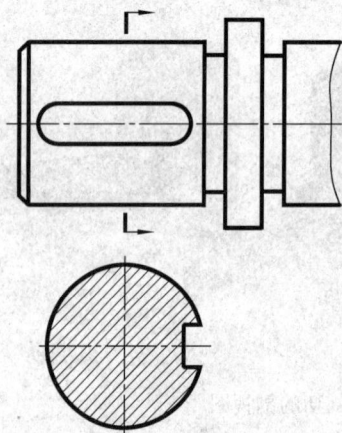

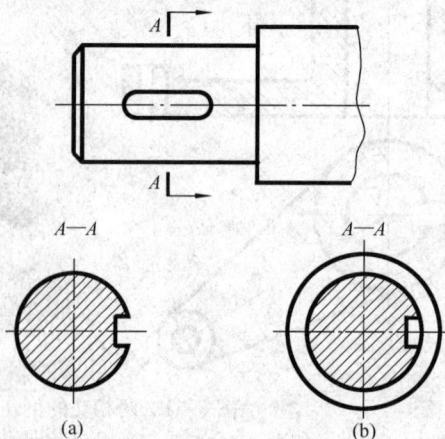

图 5.33   断面图　　　　　　　　图 5.34   断面图与剖视图的区别

5.3.2　断面的种类和画法

《技术制图　图样画法　剖视图和断面图》（GB/T 17452）规定断面图可分为移出断面图和重合断面图两种。

一、移出断面图

将断面形状画在视图之外的断面图称为移出断面图，移出断面图的轮廓线用粗实线绘制。

（1）移出断面图一般配置在剖切线的延长线上；必要时也可配置在其他适当位置，如图 5.35 所示。

（2）当断面图形对称时，移出断面图可配置在视图的中断处，如图 5.36 所示。

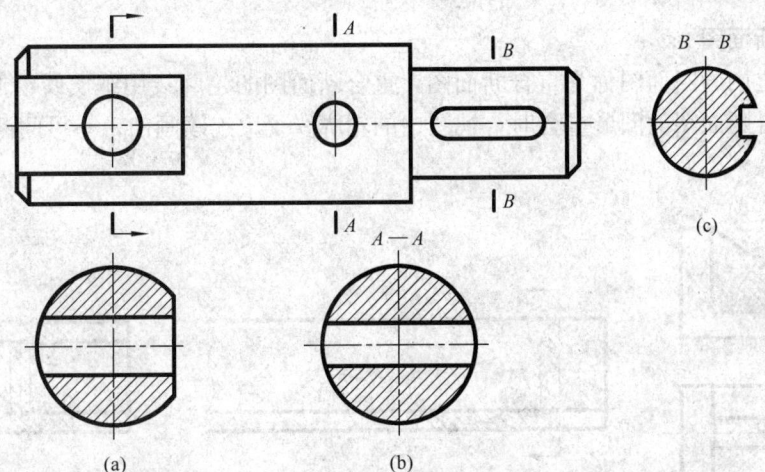

图 5.35　移出断面图（一）

（3）由两个或多个相交的剖切平面剖切物体所得到的移出断面图，中间一般应断开绘制，如图 5.37 所示。

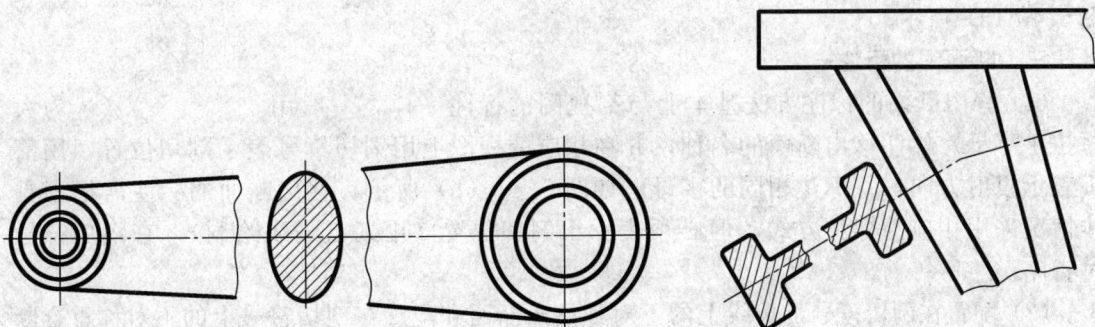

图 5.36　移出断面图（二）　　　　　　　图 5.37　移出断面图（三）

（4）当剖切面通过回转面形成的孔或凹坑的轴线时，这些结构的断面图应按剖视图的规则绘制，如图 5.38 所示。

（5）因剖切面通过非圆孔，使断面图变成完全分离的两个图形时，则这些结构应按剖视图绘制。在不致引起误解时，允许将图形旋转，如图 5.39 所示。

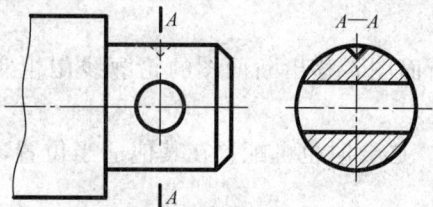

图 5.38　画断面图的特殊规定（一）　　　　　图 5.39　画断面图的特殊规定（二）

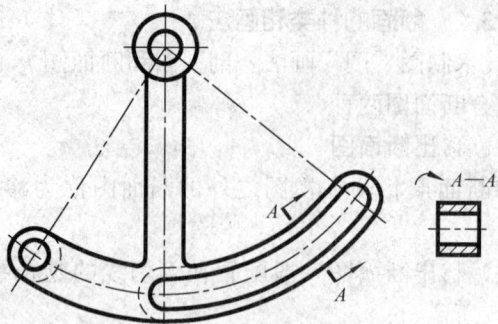

二、重合断面图

画在视图之内的断面图称为重合断面图，重合断面图的轮廓线用细实线绘制。当视图中的轮廓线与重合断面图的图形重合时，视图中的轮廓线仍应连续画出，不可间断，如图 5.40（b）、（c）所示。

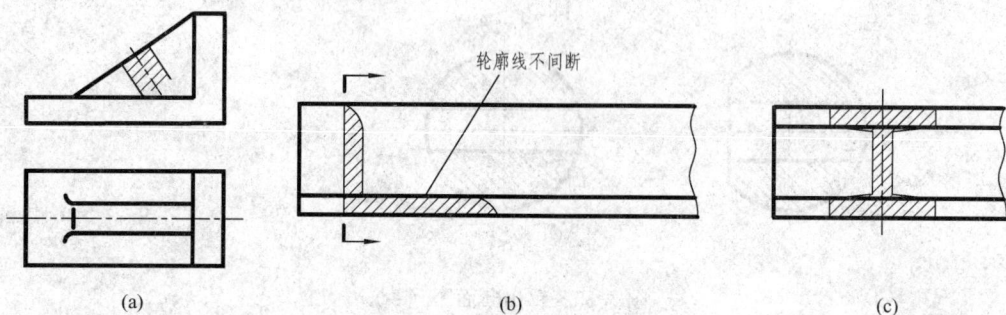

（a）　　　　　　　　　　（b）　　　　　　　　　　（c）

图 5.40　重合断面图

为了得到断面的真实形状，剖切平面一般应垂直于零件上被剖切部分的轮廓线，如图 5.40（a）所示。

三、断面图的标注

（1）移出断面的标注方法基本上与剖视图的标注一样，一般用"×—×"（×为大写拉丁字母）标注移出断面的名称；并在相应的视图上用剖切符号表示剖切位置，用箭头表示投射方向，并标注相同的字母，如图 5.41（b）所示。移出断面的标注需根据具体情况采用相应的标注方式，但必须表示出剖切位置（用细点画线绘制），有剖切符号时省略。

（2）配置在剖切符号延长线上的不对称移出断面和配置在剖切符号上的不对称重合断面，均可省略字母；如图 5.41（a）、图 5.34（b）所示。

（3）不配置在剖切延长线上的对称移出断面以及按投影关系配置的不对称移出断面，均可省略箭头，如图 5.35（b）、（c）所示。

（4）对称的重合断面、配置在剖切延长线上的对称移出断面以及配置在视图中断处的移出断面，均可省略标注，如图 5.40（c）、图 5.41（c）、图 5.47 所示。

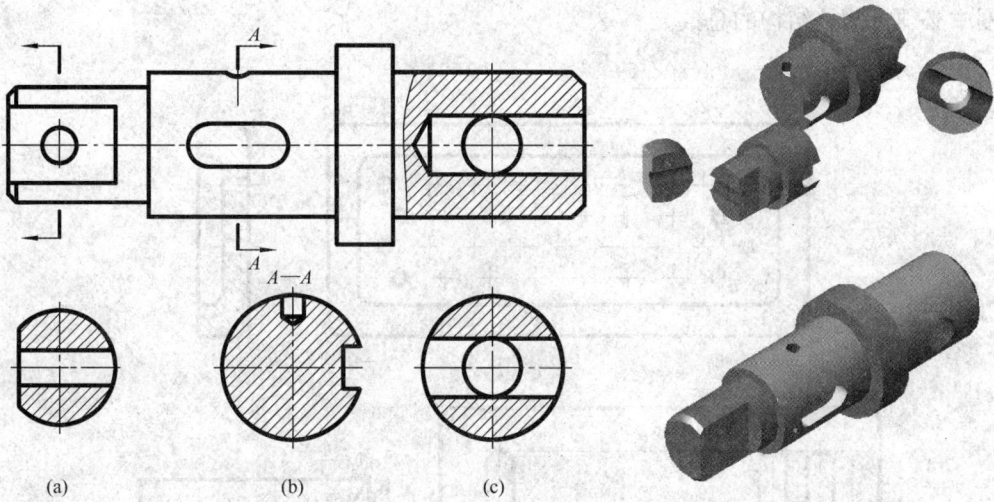

图 5.41 移出断面图的标注

5.4 其他表达方法

5.4.1 局部放大图

为了把物体上某些结构在视图上表达清楚,可以将这些结构用大于原图形所采用的比例画出,这种图形称为局部放大图,如图 5.42 所示。

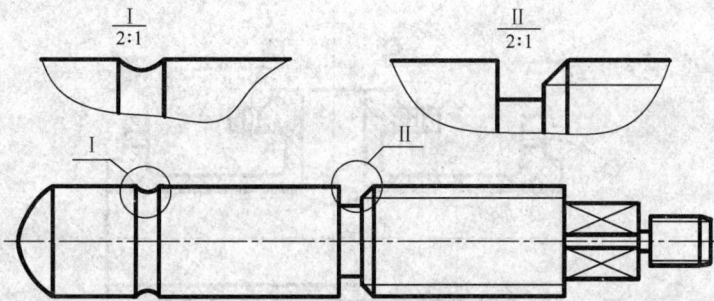

图 5.42 局部放大图

局部放大图可画成视图、剖视图、断面图,它与被放大部分的表达方式无关。当物体上某些细小结构在原图中表达不清或不便于标注尺寸时,就可采用局部放大图。

绘制局部放大图时,应用细实线圈出被放大的部位,并应尽量把局部放大图配置在被放大部位的附近。当同一物体上有几个被放大的部位时,必须用罗马数字依次标明被放大的部位,并在局部放大图的上方标注出相应的罗马数字和采用的比例,如图 5.42 所示,当物体上被放大的部位仅一个时,在局部放大图的上方只需标明所采用的比例。

5.4.2 相同结构的简化画法

(1) 当物体具有若干相同结构(如孔、齿、槽等),并按一定规律分布时,只需画出几个完整的结构,其余用细实线连接,或用对称中心线表示孔的中心位置,如图 5.43 所示,但在图中必须标明该结构的总数。

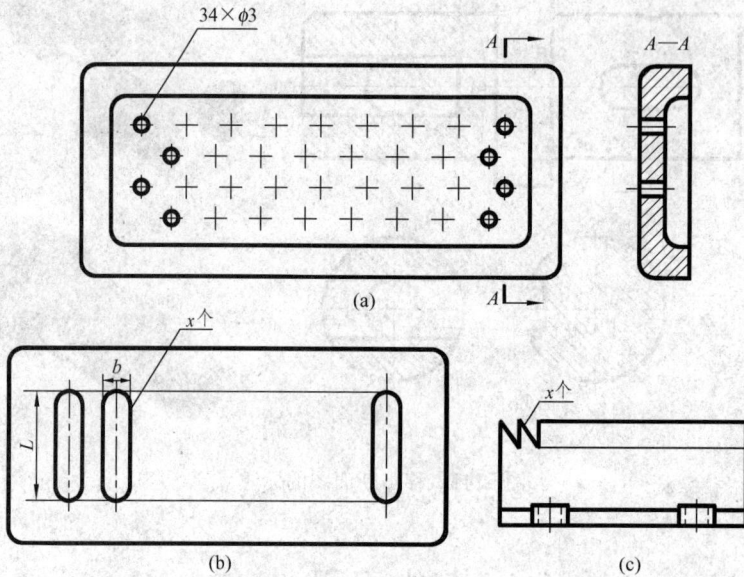

图 5.43　相同要素简化画法

（2）圆柱形法兰（又称为法兰盘或凸缘，结构或机械零件上垂直于零件轴线突出的边缘，法兰是使管子与管子相互连接的零件，连接于管端。法兰上有孔眼，螺栓使两法兰紧连，法兰间用衬垫密封。）和类似零件上的均匀分布的孔，如图 5.44 所示。

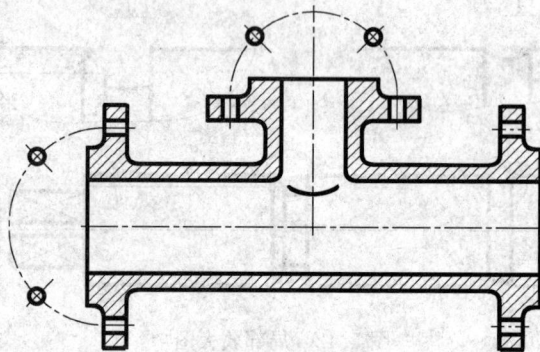

图 5.44　均布孔的简化画法

5.4.3　有关剖视的简化画法

一、肋板、轮辐等在剖视图中的画法

在物体上经常遇到肋板、轮辐及薄壁等结构，当剖切平面通过这些结构的对称面或基本轴线时，即剖切平面平行于它们的厚度方向，称为纵向剖切；当剖切平面垂直于这些结构的对称面或基本轴线时，称为横向剖切。按制图标准规定，当用剖切平面纵向剖切时，这些结构不画剖面线，而用粗实线将它与其邻接部分分开；当用剖切平面横向剖切时，则这些结构应画上剖面线，若出现不完整剖切则用粗实线将剖切部分与未剖到部分分开，如图 5.45 所示。

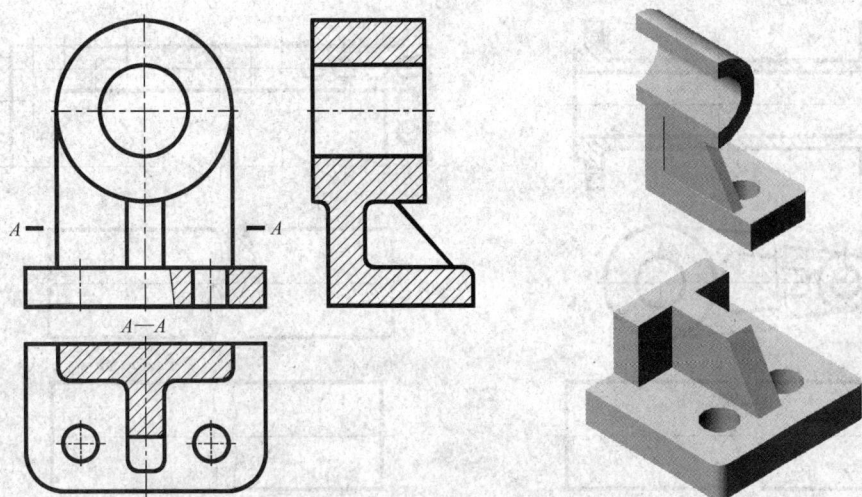

图 5.45 肋板的剖视图画法

二、回转体上均匀分布的肋板、孔、轮辐等结构的画法

在剖视图中，当零件回转体上均匀分布的肋、孔、轮辐等结构不处于剖切平面上时，可将这些结构旋转到剖切平面上画出，不需加任何标注，且对均布孔只需详细画出一个投影，其余的用点画线表示出它旋转后的位置，即只需画出轴线，如图 5.46 所示。

5.4.4 关于图形的省略

（1）在不致引起误解时，对于对称物体的视图可只画一半或四分之一，并在对称中心线的两端画出两条与其垂直的平行细实线，如图 5.47 所示。新国标将此部分归入局部视图。

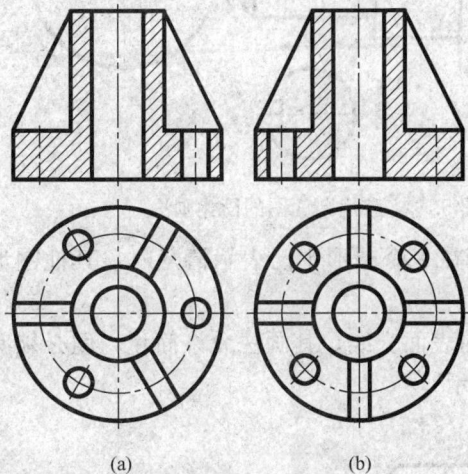

图 5.46 回转体上均布孔、肋的画法

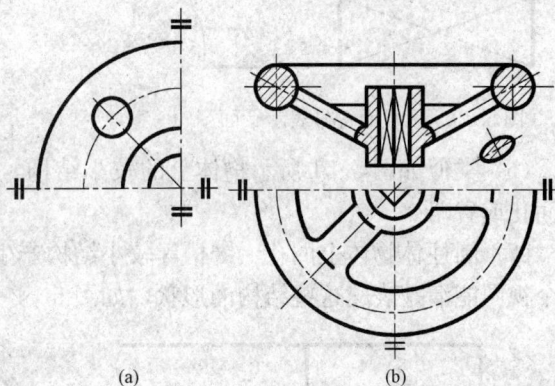

图 5.47 对称图形简化画法

（2）零件上对称结构的局部视图，可单独画出该结构的图形，如图 5.52 所示。

（3）较长的物体沿长度方向的形状一致或按一定规律变化时，可断开后缩短绘制，断裂处用波浪线表示，如图 5.48 所示。

（4）当图形不能充分表达平面时，可用平面符号（用两条细实线画出对角线）表示，如图 5.49 所示。

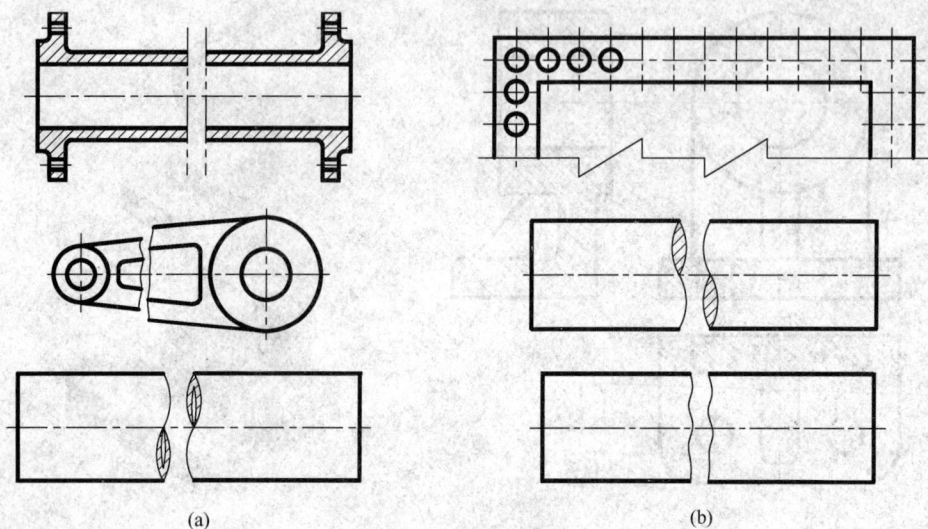

图 5.48 折断画法

（5）在不致引起误解时，移出断面图允许省略剖面符号，但剖切位置和断面图的标注必须遵照原规定，如图 5.50 所示。

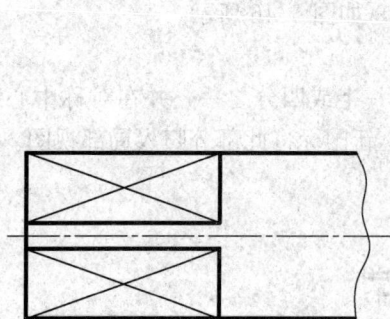

图 5.49 用平面符号表示平面图   图 5.50 移出断面图的简化画法

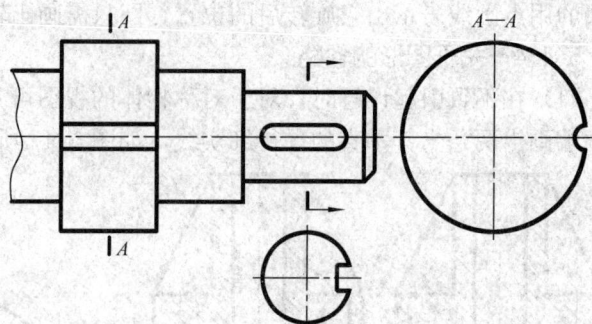

（6）类似如图 5.51 所示物体上的较小结构，如在一个图形中已表示清楚时，其他图形可简化或省略。

（7）圆柱体物体上的孔、键槽等较小结构产生的表面交线，其画法允许简化，但必须有一个视图能清楚表达这些结构的形状，如图 5.52 所示。

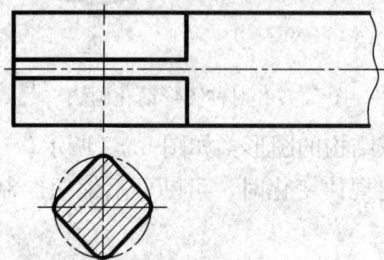

图 5.51 较小结构的简化画法   图 5.52 较小结构表面交线的简化画法

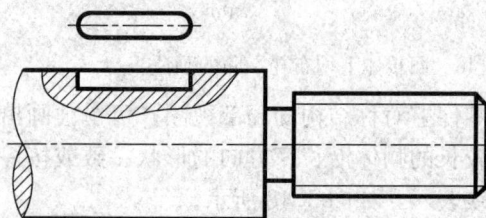

（8）与投影面倾斜角度不大于或等于 30°的圆或圆弧，其投影可以用圆或圆弧代替，如图 5.53 所示。

（9）物体上斜度不大的结构，如在一个视图中已表达清楚时，在其他视图上可按小端画出，如图 5.54 所示。

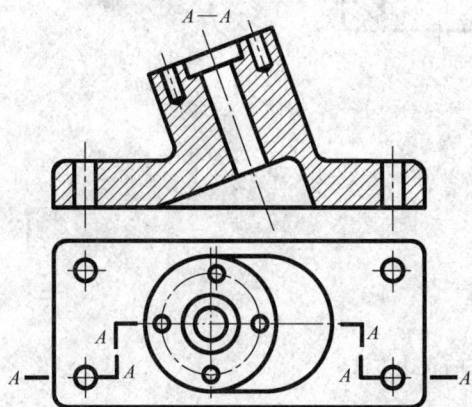

图 5.53　小倾斜角度的圆弧画法　　　　　　图 5.54　按小端简化画法

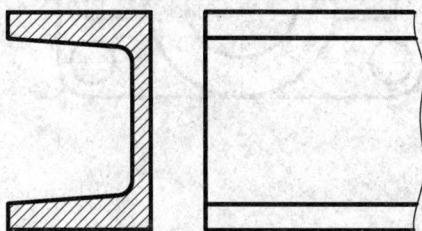

5.5　综　合　举　例

选择机件的表达方法时，也要考虑画图原则：在能够表达清楚零件或机器形状及技术要求等的前提下，图及标注越少越简单明了则越好。这也是符合市场经济下"利润＝价格－成本"的规则，因为设计绘图也是产品的成本。

【例 5.1】　根据如图 5.55 所示的支承座零件，选择合适的表达方法，并绘制视图。

（1）支承座的形体分析。

该零件由底板、肋板、空心圆柱组成。底板上有四个前后、左右对称的圆孔；肋板左右对称；空心圆柱前有方孔，后有圆孔。

（2）选择主视图。

通常选用最能反映零件特征的方向作为主视图的投射方向，如图 5.55 所示。由于左右结构对称主视图采用半剖，考虑到底板上的四个圆柱孔的高度没有剖到，而其他视图又不好表达，所以增加一个局部剖来表达。

图 5.55　支承座

（3）确定其他视图。

左视图全剖，俯视图不剖。

整个零件的表达视图如图 5.56（a）所示。

【例 5.2】　选用适当的表达方法表达如图 5.57 所示的支架零件，并绘制视图。

（1）支架的形体分析。

该零件由圆柱筒、底板和肋板组成。底板上有四个前后、左右对称的圆孔，与肋板倾斜相交；肋板为相互垂直的两块组合；圆柱筒左右内孔倒角。

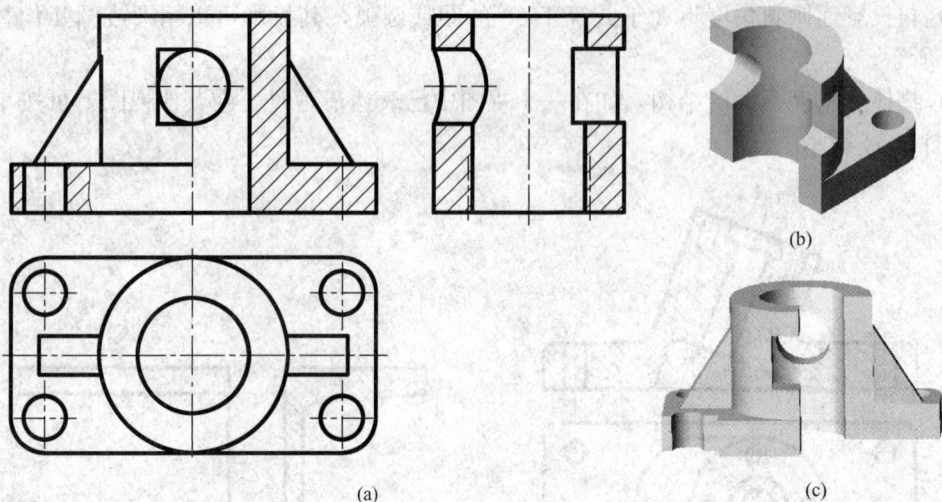

图 5.56　支承座的表达方法

（2）选择主视图。

放置位置：按支架安装位置，将支架上主要的结构圆柱筒的轴线水平放置。主视图的投射方向按图 5.57 所示的箭头方向。

主视图采用局部剖视，既表达圆柱筒和倾斜底板上的孔的内部结构，又反映肋板与圆柱筒、底板的连接关系和相互位置，如图 5.57 所示。

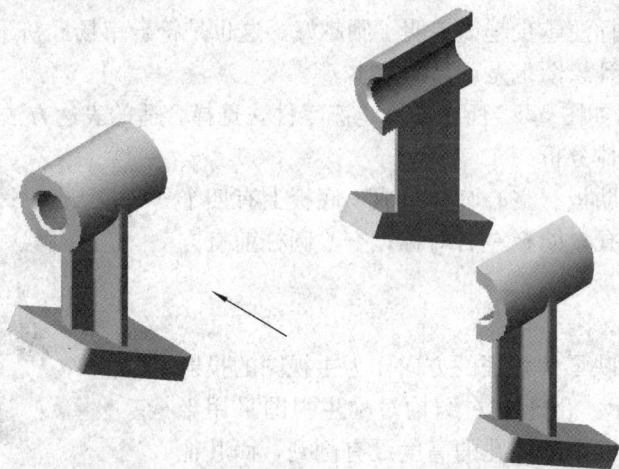

图 5.57　支架

（3）确定其他视图。

采用局部视图，表达圆柱体与肋板前后方向的连接关系。

采用 A 斜视图，表达倾斜底板的实形及其通孔的分布情况。

采用移出断面图，表达十字肋板的断面实形，如图 5.58 所示。

采用上述表达方法表达的物体，既比较完善，又比较清晰，同时绘图比较简单，且看图方便。

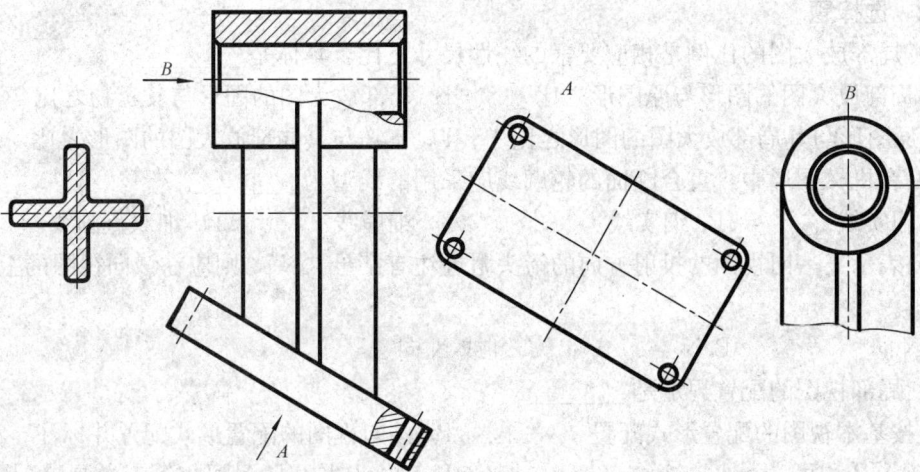

图 5.58 支架的表达方法

练 习 题

5.1 填空题

（1）现行的国家标准中规定，视图通常有基本视图、_____、_____和_____四种。

（2）向视图是可以_____的视图。当指明投射方向的箭头附近注有字母 A 时，则在相应的向视图上方应标注_____。

（3）根据物体的结构特点，可选择以下三种剖切面剖切物体：_____面；几个平行的剖切平面；_____面（其交线垂直于某一投影面）。

（4）在同一图号的图形中，同一金属零件的剖视图、断面图的剖面线，应画成间隔相等、方向相同而且最好与_____线或剖面区域的_____线成45°角。

（5）用剖切面完全地剖开物体所得的剖视图称为_____图。它适用于_____比较复杂、_____比较简单的零件。

（6）当物体具有对称平面时，向垂直于对称平面的投影面上投影所得的图形，可以以_____线为界，一半画成_____，另一半画成视图，这样的图形称为_____图。

（7）剖切面局部地剖开物体所得的剖视图称为_____图。它可用_____线或_____线分界，但分界线不应和图形上其他图线重合。

（8）工程图形中剖视图和断面图标注的三要素是：用_____指示剖切面的位置，此线可省略不画；用_____指示剖切面起、止和转折位置（用粗短画）及_____（用箭头）；用_____表示被剖图形的名称。

（9）画移出断面时，当剖切面通过回转面形成的孔或凹坑的轴线时，这些结构按_____绘制；当剖切面通过非圆孔，会导致出现完全分离的剖面区域时，则这些结构按_____绘制。

（10）移出断面图的轮廓线用_____绘制。重合断面图的轮廓断面则用_____绘制。

5.2 选择题

（1）局部放大图的比例是相应要素的线性尺寸之比，具体是_____。

A. 局部放大图的图形与原图形之比　　　B. 局部放大图的图形与其实物之比

C. 原图形与其局部放大图的图形之比　　D. 实物与其局部放大图的图形之比

（2）在机械图形中，重合断面的轮廓线应采用的线型为_____。

A. 粗实线　　　B. 细实线　　　C. 细虚线　　　D. 细双点画线

（3）表示某一向视图的投射方向的箭头附近注有字母"N"，则应在该向视图的上方标注_____。

A. N 向　　　B. N　　　C. N 或 N 向

（4）局部视图的配置规定是_____。

A. 按基本视图的配置形式配置　　　　　B. 按向视图的配置形式配置并标注

C. A、B 均可　　　　　　　　　　　　D. A、B 均可，且可按第三角画法配置

（5）画半剖视图时，视图与剖视的分界线应是_____。

A. 粗实线　　　B. 细实线　　　C. 细点画线　　　D. 细双点画线

（6）一组视图中，当一个视图画成剖视图后，其他视图的正确画法是_____。

A. 剖去的部分不需画出

B. 也要画成剖视图，但应保留被剖切的部分

C. 完整性不受影响，是否取剖应视需要而定

（7）画移出断面图时，剖切面通过非圆孔会出现完全分离的剖面区域时，则_____。

A. 这些结构应按剖视要求绘制

B. 不能再画成断面图，应完全按剖视绘制

C. 仅画出该剖切面与物体接触部分的图形

（8）对物体的肋、轮辐及薄壁等，如按纵向剖切，这些结构都不画剖面符号，而用一种图线将它与其相邻部分分开，这种图线是_____。

A. 粗实线　　　B. 细实线　　　C. 细点画线　　　D. 细虚线

（9）当零件回转体上均匀分布的肋、轮辐、孔等结构不处于剖切平面上时，则可将这些结构_____。

A. 不剖绘制　　　　　　　　　　B. 剖切位置剖到多少画多少

C. 转到剖切平面上画出　　　　　D. 省略不画

（10）当回转体零件上的平面在图中不能充分表达时，可用一种符号表示这些平面，这种符号的画法是_____。

A. 两条平行的细实线　　　　　　B. 两条相交的细实线

C. 两条相交细点画线　　　　　　D. 两条相交粗实线

5.3 判断题（正确的画"√"，错误的画"×"）

（1）视图和剖视图的分界线用波浪线，也可用双折线，半剖视图则应用细点画线为分界线。（　　）

（2）剖视图可分为全剖视图、半剖视图和局部剖视图三种。（　　）

（3）局部剖视图的断裂边界只能用波浪线分界，不能用其他图线表示。（　　）

（4）基本视图的配置规定同样适用于剖视图。剖视图也可按投影关系配置在与剖切符号

相对应的位置，必要时，允许配置在其他适当的位置。 （　　）

（5）画移出断面时，当断面图形是对称的，可以画在视图的中断处，而不必标注。

（　　）

（6）由两个或多个相交的剖切面剖切得出的移出断面，中间一般应断开。 （　　）

（7）局部放大图上方标注的比例是局部放大的图形与其原图形相应要素的线性尺寸之比。 （　　）

（8）凡是较长的物体（轴、杆、型材、连杆等），沿长度方向的形状一致或按一定规律变化时可断开后缩短绘制，并仍按设计要求的尺寸进行标注。 （　　）

（9）向视图是基本视图的另一种表达方式，是移位但不旋转配置的基本视图。 （　　）

（10）当局部视图按基本视图的配置形式配置，且无其他视图隔开时，则不必标注。

（　　）

5.4　尺规绘图题

（1）目的、内容和要求。

1）目的：根据所给机件的视图，按要求改画成剖视图、断面图和其他视图，并标注尺寸。

2）内容：如图 5.59 所示，在给定三个小题中任意选择其中的一个，根据所给的视图，选择适当的表达方法重新表达机件，并标注尺寸。

3）要求：根据给定的两个视图，按要求完成 A4 图；标注尺寸完整、清晰，并符合国家标准；两周内完成。

（2）图名、图幅、比例和图样代号。

1）图名：机件的综合表达。

2）图幅：A4 图纸，其中图幅尺寸 297×210，图框线尺寸（留装订边，水平横放）267×200。

3）比例：1∶1。

4）图样代号：02·01，或 02·02，或 02·03。

（3）绘图步骤及注意事项。

1）对所给视图进行形体分析，在此基础上选择表达方案。

2）根据规定的图幅和比例，合理布置的位置。

3）逐步画出各视图，画图时按需将视图改画成适当的剖视图（如有需要，则还应画出断面图和其他视图），并调整各部分尺寸，完成底稿。

4）仔细校核后用铅笔加深。

5）图面质量与标题栏填写的要求同第一次制图作业。

（4）建议采用表达方案。

如图 5.59（a）、（b）所示，可抄画俯视图（去掉虚线），将主视图半剖，并作局部剖视，左视图全剖。如图 5.59（c）所示，可抄画俯视图（去掉虚线），将主视图局部剖视，左视图全剖。

(a)

(b)

(c)

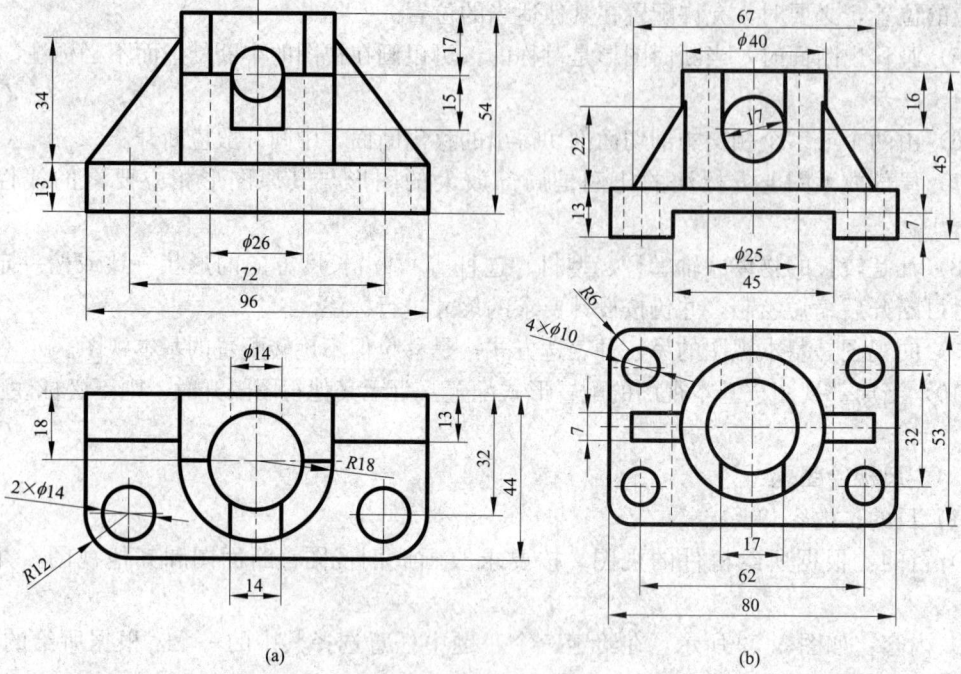

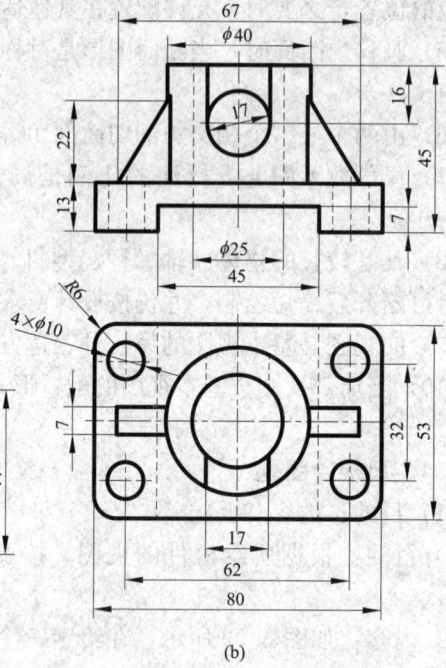

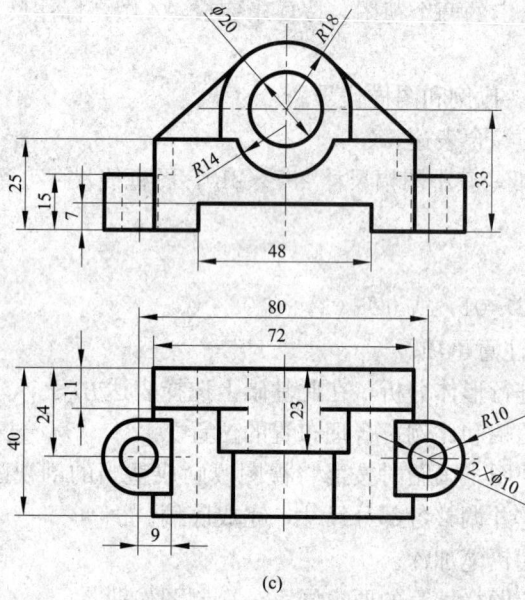

图 5.59　尺规绘图题

6 机 械 图

一、基本要求

(1) 熟悉零件图与装配图的内容。

(2) 掌握零件图的视图选择原则，并应具有选择视图表达方案的初步能力。

(3) 掌握表面粗糙度的代号与标注、极限与配合。

(4) 掌握装配图的表达方法。

(5) 了解装配图的标注。

(6) 熟悉装配结构的合理性。

二、重点和难点

零件图与装配图的作用和内容，零件图的主视图选择原则，极限与配合、表面粗糙度的代号与标注，装配图的表达方法，装配结构的合理性。其中极限与配合、表面粗糙度的代号与标注，装配图的表达方法是难点。

6.1 概　　述

在机械工业生产中，机械是机器和机构的总称。机构是机器的运动部分，由许多构件组成，而且具有确定的相对运动。机器是执行机械运动的装置，用以变换或传递能量、物料和信息。

机械图就是机械产品在设计、制造、检验、安装、调试等过程中使用的，用以反映机械产品形状、结构、尺寸、技术要求等内容的机械工程技术图形。机械图可分为装配图和零件工作图（简称零件图）。

装配图是表示产品及其组成部分的连接、装配关系及技术要求等的图形。它是机械工程中的重要技术文件，也是设计、安装、维修机器或进行技术交流的一项重要的技术资料。在进行一部机器或部件的设计过程中，一般都是先画出部件或机器的装配图，在根据装配图设计绘制出零件图。在生产过程中，先按零件图加工零件，再根据装配图装配零件或部件。

零件图则是反映该零件的形状、结构、尺寸、材料以及制造、检验时所需要的技术要求等的重要图形，用以指导该零件的加工、检验。

6.2 零 件 图

6.2.1 零件的分类

(1) 标准件：结构、尺寸、材料等都标准化的零件。如螺纹紧固件、键、销、轴承等。国家标准对标准件有规定的画法，如图 6.1 (a) 所示的外螺纹的规定画法；如图 6.1 (b) 所示的内螺纹的规定画法。标准件在装配图上按规定的画法表示，不单独画零件图。

(a)   (b)

图 6.1   螺纹的规定画法

（2）专用件：根据机器或部件需要而设计的零件。每个不同的专用件都需要画出对应的零件图。

（3）部分参数标准化的零件：如齿轮、弹簧等。国家标准对已经标准化的参数（例如齿轮的轮齿等）规定按规定画法表示，如图 6.2 所示的单个齿轮的规定画法（2 个左视图中，一个为视图的规定画法，一个为剖视的规定画法）。该类零件通常需采用规定画法绘制其零件图。

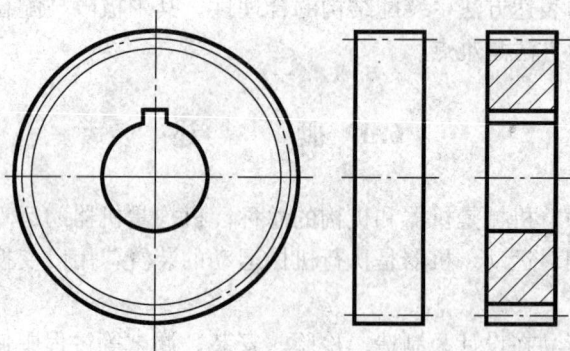

图 6.2   单个齿轮的规定画法

6.2.2   零件图的内容

一张完整的零件图如图 6.3 所示，一般应包括以下四个方面的内容。

（1）图形——完整、正确、清晰地表达出零件各部分的结构、形状的一组图形，如视图、剖视图、断面图等。

（2）尺寸——确定零件各部分结构、形状大小及相对位置的全部尺寸，如定形尺寸和定位尺寸。

（3）技术要求——用规定符号、文字标注或说明表示零件在制造、检验、装配、调试等过程中应达到的要求，如表面粗糙度、尺寸公差等。

（4）标题栏——在标题栏中一般应填写零件的名称、材料、比例、数量、图号等，并由设计、制图、审核等人员签上姓名和日期。

6.2.3   零件的视图选择

在零件的视图表达中，应综合应用前面所学的视图、剖视图、断面图等表达方法，进行完整、确切地表达零件内外的结构形状。以便于绘图和读图为原则，选择适当的表达方法和确定视图数量，确定最佳的表达方案。

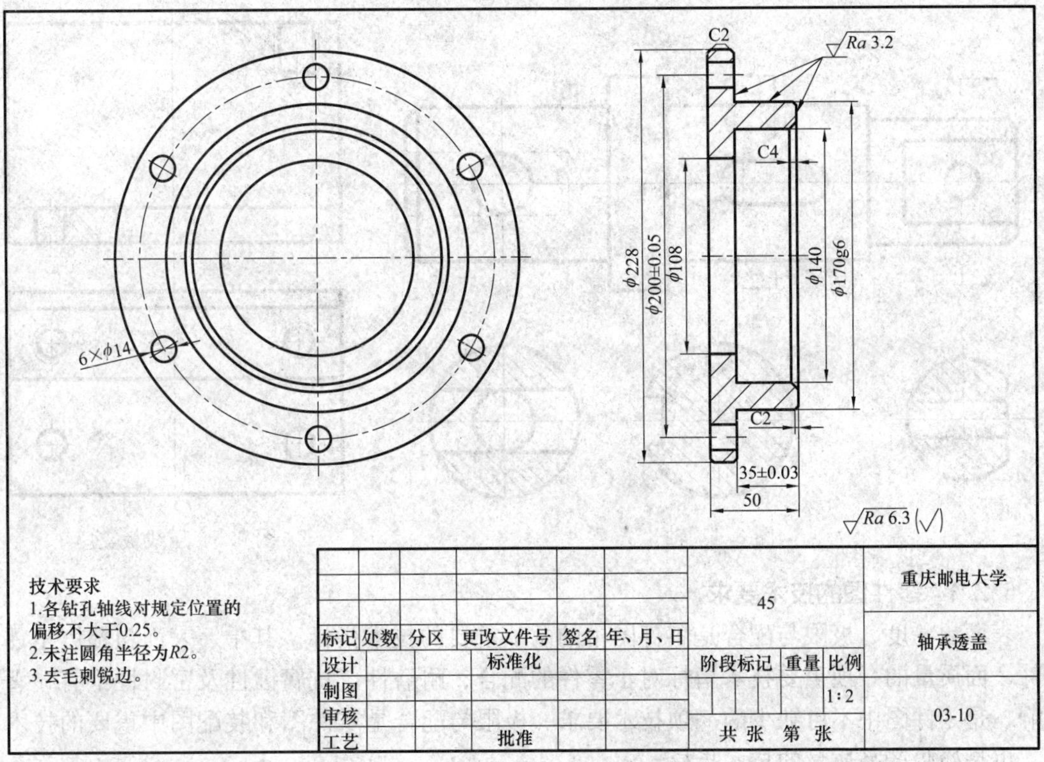

图 6.3　轴承透盖的零件图

在选择零件的视图时，最主要的是选择主视图，选择主视图应按以下原则。

一、加工位置原则

对于主要结构为回转体的轴套类零件，或结构形状简单的盘盖类零件，其加工方法基本以车、磨为主，一般加工时将零件轴线水平夹持。所以这类零件不管其在机器中的工作位置如何，主视图选择应按加工位置原则，使其轴线水平放置，以方便加工和测量，如图 6.3 和图 6.4 所示。

二、工作位置原则

对于结构形状较复杂的箱体类或框架类零件，在机器中起着主体作用，有较大的安装面且加工工序繁多。选择主视图时，应主要以零件的工作位置放置，使安装基准面在下。这样既便于结合实际工作中零件的位置测量与读图，又便于从装配图中拆画零件图，如图 6.5 所示。

三、结构特征原则

对结构形状较复杂，工作及加工位置不定的支架类零件（如轴承座等）或框架类零件，将最能反映零件形状特征，及反映零件各基本体之间相互位置最清楚的视图作为主视图。

主视图选择完成后，根据主视图对零件表达的程度，按正确、完整、清晰、简洁的原则，选择其他视图（也包括剖视、断面等）。一般情况下可优先选用左视图和俯视图，再根据需要选择别的视图。视图的配置首先应考虑读图方便，还应考虑画图方便及图幅的合理使用。

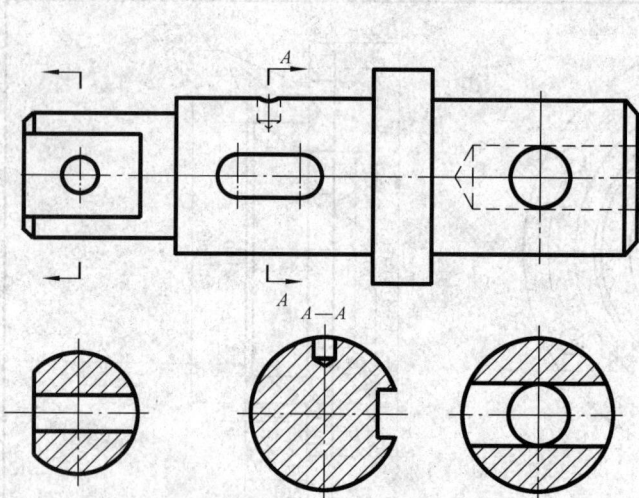

图 6.4　轴

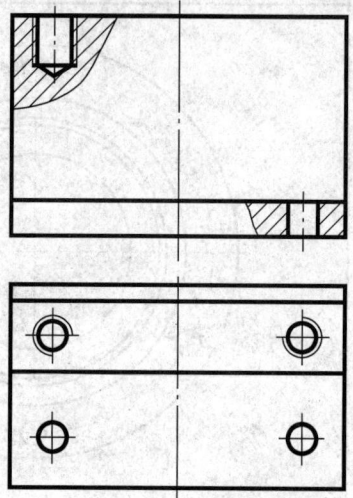

图 6.5　压线板支座

6.2.4　零件图的技术要求

表面粗糙度、极限与配合是零件图中的两项重要的技术指标。其中，表面粗糙度是评定零件表面质量的一项重要技术指标对于零件的配合、耐磨性、抗腐蚀性及密封性都有显著的影响，是零件图中不可缺少的一项技术要求。极限与配合是零件图和装配图中重要的技术要求，也是检验产品质量的技术指标。

一、表面粗糙度

（一）表面粗糙度的概念

表面粗糙度是指零件加工表面上所具有的较小间距和峰谷所组成的微观几何形状特性。

（1）算术平均偏差 Ra 表面粗糙度在零件图上一般按轮廓算术平均偏差 Ra 值来评定表面粗糙度，Ra 值是在取样长度 l 内，轮廓偏距 Y 的绝对值的算术平均值，如图 6.6 所示。

（2）轮廓的最大高度 Rz 指在一个取样长度内，最大轮廓峰高与最大轮廓谷深之和的高度，如图 6.6 所示。

（二）表面粗糙度的符号

表面粗糙度的符号，也称为代号，其基本符号如图 6.7 所示，单独使用没有任何意义。在零件图上，表示表面粗糙度的常用符号及意义，见表 6.1。通常各种符号的长边上加以横线，以便注写对表面粗糙度的各种要求，如图 6.8 所示。

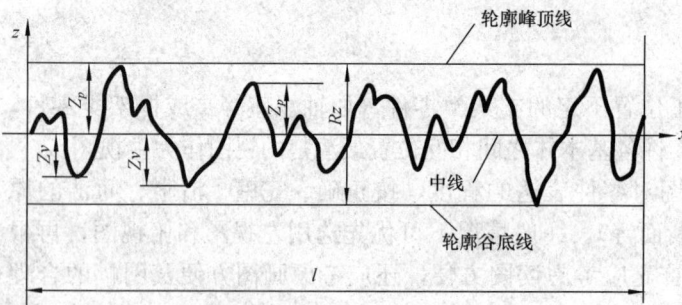

图 6.6　轮廓算术平均偏差 Ra

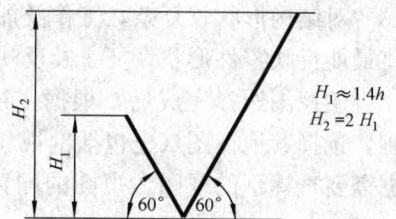

$H_1 \approx 1.4h$
$H_2 = 2H_1$

图 6.7　表面粗糙度的基本符号
h—字高

表6.1 表面粗糙度的常用符号

符 号	意义及说明
√	用任何方法获得的表面（单独使用无意义）
√	用去除材料的方法获得的表面
√	用不去除材料的方法获得的表面

（三）表面粗糙度的标注

1. 表面粗糙度在图样中的标注

（1）表面粗糙度对每一表面只注一次粗糙度符号，并尽可能注在相应的尺寸及其公差的同一视图上。除非特别说明，所标注的表面粗糙度是对完工零件表面的要求。

图6.8 表面粗糙度的完整图形符号

（2）表面粗糙度的注写和读取方向与尺寸的注写和读取方向一致。表面粗糙度符号可注在轮廓线上，其符号的尖端应从材料外指向并接触表面，如图6.9所示。必要时可用带箭头或黑点的指引线引出标注，如图6.9和图6.10所示。

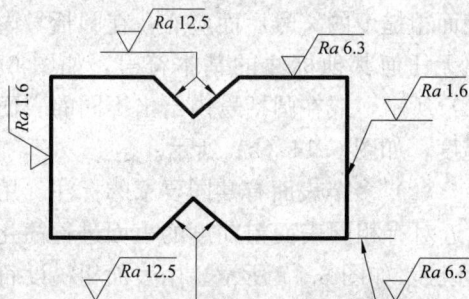

图6.9 表面粗糙度在轮廓上的标注

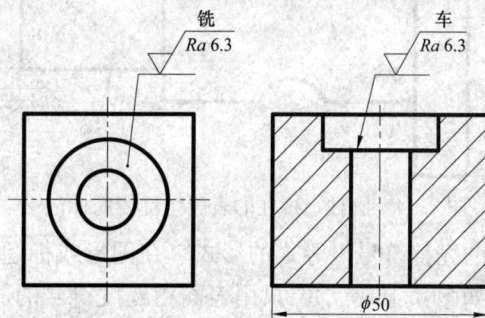

图6.10 用指引线引出标注表面粗糙度

（3）在不致引起误解时，表面粗糙度可以标注在给定的尺寸线上，如图6.11所示。

（4）表面粗糙度可标注在几何公差框格的上方，如图6.12所示。

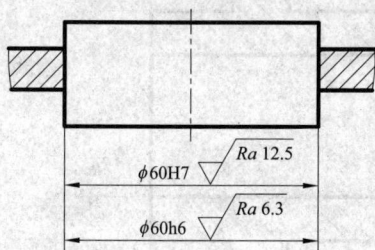

图6.11 表面粗糙度标注在尺寸线上

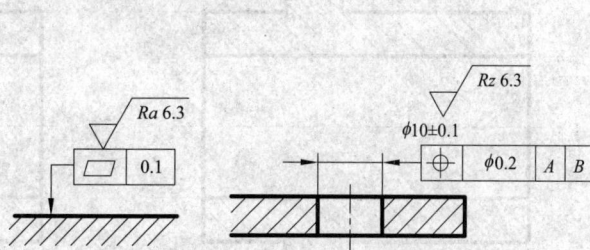

图6.12 表面粗糙度标注在几何公差框格的上方

（5）圆柱与棱柱的表面粗糙度只标注一次。圆柱的表面粗糙度标注在圆柱特征或其轮廓线上，如图6.13所示。如果每个表面有不同的表面粗糙度，则应分别单独标注，如图6.14所示。

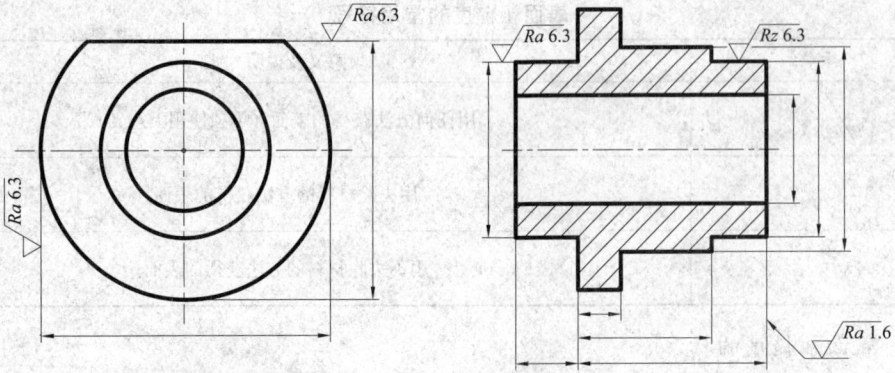

图 6.13　表面粗糙度标注在圆柱特征或其延长线上

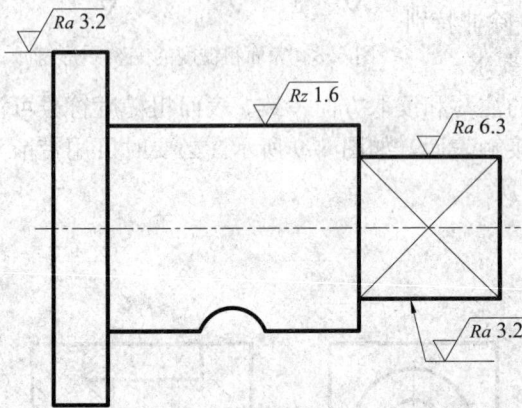

图 6.14　圆柱、棱柱的表面粗糙度的标注

2. 表面粗糙度在图样中的简化注法

（1）有相同表面粗糙度的简化注法。如图 6.15 所示，如果在工件的多数（包括全部）表面有相同的表面粗糙度时，则其表面粗糙度可统一标注在图样的标题栏附近（不同的表面要求应直接标注在图形中）。此时，表面粗糙度的符号后面应有：在圆括号内给出无任何其他标注的基本符号，如图 6.14（a）所示，或在圆括号内给出不同的表面粗糙度，如图 6.14（b）所示。

（2）多个表面有共同要求的标注。用带字母的完整符号以等式的形式，在图形或标题栏附近对有相同表面粗糙度的表面进行简化标注，如图 6.16 所示。只用表面粗糙度符号的简化注法，如图 6.17 所示。用表面粗糙度符号以等式的形式给出多个表面共同的表面粗糙度。图中的这三个简化注法，分别表示未指定工艺方法、要求去除材料、不允许去除材料的表面粗糙度符号。

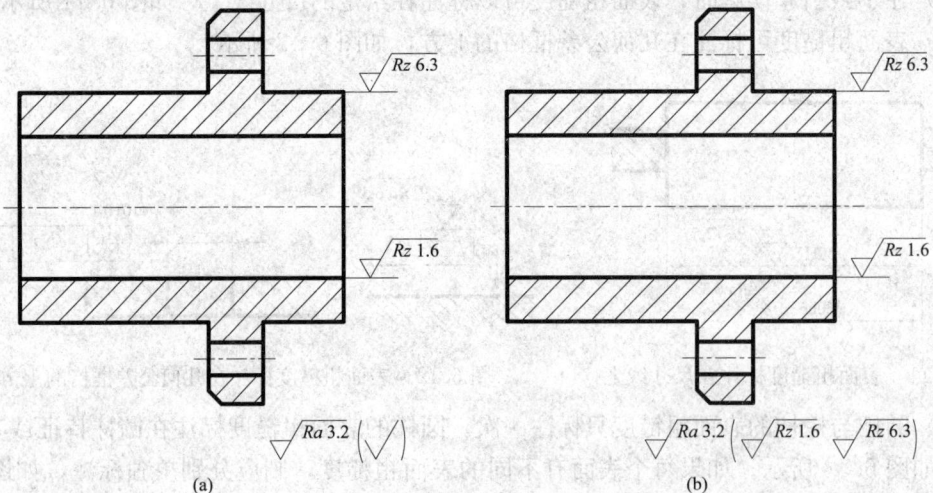

(a)

(b)

图 6.15　大多数表面有相同表面粗糙度的简化注法

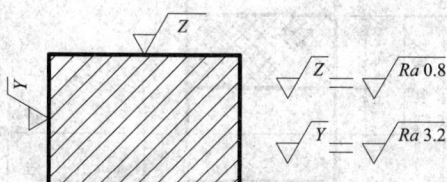

图 6.16　在图纸空间有限时的简化注法

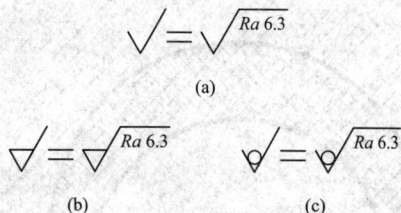

图 6.17　只用表面粗糙度符号的简化注法

二、极限与配合

（一）基本术语

（1）零件的互换性与极限制。

互换性是指同一批零件，不经挑选和辅助加工，任取一个就可顺利地装到机器上去，并满足机器的性能要求。

显然，零件的互换性是机械产品批量化生产的需要，为了满足零件的互换性，就必须制定相应的制度，国家标准将经标准化的公差与偏差制度称为极限制。

（2）孔和轴。

1）孔是指工件的圆柱形内表面，也包括非圆柱形内表面（由两平行平面或切面形成的包容面），孔的直径尺寸用 D 表示，如图 6.18（a）所示。

2）轴是指工件的圆柱形外表面，也包括非圆柱形外表面（由两平行平面或切面形成的被包容面）。轴的直径尺寸用 d 表示，如图 6.18（b）所示。

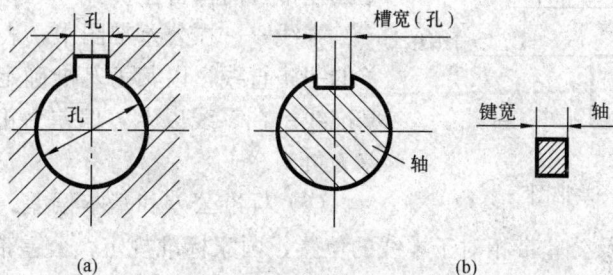

图 6.18　孔和轴

（3）尺寸。

1）基本尺寸——由设计确定的尺寸。

2）极限尺寸——允许实际尺寸变化的两个界限值，分为上极限尺寸和下极限尺寸。

3）实际尺寸——通过测量所得的尺寸。由于存在测量误差，实际尺寸并非是被测尺寸的真值。

（4）尺寸偏差。

1）尺寸偏差（简称偏差）——某一尺寸减其基本尺寸所得的代数差，偏差可以为正、负或零，如图 6.19 所示。

2）极限偏差——极限尺寸减去其基本尺寸所得的代数差。

上偏差——上极限尺寸减其基本尺寸所得的代数差，孔用 ES 表示，轴用 es 表示。

下偏差——下极限尺寸减其基本尺寸所得的代数差，孔用 EI 表示，轴用 ei 表示。

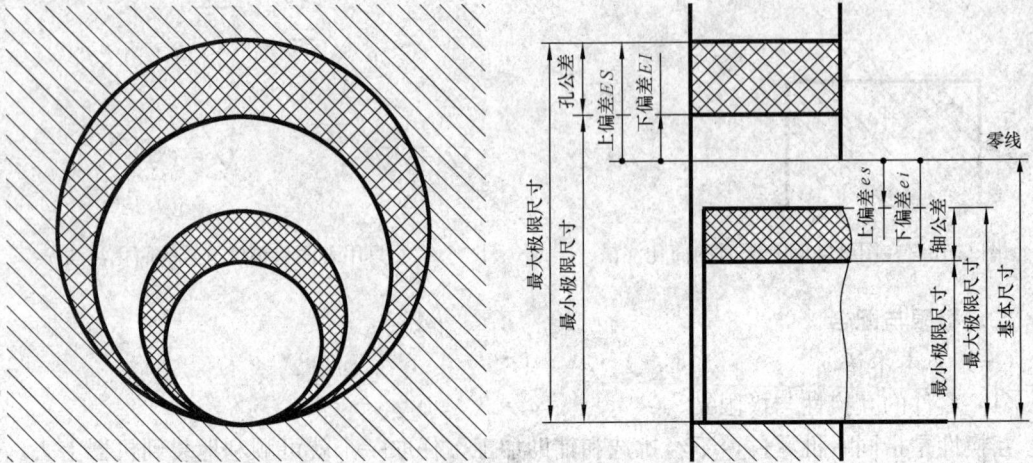

图 6.19　尺寸公差示意图

（5）尺寸公差。

1）尺寸公差——允许尺寸的变动量。

公差是用以限制误差的，工件的误差在公差范围内即为合格；反之则不合格。尺寸公差等于上极限尺寸与下极限尺寸的代数差的绝对值。也等于上偏差与下偏差的代数差的绝对值。

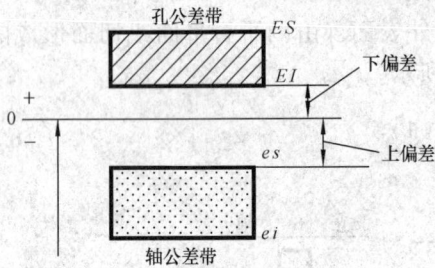

图 6.20　公差带图

2）公差带——如图 6.20 所示，由代表上、下偏差极限值的两条直线所确定的一个区域，称为尺寸公差带，简称公差带。

零线——在公差带图中，表示基本尺寸或零偏差的一条直线，以其为基准确定偏差和公差的一条基准线。在零线以上，偏差为正；在零线以下，偏差为负。

（6）标准公差和基本偏差。公差带图可以直观地表示出公差的大小及公差带相对于零线的位置，国家标准规定，公差带大小由标准公差确定，公差带的位置由基本偏差确定。

1）标准公差。在公差标准中所列的用以确定公差带大小的任一公差。标准公差是由基本尺寸和公差等级所决定的。

公差等级是用以确定尺寸精度的等级。国家规定了 20 个等级，即 IT01、IT0、IT1～IT18。IT 表示标准公差，数字表示公差等级。IT01 精度最高，以下逐级降低。

2）基本偏差。用于确定公差带相对于零线位置的上偏差或下偏差，一般指靠近零线的那个偏差。当公差带在零线的上方时，基本偏差为下偏差；反之，则为上偏差。

（7）配合。

1）配合——基本尺寸相同的，相互结合的孔和轴公差带之间的关系。

2）间隙或过盈——在轴与孔的配合中，孔的尺寸减去轴的尺寸所得的代数差，当差值为正时称为间隙，用 X 表示；当差值为负时称为过盈，用 Y 表示。

标准规定：配合分为间隙配合、过盈配合和过渡配合。

3）间隙配合——具有间隙（包括最小间隙等于零）的配合，如图 6.21 所示的为间隙配合。

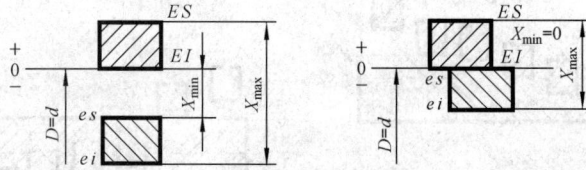

图 6.21　间隙配合

4）过盈配合——具有过盈（包括最小过盈等于零）的配合，如图 6.22 所示的为过盈配合。

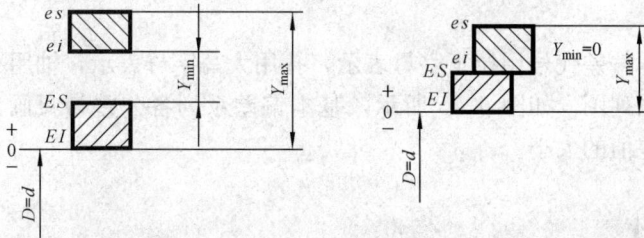

图 6.22　过盈配合

5）过渡配合——可能具有间隙或过盈的配合，此时孔的公差带与轴的公差带相互交叠，它是介于间隙配合与过盈配合之间的一种配合，如图 6.23 所示的为过渡配合。

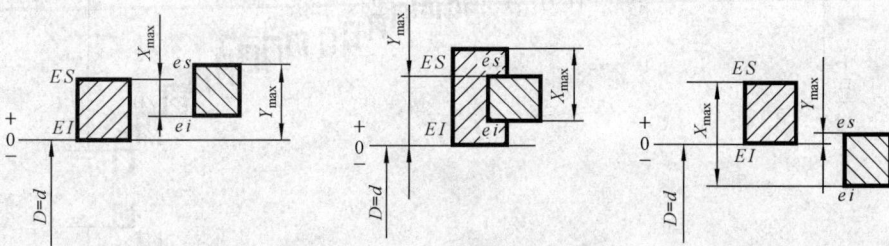

图 6.23　过渡配合

（8）配合公差——组成配合的轴、孔公差带之和，是允许间隙或过盈的变动量。

（二）基准制

（1）基孔制。基本偏差为一定的孔的公差带，与不同基本偏差的轴的公差带形成各种配合的一种制度，如图 6.24（a）所示。基孔制的孔的偏差代号为 H，其下偏差为 0。

（2）基轴制。基本偏差为一定的轴的公差带，与不同基本偏差的孔的公差带形成各种配合的一种制度，如图 6.24（b）所示。基轴制的轴的偏差代号为 h，其上偏差为 0。

（三）基本偏差系列

为了满足机器中各种不同性质和不同松紧程度的配合需要，国家标准对孔和轴分别规定了 28 个公差带位置，分别由 28 个基本偏差来确定。

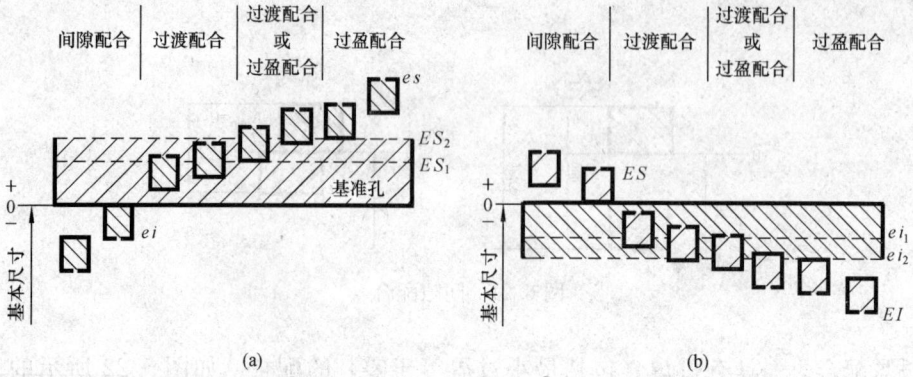

图 6.24　基准制

(a) 基孔制；(b) 基轴制

（1）代号。基本偏差代号用拉丁字母表示，孔用大写字母表示，轴用小写字母表示。

（2）基本偏差系列图。如图 6.25 所示，基本偏差系列各公差带只画出一端，另一端未画出，它取决于公差值的大小。

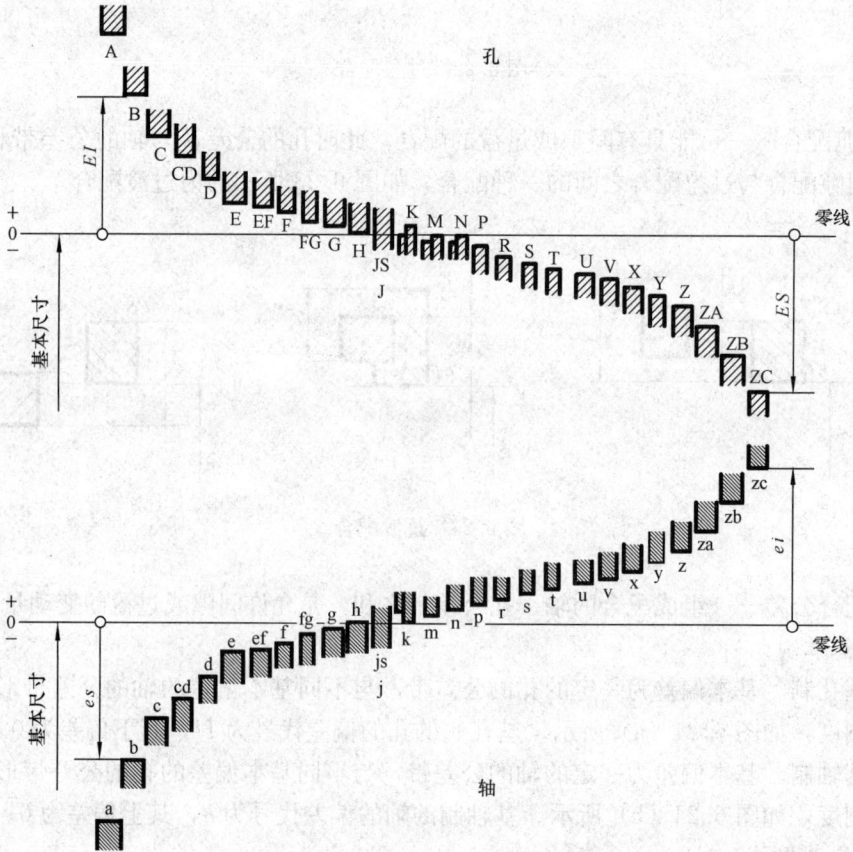

图 6.25　基本偏差系列

（3）公差带代号与配合代号。

1）孔、轴的公差带代号由基本偏差代号和公差等级数字组成，例如 H7、F6、h6、g5 等。

2）配合代号写成分数形式，分子为孔的公差带代号，分母为轴的公差带代号，如 H7/g6 或 $\dfrac{H7}{g6}$。

3）采用基孔制时，分子为基准孔代号 H 及公差等级；采用基轴制时，分母为基准轴代号 h 及公差等级。

（4）尺寸公差与配合在图形上的标注。

在零件图上，尺寸公差的两种标注形式，如图 6.26 所示。

在装配图上，主要标注配合代号，即标注孔、轴的基本偏差代号及公差等级，如图 6.27 所示。

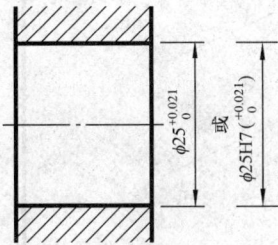

图 6.26　尺寸公差在零件图上的标注　　　图 6.27　配合代号在装配图上的标注

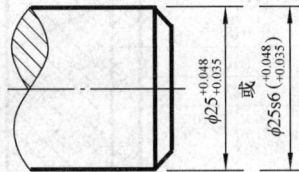

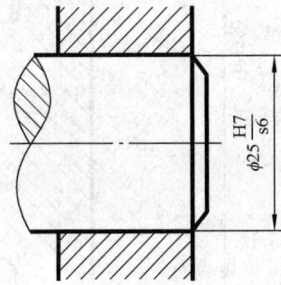

6.3 装 配 图

6.3.1 装配图的内容

装配图是表达机器或部件的图形，主要反映机器或部件的工作原理、装配关系、结构形状和技术要求，用以指导机器或部件的装配、检验、调试、安装、维护等。

因此，装配图是机器设计、制造、使用、维修以及进行技术交流的重要技术文件。

如图 6.28 所示，一张完整的装配图一般应具有以下内容。

（一）一组图形

表达机器或部件的工作原理、各零件间的装配关系和零件的主要结构形状等。

（二）必要的尺寸

主要包括与机器或部件有关的规格尺寸、装配尺寸、安装尺寸、外形尺寸及其他重要尺寸。

（三）技术要求

用文字或符号说明与机器或部件有关的性能、装配、检验、安装、调试和使用等方面的特殊要求。

（四）零件序号、明细栏

是装配图与零件图的重要区别，用以说明零件的序号、代号、名称、数量、材料内容等。

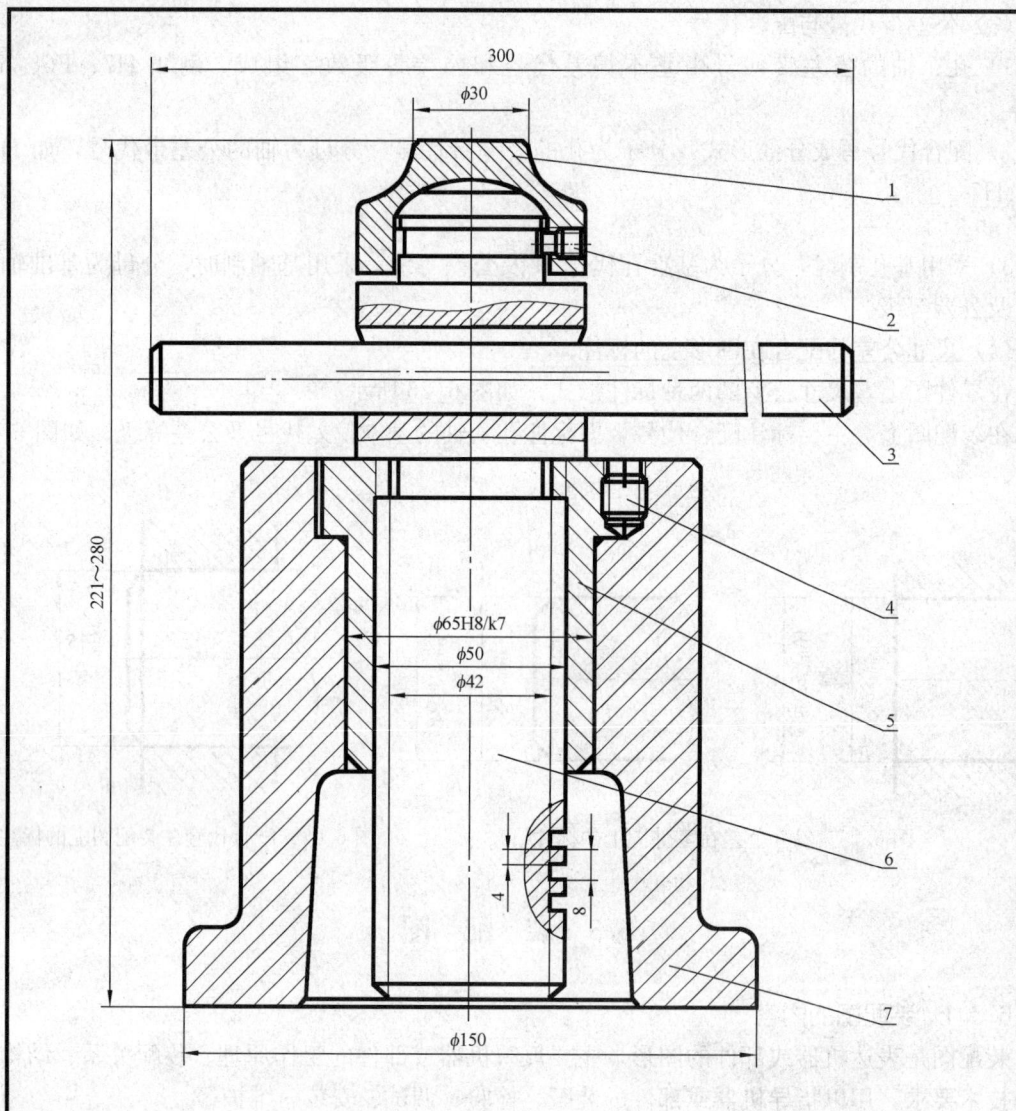

技术要求

1. 装配完成后，要求
转动灵活。
2. 顶垫能小角度转动。

序号	代号	名称	数量	材料	备注
7		底座	1	HT200	
6		螺杆	1	45	
5		螺套	1	ZCuA110Fe3	
4	GB/T 73	螺钉 M10×12	1		
3		绞杆	1	35	
2	GB/T 75	螺钉 M8×12	1		
1		顶垫	1	HT200	

设计			重庆邮电大学		
校核					
审核		比例	1:1	千斤顶	
班级	学号	共6张 第1张		06.01	

图 6.28 千斤顶装配图

（五）标题栏

填写部件或机器的名称、图号、绘图比例、设计单位等，由设计、制图、审核者签上姓名和日期，以表明各自的相关责任。

6.3.2 装配图的表达方法

绘制零件图所采用的视图、剖视图、断面图等表达方法，在绘制装配图时，仍可使用。而装配图主要是表达各零件之间的装配关系、连接方法、相对位置、运动情况和零件的主要结构形状。所以，在绘制装配图时，还需采用一些规定画法和特殊表达方法。

一、规定画法

（1）相邻零件的接触表面和配合表面只画一条线；不接触表面和非配合表面画两条线。若间隙很小时，可夸大表示，如图 6.29 所示。

（2）两相邻零件剖面线方向相反，或方向相同，间隔不等，但同一零件在各视图上剖面线方向和间隔必须一致，如图 6.30 所示。

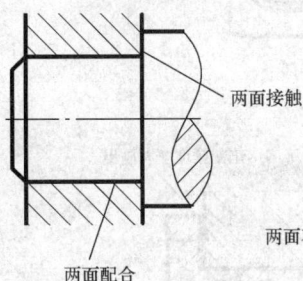

图 6.29 相邻两表面画法   图 6.30 相邻零件的剖面线画法

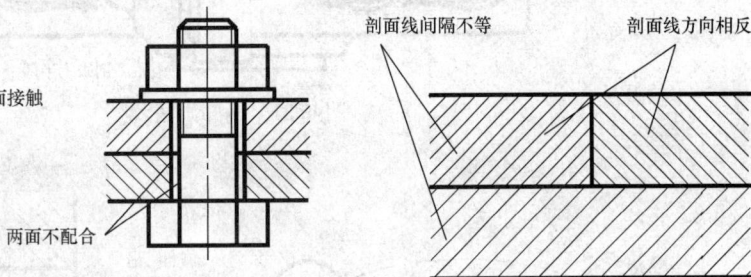

（3）当剖切面通过标准件和实心件的轴线时，标准件和实心件按不剖绘制，如图 6.29 所示的螺栓和轴。

（4）剖面厚度在 2mm 以下的图形允许以涂黑代替剖面符号。

二、特殊画法

（一）沿零件结合面的剖切画法与拆卸画法

假想沿某些零件的结合面剖切，绘出其图形，以表达装配体内部零件间的装配情况。如图 6.31 所示，沿轴承盖与轴承座的结合面剖开，拆去上面部分，以表达轴瓦与轴承座的装配情况。

（二）假想画法

与本装配体有关但不属于本装配体的相邻零部件，以及运动零件的极限位置，可用双点画线表示，如图 6.32 所示。

（三）简化画法

如图 6.33 所示，在装配图中，零件的工艺结构，如圆角、倒角、退刀槽等可不画出。

滚动轴承、螺栓连接等可采用简化画法。对于若干相同的零件组，如螺栓连接组件等，可详细地画出一组或几组，其余只需用点画线表示其装配位置即可。

（四）夸大画法

薄垫片的厚度、小间隙等可适当夸大画出，如图 6.33 所示。

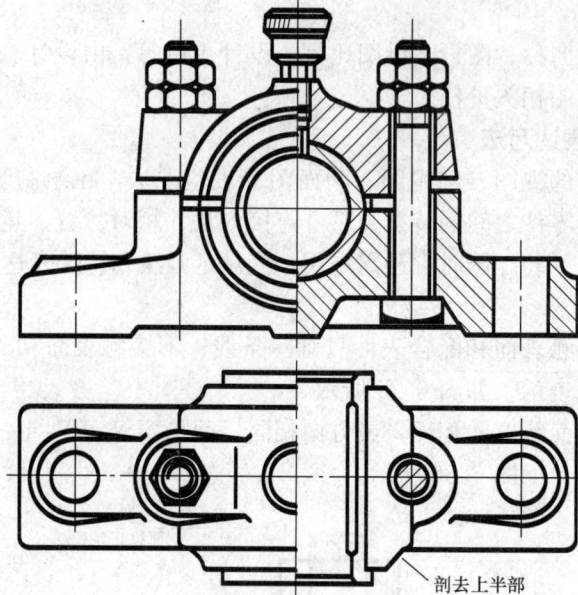

剖去上半部

图 6.31　拆卸画法

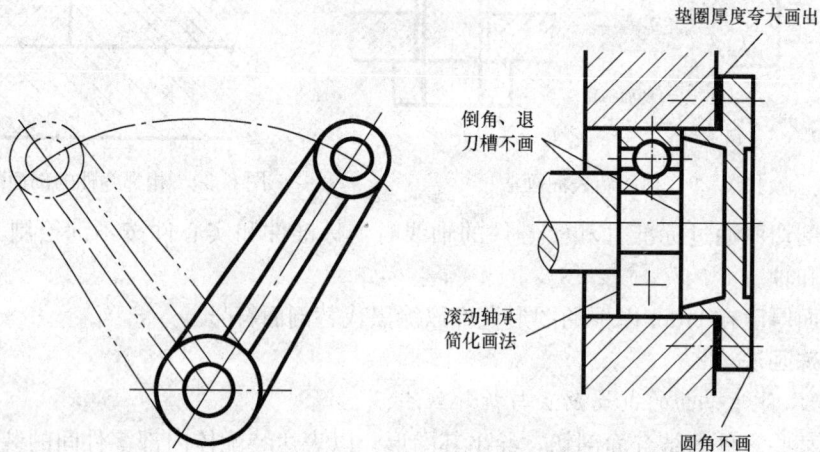

图 6.32　假想画法

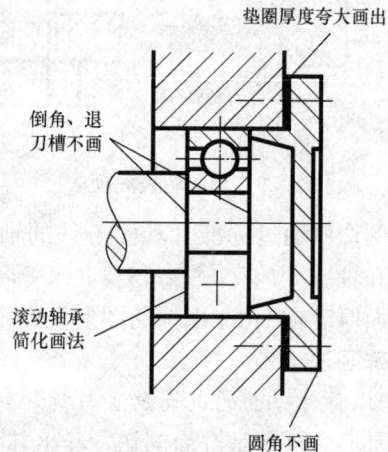

垫圈厚度夸大画出

倒角、退
刀槽不画

滚动轴承
简化画法

圆角不画

图 6.33　简化和夸大画法

6.3.3　装配图上的标注

一、尺寸标注

如图 6.28 所示，在装配图中，一般只需标注下列几种尺寸。

（1）规格尺寸：表示部件的性能和规格的尺寸。

（2）装配尺寸：零件之间的配合尺寸及影响其性能的重要相对位置尺寸。

（3）安装尺寸：将部件安装到机座上所需要的尺寸。

（4）外形尺寸：部件在长、宽、高三个方向上的最大尺寸。

（5）其他重要尺寸。

二、零件序号与明细栏

（一）零件序号

（1）装配图中所有零件、组件都必须编写序号，且相同零件或部件只有一个序号，如

图 6.28 所示。

（2）序号形式有三种。编序号时，用细实线向图外画指引线，在指引线的末端用细实线画一短横线或一小圆，指引线应通过小圆中心，在短横线上或小圆内用阿拉伯数字编写零件的序号，序号字体高度比尺寸数字大一号或两号。也可在指引线附近写序号，序号字体高度比尺寸数字大两号。当指引线从很薄的零件或涂黑的断面引出时，可画箭头指向该零件的轮廓，如图 6.34 所示。

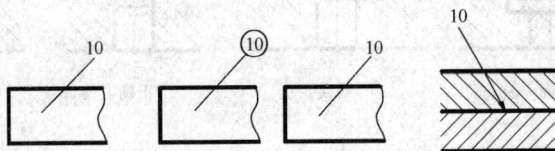

图 6.34 零件序号形式

（3）指引线不允许相交。当通过有剖面线的区域时，指引线不应与剖面线平行。必要时，指引线允许弯折一次。

（4）一组紧固件或装配关系清楚的零件组可采用公共指引线，如图 6.35 所示。

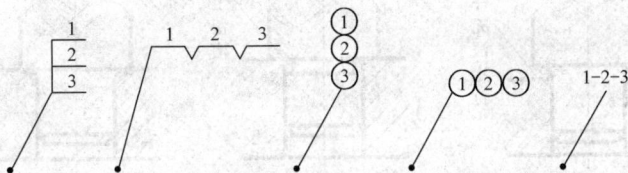

图 6.35 公共指引线

（5）装配图中序号应按水平或垂直方向排列整齐。并应按顺时针或逆时针方向顺次排列，如图 6.28 所示。

（二）明细栏

明细栏是部件全部零件的详细目录，表中填有零件的序号、名称、数量、材料、附注及标准，如图 6.36 所示。

图 6.36 明细栏

明细栏在标题栏的上方，当位置不够时可移一部分紧接标题栏左边继续填写。

明细栏中的零件序号应与装配图中的零件编号一致，并且由下往上填写。因此，应先编零件序号再填明细栏。

6.3.4 装配结构的合理性

为了保证机器或部件的装配质量，满足性能要求，并给加工和装拆带来方便，在设计过程中必须考虑装配结构的合理性，下面讨论几种最常见装配结构的合理性。

一、接触面和配合面的合理性

（1）两个零件在同一个方向上，只能有一个接触面或配合面，如图 6.37（a）、（c）所示。

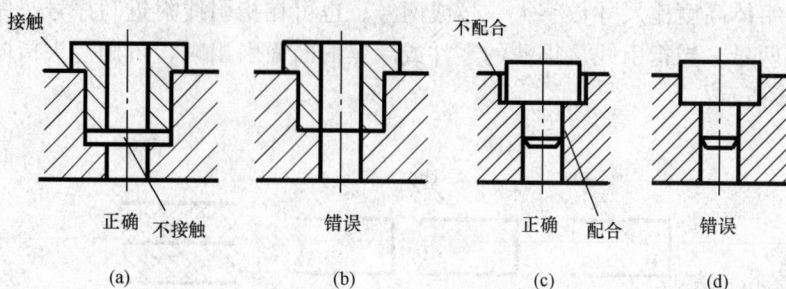

图 6.37　接触表面或配合表面的合理结构

（2）轴肩（即轴的台阶）与平面需接触定位时，轴肩处加工出退刀槽，或在孔的端面加工出倒角，如图 6.38（b）、（c）所示。

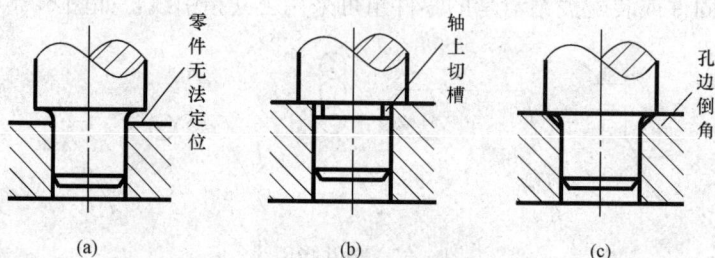

图 6.38　工艺结构的合理结构

（3）圆锥面接触应有足够的长度，且锥体顶部与底部须留间隙。若锥体顶部与底部接触会产生干涉，从而使定位不可靠，如图 6.39（a）所示。

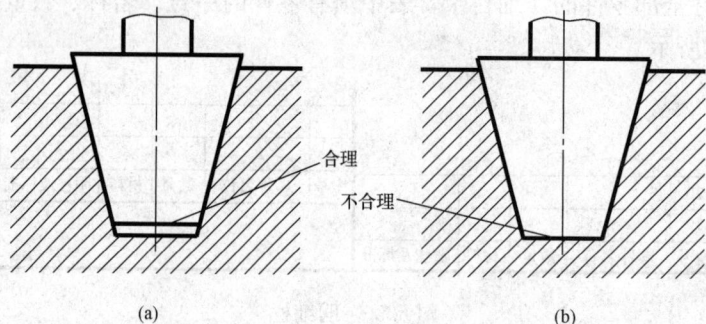

图 6.39　圆锥面接触的合理结构

二、有利于装拆的合理结构

（1）用轴肩或孔肩定位滚动轴承时，应注意拆卸的方便和可能。如图 6.40（b）、（c）、（e）所示，拆卸滚动轴承时，作用力不能通过滚动体传递，只能直接作用在内圈或外圈上，所以应预留相应的结构。

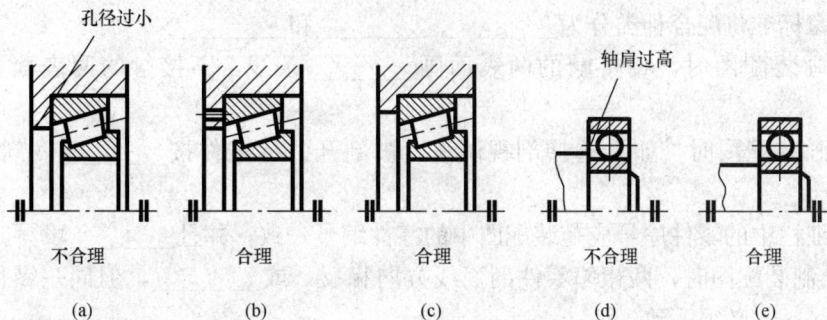

图 6.40 拆卸滚动轴承的结构

（2）考虑到装拆的可能与方便，必须留出装拆的空间。如图 6.41（a）所示，预留扳手工作空间；如图 6.41（b）所示，预留紧定螺钉的安装空间；如图 6.41（c）所示，预留螺栓的安装空间。

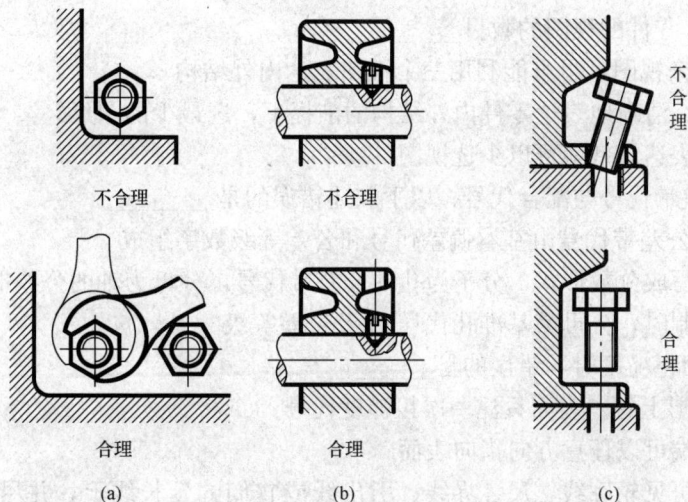

图 6.41 预留装拆空间的结构

练 习 题

6.1 填空题

（1）零件通常分为_____和_____、部分参数标准化的零件三类。

（2）一个完整的零件图应包括图形、_____、_____和_____等四个方面的内容。

（3）表达一个零件时，主视图的选择原则是加工位置原则、_____和_____。

（4）一个完整的装配图应包括一组图形、_____、_____、零件序号和明细栏、_____等 5 个方面的内容。

（5）零件的主视图选择完成后，根据主视图对零件表达的程度，按_____、_____、清晰、简洁的原则，选择其他视图（也包括剖视、断面等）。

（6）国家标准将配合种类分为_____、_____和_____。

（7）在画装配图时，相接触的两表面画_____条线，不接触的两表面画_____条线。

（8）在画装配图时，如果选择剖视画法，被剖开的标准件按_____（剖视或不剖）绘制。

（9）明细栏中的零件序号应与装配图中的零件编号一致，并且_____填写。

（10）绘制装配图时，两相邻零件剖面线方向相反，或_____，但同一零件在各视图上剖面线_____必须一致。

6.2　选择题

（1）回转体类零件的主视图_____。

A. 应选工作位置

B. 应选加工位置（轴线横放）

C. 可任意确定

（2）表达一个零件的视图的数目_____。

A. 一般选三个视图，尽可能利用三个视图表达内外结构

B. 应在完整、清晰地表达零件内外结构的前提下，选最少的图形

C. 主要结构表达清楚就可以少选视图

（3）关于公差带代号与配合代号，以下叙述错误的是_____。

A. 孔、轴的公差带代号由基本偏差代号和公差等级数字组成

B. 配合代号写成分数形式，分子为孔的公差带代号，分母为轴的公差带代号

C. 采用基孔制时，分母为基准孔代号 H 及公差等级

（4）标注表面粗糙度时，错误的是_____。

A. 在同一图形上每一表面只注一次粗糙度代号

B. 符号的尖端可以任意方向指向表面

C. 符号注在可见轮廓线、尺寸界线、引出线或它们的延长线上，并尽可能靠近有关尺寸线

（5）在画装配图时，如果选择剖视画法，被剖开的实心杆件按_____。

A. 剖视绘制

B. 不剖绘制

C. 剖视或不剖都可以

（6）画装配图时，剖面厚度在 2mm 以下的图形_____。

A. 允许以涂黑代替剖面符号

B. 必须按规定画出剖面线

C. 按不剖绘制

6.3　判断题（正确的画"√"，错误的画"×"）

（1）零件图的主视图应选择稳定放置的位置。　　　　　　　　　　　　　（　　）

（2）非回转体类零件的主视图一般应选择工作位置。　　　　　　　　　　（　　）

（3）在零件图的视图中，不可见部分一般用虚线表示。　　　　　　　　　（　　）

（4）表达一个零件，必须画出主视图，其余视图和图形按需要选用。　　　（　　）

（5）在装配图中，所有零件都必须完整的画出其结构。　　　　　　　　　　（　　）

（6）在装配图中，两配合表面应分别画两条线。　　　　　　　　　　　　　（　　）

（7）在装配图中，相邻两零件的剖面线方向可以相同，也可以不相同，但间距必须保持一致。　　　　　　　　　　　　　　　　　　　　　　　　　　　　　　　　（　　）

（8）装配图中所有零件、组件都必须编写序号，且相同零件或部件只有一个序号。

　　　　　　　　　　　　　　　　　　　　　　　　　　　　　　　　　　　（　　）

（9）在画装配图时，薄垫片的厚度、小间隙等可适当夸大画出。　　　　　　（　　）

（10）在装配图中，标准件都必须按实际情况全部绘制。　　　　　　　　　（　　）

7 计 算 机 绘 图

一、基本要求

（1）掌握 AutoCAD 的绘图基础与常用绘图命令与编辑命令。

（2）掌握模板的设置和调用。

（3）掌握平面图形的绘制方法与技巧。

（4）掌握尺寸的标注方法，学会尺寸的编辑。

（5）掌握图形的输出与打印。

二、重点与难点

常用绘图命令与编辑命令是本章的重点，而绘图应用技巧是难点。

7.1 AutoCAD 绘图基础与基本操作

计算机绘图主要介绍基于 AutoCAD 的计算机图形技术。AutoCAD 是美国 Autodesk 公司开发的通用计算机辅助绘图和设计软件包，其友好的用户界面和强大的绘图功能在计算机辅助设计（CAD）行业独树一帜。AutoCAD 自 1982 年问世以来，已经进行了多次升级，从而使其功能逐渐强大，且日趋完善。AutoCAD 已广泛应用于机械、电子、建筑、航天等各个领域。在中国，AutoCAD 已成为工程设计领域最为广泛的计算机辅助设计软件之一。

AutoCAD 2000 及以上版本是为适应当今科学技术的快速发展和用户的需要而开发的面向 21 世纪的 CAD 软件包。其运行速度、图形处理、网络功能等方面都达到了崭新的水平，基本上可摆脱对命令和键盘的依赖，从而使其操作更加方便和直观。同时，每一次升级，都会增加一些适应科技发展、满足社会需求的新功能。

由于 AutoCAD 2000 以来的各个版本的主体功能大同小异，并且每一次升级之后操作更为简便，比如"复制"功能：AutoCAD 2006 以前版本一次只能复制一次对象，要复制多次的话，必须在命令中进行相应的操作，而 AutoCAD 2006 及以后版本则可直接进行一次或多次复制对象。本章主要介绍 AutoCAD 2018 版本。

AutoCAD 绘图注意事项：

（1）首先要建立新的文件，并注意随时保存。

（2）始终用 1∶1 绘图。

（3）绘图时，为不同的图元对象设置不同的图层和颜色。

（4）作图时，应随时注意命令提示行，根据提示决定下一步动作。

（5）发生误操作或计算机不响应时，按一次或多次键盘左上角的 Esc 键，直至命令提示行出现提示符"命令："。

（6）键盘输入命令时，直接输入即可，无需在命令提示行用鼠标单击来指定输入位置。

7.1.1 AutoCAD 的启动和退出

AutoCAD 的启动：在 Windows 桌面用鼠标左键双击 AutoCAD 快捷图标；或指向图标单击鼠标右键，在弹出的对话框中选中"打开"即可。或者单击"开始"→"程序"→"AutoCAD 2018"→"AutoCAD 2018"命令。

AutoCAD 的退出：单击右上角的"关闭应用程序"按钮；打开"文件"下拉菜单，单击 Exit 选项；在命令行输入 Quit（或 Exit）并回车。

7.1.2 认识 AutoCAD 显示窗口

AutoCAD 各个版本的显示窗口有所更新，这里只介绍 AutoCAD 2006 版本的显示窗口和 AutoCAD 2018 版本的显示窗口。如图 7.1 所示的为 AutoCAD 2006 显示窗口，如图 7.2 所示的为 AutoCAD 2018 显示窗口。

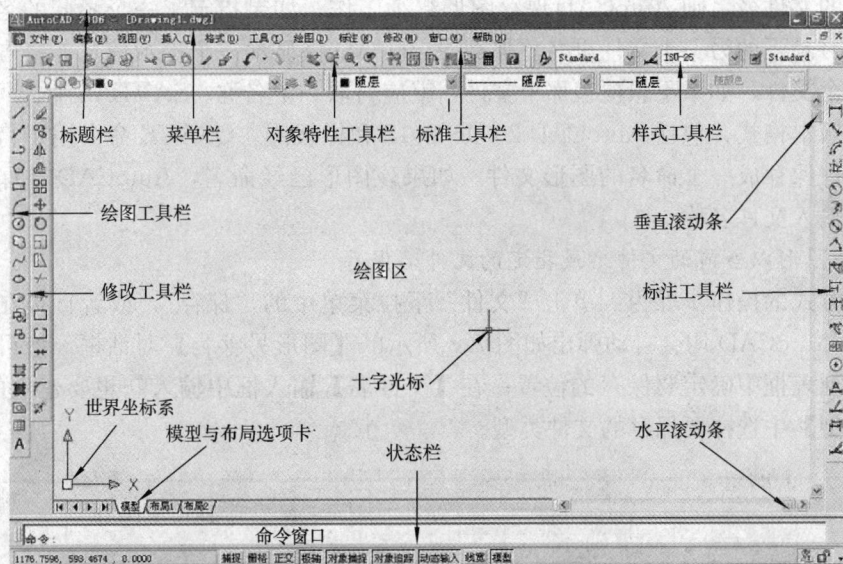

图 7.1　AutoCAD 2006 显示窗口

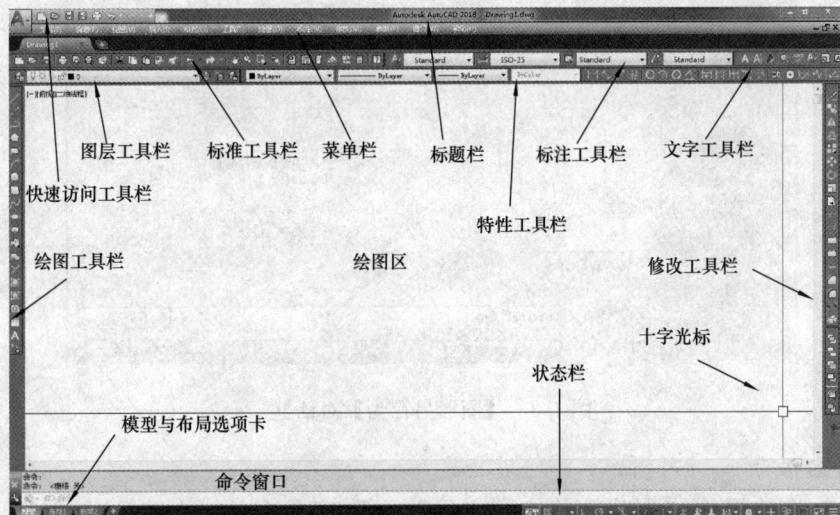

图 7.2　AutoCAD 2018 显示窗口

7.1.3 图形文件管理

一、图形文件的保存

在使用 AutoCAD 绘图时，应每隔 10～15min 保存一次绘制的图形，执行这一操作不需要退出 AutoCAD。定期保存绘制的图形，是为了防止一些意外情况的发生，如电源被切断、错误编辑和一些其他故障。通过修改 SAVETIME 系统变量的值可以设置每隔多长时间系统自动保存绘制的图形。另外也可以用 SAVE、SAVEAS 和 QSAVE 命令随时保存绘制的图形。SAVE 命令用于保存一个未命名的图形文件，如果一个图形文件已经被命名，那么该命令与 SAVEAS 命令相同。SAVEAS 命令可以保存一个未命名的图形文件或给当前的图形文件重新命名。如果当前的图形文件已经命名，那么 AutoCAD 将用当前的名称保存图形，或者提示输入一个新的名称，并用新的名称保存当前的图形。如果当前图形已经命名，并接受了当前默认的文件名，则 AutoCAD 保存图形继续工作。如果指定了一个不同的名称，且名称又与该子目录下的另一个文件重名，那么 AutoCAD 将显示一个提示信息，警告该文件将覆盖另外一个文件。如果不想覆盖那个文件，就应另取一个名称。SAVEAS 命令可将图形保存成不同的版本格式，包括 AutoCAD 2000～2018 和样板图。QSAVE 命令用于将一个未命名的图形文件保存成一个命名的图形文件。如果该图形已经命名，AutoCAD 在保存图形时将不再提示输入文件名称。

（一）将图形以当前的文件名或指定的文件名保存

该保存方式的操作步骤为：单击"文件"下拉菜单中的"保存"，或者直接在命令行输入"save"，AutoCAD 均会自动弹出如图 7.3 所示的【图形另存为】对话框。您可以在【保存在】下拉列表框中确定要保存的位置；在【文件名】输入框中输入您想要建立的文件名；在【保存类型】中选择要保存的文件类型。

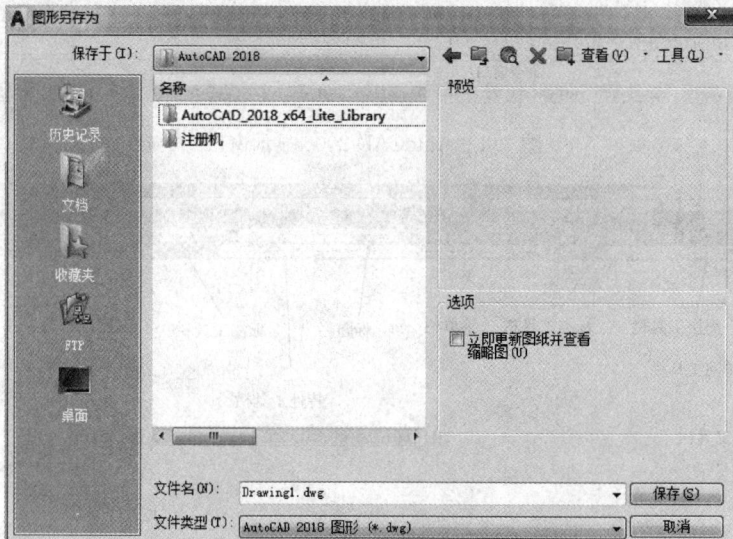

图 7.3 【图形另存为】对话框

（二）另名保存

该保存方式的操作步骤为：单击"文件"下列菜单中的（AutoCAD 2018 单击图标"▲"下的）"另存为"，或者直接在命令行输入"saveas"，AutoCAD 均会自动弹出如图 7.3

所示的（图形另存为）对话框。利用该对话框可以将当前文件以一个新的名称和路径进行保存，为了便于平面图形能够在所有版本中打开，通常将文件类型设置为"AutoCAD 2004/LT2004 图形（*.dwg)"。

二、图形文件的打开

图形的打开有以下几种操作方式：

- 单击【文件】下拉菜单的【打开】选项。
- 单击【标准】工具栏中的【打开】按钮。
- 在命令行直接输入【OPEN】。
- 快捷键【Ctrl+O】。

进行上述任何一种操作后，AutoCAD 将自动弹出"选择文件"对话框。在一定的路径下找到想要打开的文件，双击该文件即可打开。

7.1.4 鼠标操作

在 AutoCAD 中，鼠标的作用主要通过工具栏和菜单选择要执行的各种命令，在绘图区绘制图形或编辑图形。在系统的默认设置中，鼠标的左右两个键有特定的操作含义。通常左键代表选择，右键代表回车。鼠标右键的操作设置可以选择菜单"工具"｜"选项"命令打开"选项"对话框，在其中可以自由设置。

鼠标的基本操作有以下几种功能。

一、指向

指向是将鼠标移动到某一图标上时，系统会自动显示该图标名称。另外，在状态行上也会显示该工具的相关帮助信息。

二、单击左键

单击左键是将光标指向某一对象，按一下左键。通常单击左键有以下几种含义：

- 选择对象。
- 确定十字光标在绘图区的位置。
- 移动绘图区的水平、垂直滚动条。
- 单击工具栏上的图标，执行相应的命令。
- 单击对话框中命令按钮，执行命令。
- 打开或关闭状态栏上的开关变量，三维坐标。

三、单击右键

单击右键是将鼠标光标指向某一对象，按一下右键。单击右键有以下几种作用：

- 单击鼠标光标所指向的当前命令工具栏设置框，以定制工具栏。
- 结束选择对象。
- 弹出快捷菜单。
- 代替回车键（此时，鼠标光标必须在绘图区内）。

四、双击

双击是将鼠标光标指向某一对象或选项，快速按两下鼠标左键。两次按键之间不能移动鼠标，否则无效。一般均指双击鼠标左键，双击鼠标左键可启动程序或打开出口。

五、拖放

拖放是在某对象上按住左键，移动鼠标，在适当位置释放左键。拖动有以下作用：

- 拖动滚动条以快速在水平、垂直方向移动视图。
- 动态平移、缩放当前视图。
- 拖动工具栏至合适位置。

7.1.5　视窗的显示控制

一、缩放视图

缩放视图可以增大或减小图形对象的屏幕显示尺寸，而图形的真实大小并不会改变。通过改变显示区域来调整图形对象的显示大小，这样就可以准确、详细地绘制图形。对视图进行缩放，可使用如图 7.4 所示的位于标准工具栏上的视图缩放工具按钮。

图 7.4　视图缩放工具按钮

（1）实时缩放［Zoom Realtime］按钮" "。选择此按钮，可以用任一比例动态地对图形进行放大或缩小。单击该工具按钮时，系统就会进入实时缩放状态，命令输入窗口及各种显示开关按钮均暂时关闭，拖动鼠标图形会上下移动，屏幕上的图形会随着位置的改变而变大或变小。若要退出这种状态，按 Esc 键或 Enter 键。

（2）窗口缩放［Zoom Window］按钮" "。该命令显示指定的矩形区域内的部分图形，这个矩形称为窗口，窗口由给定的矩形两对角顶点定义，窗口的中心将成为新的屏幕显示中心。在这种方式下，不需要给定缩放系数，AutoCAD 将把给定窗口包围的区域按尽可能大的原则重新显示出来。执行该操作时，在单击按钮后，确定矩形的两个对角顶点即可。

该按钮在标准工具栏上是一个嵌套按钮，其嵌套按钮内包含全部缩放工具按钮。执行嵌套按钮的操作时，将光标移至标准工具栏上的该嵌套图标，按下左键不放，便可打开该嵌套按钮，然后，向下移至您想要选择的按钮（此时按钮下陷）即可。实现相同的功能也可打开如图 7.5 所示的缩放工具栏，或者选择"视图" | "缩放"菜单的子命令。

图 7.5　缩放工具栏

（3）上一视窗［Zoom Previous］按钮" "。该命令用于恢复前一次的显示。单击该工具按钮，当前屏幕的显示状态就会切换到前一显示状态。

二、平移视图

使用平移视图命令，可重新定位图形对象，以便看清图形的其他部分。该命令可在命令行直接输入，也可通过单击"标准"工具栏中的"实时平移"工具或选择"视图" | "平移"菜单中的子命令来执行。

使用平移命令平移视图时，视图的显示比例不变。平移功能有"实时"和"点"两种模式。

（1）"实时"平移：其工具按钮" "位于标准工具栏上。在实时平移模式下，鼠标指针变成一只小手。按下鼠标左键拖动，窗口内的图形就可按光标移动的方向移动。释放鼠标左键，则可返回到平移等待状态。按 Esc 键或回车键即可退出实时平移模式。

（2）"点"平移：通过指定基点和位移值来移动视图。

7.1.6　绘图辅助功能

在绘图时，要善于应用系统所提供的绘图辅助工具，也只有灵活应用其辅助绘图工具，才能有效地提高绘图的准确性与效率。

一、使用捕捉、栅格和正交

在绘制图形时，除了可使用坐标精确定位点，还可以使用系统所提供的捕捉、栅格和正交功能来定位点。

（一）设置捕捉和栅格

捕捉与栅格一般情况下需配合使用。在打开如图7.6所示的草图设置对话框的"捕捉与栅格"标签页的编辑栏设置栅格与捕捉间距，图示的数值均为系统的默认值。选择上部的复选框可以打开栅格设置和捕捉功能。该对话框主要用于设置间距，打开和关闭可以通过状态栏的"捕捉"和"栅格"按钮来实现。

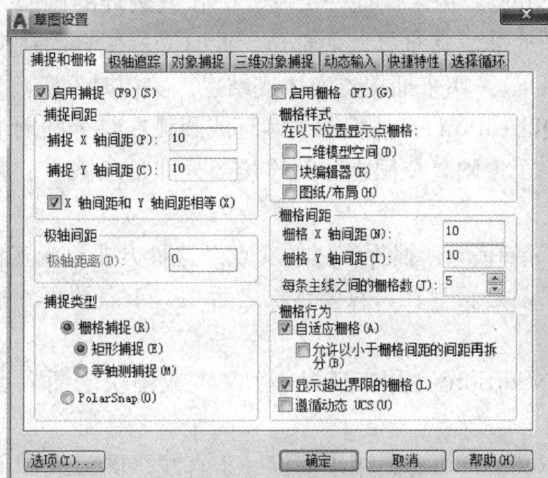

图 7.6　捕捉和栅格的设置

AutoCAD提供了两种栅格设置的样式，即矩形捕捉和等轴测捕捉。矩形捕捉格点栅格为矩形栅格点阵，x向和y向的间距设置可以不一样，但在一般情况下一样，使图形在这两个方向的比例相同。等轴测捕捉为菱形栅格点阵，它设置了画正等测图的非常方便的工作环境，这时的捕捉栅格和光标十字线的X方向和Y方向已不再垂直，而是成画等轴测图时的特定角度。选择栅格捕捉功能，移动光标时光标会沿X轴或Y轴移动。但在进行图形编辑时，这一功能反而妨碍了准确捕捉，此时应关闭该捕捉功能。

（二）使用正交模式

打开或关闭正交模式的操作方法：一是在命令行键入Ortho；二是在AutoCAD的状态栏中，单击按钮"　"；三是按F8键。

打开正交功能后，可绘制水平线和铅垂线。

二、使用对象捕捉

对象捕捉是一个十分有用的辅助绘图工具，它依附于绘图命令或编辑命令，不能独立使用，对象捕捉工具栏如图7.7所示。其作用是：十字光标可以被强制地准确定位在已有对象的特定点或特定位置上。比如：对于屏幕上两条直线的交点，若要以这个交点为起点画直线，就需利用交点捕捉功能，只需将交点置于选择框内，便可精确地确定在交点上。

（一）捕捉方式

（1）端点捕捉（ENDpoint）：用来捕捉实体的端点，该实体可以是一段直线，也可以是一段圆弧。捕捉时，将靶区（拾取框）移至所需端点所在的一侧，按下左键即可。靶区总是捕捉它所靠近的那个端点。

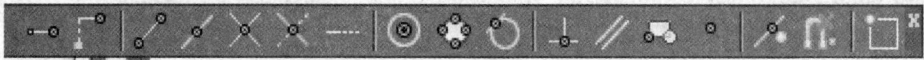

图 7.7　对象捕捉工具栏

（2）中点捕捉（MINpoint）：用来捕捉一直线或圆弧的中点。捕捉时，只需将靶区移到直线或圆弧上即可，而不一定要移在其中部。

（3）圆心捕捉（CENter）：用来捕捉一个圆、圆弧或圆环的圆心。捕捉时，只需将靶区移在圆、圆弧或圆环上，而非直接选择圆心部位，此时光标便自动在圆心闪烁。

（4）节点捕捉（NODE）：用来捕捉点实体或结点。实用时，需将靶区移在节点上。

（5）象限点捕捉（QUAdrant）：捕捉圆、圆环或圆弧在整个圆周上的四分点。一个圆四等分后，每一部分称为一个象限，象限在圆的连接部分即是象限点。靶区总是捕捉离它最近的那个象限点。

（6）交点捕捉（INTsection）：捕捉实体的交点。这种方式要求实体在空间内确实有一个真实的交点，无论交点目前是否存在，只要延长之后相交于点即可。捕捉交点时，交点必须位于靶区内。

（7）插入点捕捉（INSertion）：用来捕捉一个文本或图块的插入点，对于文本来说即其定位点。

（8）垂足捕捉（PERpendicular）：用来捕捉一条直线、圆弧或圆上一个点，使该点和当前已选点的连线与所选择的实体垂直。

（9）切点捕捉（TANgent）：在圆或圆弧上捕捉一点，使该点和已确定的另外一点的连线与实体相切。

（10）最近点捕捉（NEArest）：用来捕捉直线、圆弧或其他实体上离靶区中心最近的点。

（11）视线交点（APParent）：捕捉空间中两个实体在某一视点时的交点。该交点可能并不存在，而仅仅是视觉上存在的交点。

在 AutoCAD 中，当靶区捕捉到点时，便会在该点闪出一个彩色的小框（颜色一般设置为醒目的颜色），以提示操作者不需要再移动靶区，单击左键就可以确定捕捉点。

（二）设置对象捕捉功能

（1）临时捕捉方式。打开对象捕捉工具栏，单击所需的捕捉方式即可。该方式每启动一次只能使用一次，并且只有先下达绘图命令或编辑命令后，才能启动该捕捉功能。否则操作无效。

（2）自动捕捉功能。设置为自动捕捉功能后，绘图过程中一直保持着对象捕捉状态，直至下次取消该功能为止。

三、使用自动追踪

在 AutoCAD 中，自动追踪功能是一个非常有用的辅助绘图工具，使用它可以按指定角度绘制对象，或者绘制与其他对象有特定关系的对象，自动追踪功能分极轴追踪和对象捕捉追踪两种。

7.1.7　常用绘图命令和编辑命令

常用绘图命令和编辑命令的按钮主要位于绘图工具栏和修改工具栏上，且其按钮可以根据需要进行调整（AutoCAD 2010 则将常用工具栏放在显示面板）。绘图工具栏如图 7.8 所示，修改工具栏如图 7.9 所示。

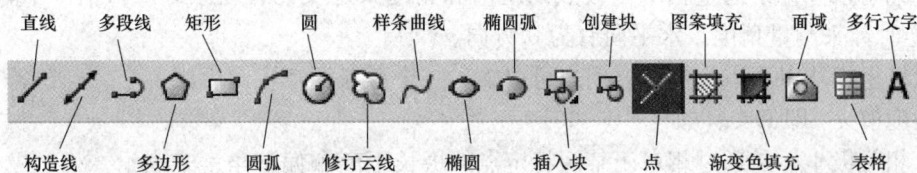

直线　多段线　矩形　　圆　样条曲线　椭圆弧　创建块　图案填充　面域　多行文字

构造线　　多边形　圆弧　修订云线　椭圆　插入块　点　渐变色填充　表格

图 7.8　绘图工具栏

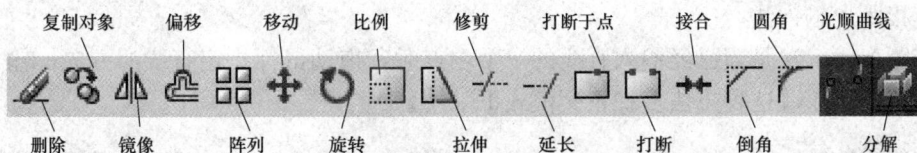

复制对象　偏移　移动　比例　修剪　打断于点　接合　圆角　光顺曲线

删除　镜像　阵列　旋转　拉伸　延长　打断　倒角　分解

图 7.9　修改工具栏

【例 7.1】　绘制如图 7.10 所示的五角星。

绘图方法一　利用正五边形与直线命令来接绘制。

（1）打开状态栏上的"正交"模式和"对象捕捉"方式。

（2）用"对象捕捉"设置"端点"捕捉方式。

（3）用"正多边形"命令绘制正五边形。

（4）用"直线"命令按图 7.10 所示绘制图线。

（5）用"删除"命令删除正五边形。

图 7.10　五角星

★直线

命令：Line 或 L；图标／。

绘制直线等绘图命令的启动，可使用下列四种方法之一：

• 在 Draw 浮动工具栏上，选用所需命令工具按钮／。

• 在"命令："提示符下，键入所需命令（Line 或 L）并回车。

• 打开 Draw 下拉菜单，单击所需命令（Line）菜单项。

• 屏幕菜单。

★确定点的输入方法

• 直接拾取法。

直接拾取法是将鼠标指针置于绘图区内适当位置，单击鼠标左键。

• 坐标输入法。

坐标输入法是用键盘输入直线端点坐标。

（1）绝对坐标是从坐标原点（0，0，0）出发，定位所有的点。

在绝对坐标中，X 轴和 Y 轴两轴线在原点（0，0）相交。绘图区的任一点可用（x，y）

来表示，用户可以通过输入 X 和 Y 坐标（中间用逗号隔开）来定义一个点的位置，如：20，35。

（2）相对坐标是一点相对于某一特定点的相对位置。用户可以用"@ x，y"输入坐标，如：@25，45。

（3）绝对极坐标是通过相对于极点的距离和角度来定义的。在系统默认情况下，AutoCAD 以逆时针来测量角度。水平向右为 0°方向。

绝对极坐标均以原点为极点。用户可以输入一个极长距离 L，后跟一个"<"符号，再加一个角度值 α，即 L<α，如：10<60。

（4）相对极坐标是通过相对于某一特定点的极长距离和偏移角度来表示。相对极坐标是以上一操作点为极点，而不是以原点为极点。通常用"@L<α"的形式来表示。@表示相对，L 表示极长，α 表示角度。如：@23<45。

• 直接距离输入法。

直接距离输入法是当已经输入直线的一个端点时，拖动鼠标指定直线的方向，输入距已知点的距离并回车【这种方法多在正交模式下采用】。

• 捕捉法。

捕捉法是用对象捕捉方式捕捉相关点作为直线的端点【精确绘图常采用这种方法，但绘图时，必须打开状态栏上的"对象捕捉"开关按钮】。

★**正多边形**

命令：Polygon 或 Pol；图标⬠。

（1）单击图标或键入命令：Polygon 或 Pol；

（2）命令：__ polygon 输入边的数目<4>：

（3）指定多边形的中心点或［边（E）］：

（4）输入选项［外接于圆（I）/内切于圆（C）］<I>：

（5）指定圆的半径：

★**删除**

命令：Erase 或 E；图标✐。

（1）单击图标或命令：Erase 或 E。

（2）选择要删除的对象。

（3）选择完毕，回车确认。

★**对象选择**

• 直接拾取　将鼠标指针直接指向要选择的对象，单击鼠标左键。

• 选择窗口　确定一个矩形方框（显示为实线），使要选择的对象全部置于矩形方框内。矩形方框是自左至右确定对角线上的两顶点。

• 交叉选择窗口　确定一个矩形方框（显示为虚线），使要选择的对象全部置于矩形方框内或与矩形方框相交。矩形方框是自右至左确定对角线上的两顶点。

绘图方法二　利用圆等分点来绘制。

（1）用"圆"命令绘制圆。

（2）用"定数等分"命令将圆五等份。

（3）用"点样式"命令设置点的样式。

（4）用"对象捕捉"设置"节点"捕捉方式，并打开自动捕捉方式。

（5）用"直线"命令绘制直线。

（6）用"删除"命令删除圆和点。

（7）用"旋转"命令将图形旋转 $90°$。

★圆

命令：Circle 或 C；图标◉。

该命令提供了五种画圆方法。

• Center point（R）：定义圆心和半径画圆。

• Center point（D）：定义圆心和直径画圆。

• 3P（3Point）：定义圆周上三点画圆。

• 2P（2Point）：定义圆周上两点画圆。

• TTR：定义与圆相切两个对象并指定圆的半径画圆。其操作步骤如下：

（1）单击图标◉或命令：Circle 或 C。

（2）输入 T 并回车。

（3）拖动鼠标指向第一个相切的对象，并单击鼠标左键。

（4）拖动鼠标指向第二个相切的对象，并单击鼠标左键。

（5）输入半径值并回车确认（或用鼠标左键在绘图区拾取或捕捉两点，把这两点间的距离作为半径）。

★点与点样式

命令：Point；图标 ▪ 。

启动该命令后，命令行会出现提示符"point："，要求用户输入或用光标确定点的位置，确定一点后，便在该点出现一个点的实体。

点的类型可以定制。有两种途径可定制点的类型：

• 打开"格式"（Format）下拉菜单，选择"点样式"（Point Style）项。

• 在"命令："提示符下输入 DDPtype。在弹出的对话框中进行设置。

定数等分："DIVIDE"或"DIV"绘制直线或曲线的定数等分点。

等距等分："MEASURE"等距等分放置点。

★旋转

命令：Rotate 或 Ro；图标◐。

（1）用鼠标左键点击图标（或键入 Rotate 命令并回车）。

（2）选定要旋转的对象，回车确认。

（3）确定要旋转的基准点。

（4）确定旋转角度。

【例 7.2】 绘制如图 7.11 所示的图案。

绘图方法一 利用圆来绘制。

（1）用"圆"命令绘制圆（圆弧也先按圆进行绘制）。

（2）用"修剪"去掉多余的圆弧。

★修剪命令

命令：Trim 或 Tr；图标-/--。

图 7.11 图案

此命令可修剪图形中的图线，使其在选定的边界处被切断。

· 直接拾取修剪法。

（1）用鼠标左键单击图标┼（或键入 Trim 或 Tr 命令并回车）。

（2）单击鼠标左键选择作为边界的图线，选择完毕回车确认其边界。

（3）单击左键点取要修剪的图线，被修剪图线便于边界处切断并消失。

（4）回车确认。

· 交叉选择窗口修剪法。

（1）用鼠标左键单击图标┼（或键入 Trim 或 Tr 命令并回车）。

（2）单击鼠标左键从右向左确定矩形窗口任一对角线的两顶点，该窗口包含作为边界和要修剪对象的图线或与之相交，选择完毕回车确认。

（3）用鼠标左键点取要修剪的图线，该图线在与其他对象最近的交点处切断并消失。

（4）回车确认。

· 隐含交点修剪法。

（1）用鼠标左键单击图标┼（或键入 Trim 或 Tr 命令并回车）。

（2）单击鼠标左键选择作为边界的图线，选择完毕回车确认其边界。

（3）键入 e 并回车（边）。

（4）键入 e 并回车（延伸）。

（5）单击要修剪的图线，被修剪的图线在边界的延长线与之的隐含交点处剪切并消失。

（6）回车确认。

绘图方法二　利用圆、定数等分、圆弧来绘制。

（1）用"圆"命令绘制圆。

（2）用"定数等分"命令将圆六等份。

（3）用"点样式"设置点的样式。

（4）用"圆弧"命令按图 7.11 所示绘制圆弧。

（5）关闭点样式或删除点。

★圆弧

命令：Arc 或 A；图标✎。

· 三点法画圆弧的操作：

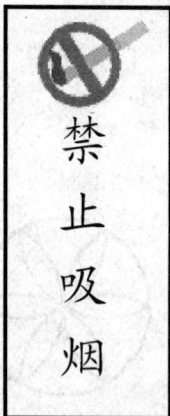

（1）命令：__ arc 指定圆弧的起点或［圆心（CE）］。

（2）指定圆弧的第二点或［圆心（CE）/端点（EN）］。

（3）指定圆弧的端点。

· 圆心、起点和终点画圆弧的操作。

（1）命令：__ arc 指定圆弧的起点或［圆心（CE）］：ce。

（2）指定圆弧的圆心。

（3）指定圆弧的起点。

（4）指定圆弧的端点或［角度（A）/弦长（L）］。

【例 7.3】　绘制如图 7.12 所示的禁烟警示牌。

绘图命令与修改命令：矩形、圆环、多段线、样条曲线、图案填充、文本输入、图层、移动。

图 7.12　禁烟警示牌

（1）设置图层，一层用于绘制粗实线，一层用于绘制红色的图线，一层用于绘制黄色的图线，一层用于绘制灰色的图线，一层用于注写文字。

（2）用"矩形"命令绘制矩形。

（3）用"圆环"命令绘制圆环。

（4）用"多段线"命令绘制粗斜线。

（5）用"直线"命令绘制黄色的烟嘴和灰色的烟身。

（6）用"多段线"或"样条线"命令绘制烟雾的周边线，用图案填充命令完成填充。

（7）用"多行文字"命令注写文字。

（8）用"移动"命令调整好相对位置并存盘。

★矩形

命令：Rectangle 或 Rec；图标□。

（1）单击图标或命令：Rectang 或 Rec。

（2）输入图框线左下角的坐标并回车。

（3）输入图框线右上角的坐标并回车。

★多段线

命令：Pline 或 PL；图标⌐。

• 绘制直线。

（1）单击图标或命令：Pline 或 PL。

（2）输入起点。

（3）输入"W"并回车。（设置线宽）

（4）输入起点宽度值并回车；输入终点宽度值并回车。

（5）输入直线的终点。

（6）绘制完毕，回车确认。

• 绘制圆弧（或圆）。

（1）单击图标⌐或命令：Pline 或 PL。

（2）输入起点（为圆周上任意一点）。

（3）输入"W"并回车。

（4）输入起点宽度值并回车；输入终点宽度值并回车。

（5）输入 A 并回车。

（6）输入 R 并回车。

（7）用鼠标在绘图区内任意拾取两点（或直接输入半径值）。

（8）输入圆周上的其他点及终点。

（9）绘制完毕，回车确认。

★移动

命令：Move 或 M；图标✛。

此命令可将图形从当前位置移到一个新的位置。

（1）用鼠标左键点击图标（或键入 Move 命令并回车）。

（2）选择要移动的对象，并单击鼠标右键（或点击回车键）确定选择对象。

（3）确定移动的基准点（单击左键在要移动对象区域内拾取或捕捉一点）。

（4）确定移动到的基准点（将其拖动到新的位置，点击鼠标左键）。

★**样条曲线**

命令：Spline；图标～。

编辑样条曲线命令：Splinedit。

（1）单击图标或键入命令：＿ spline。

（2）指定第一个点或［对象（O）］。

（3）指定下一点。

（4）指定下一点或［闭合（C）/拟合公差（F）］＜起点切向＞。

（5）指定下一点或［闭合（C）/拟合公差（F）］＜起点切向＞，确定完毕，回车确认。

（6）指定起点切向。

（7）指定端点切向。

★**圆环**

命令：Donut；图标◎。

（1）单击图标◎或键入命令 Donut。

（2）Inside diameter：指定一个内径（将内径设为 0，可绘制一个实心的圆）。

（3）Outside diameter：指定一个外径。

（4）Center of doughnut：用光标或输入坐标确定圆环的中心。

（5）Center of doughnut：给出下一个圆环的中心，或回车结束该命令。

★**文本输入**

• 命令：Mtext 或 Mt；图标 **A**。

（1）单击图标 **A**（或键入"Mtext 或 Mt"命令）。

（2）确定输入位置【单击鼠标左键在绘图区拾取确定输入位置的矩形方框的对角线两顶点】。

（3）在弹出的如图 7.13 所示文字格式对话框中，按要求选择字体和字号（文本高度）后，在下面的文本输入区内输入文字。

（4）输入完毕，只能用鼠标左键单击"确认"键确认。

图 7.13　文字格式对话框

• 用 TEXT 生成特殊字符

特殊字符与输入代码，见表 7.1。

表 7.1 特殊字符与输入代码

输入代码	%%O	%%U	%%D	%%C	%%P	%%%
对应符号	上划线	下划线	角度符号°	直径符号ϕ	$\pm$	%

例如：字符"CAD and CAM"则在命令行输入"%%UCAD%%U and CAM"。

- 用 DDEDIT 或 DDMODIFY 或 MO 或 PROPERITIES 命令修改文本。
- 用 SCALETEXT 命令改变各个文本对象的比例。
- 用 STYLE 设置文本类型。

- 用"堆叠$\dfrac{a}{b}$"创建堆栈文本。

（1）打开文字编辑对话框，设置字体和字号。

（2）输入分子和分母，中间用"/"隔开。

（3）用光标拖动的方法选中这一文本，单击"$\dfrac{a}{b}$"，单击"确认"按钮。

★延伸命令

命令：Extend 或 EX；图标-/。

（1）用鼠标左键单击图标-/（或键入 Extend 或 EX 命令并回车）。

（2）单击鼠标左键选择作为边界的图线，选择完毕回车确认其边界。

（3）单击左键点取要延长的图线，该图线便延长至选定的边界。

（4）回车确认。

★偏移命令

命令：Offset；图标📇。

- 偏移复制对象。

（1）单击图标（或键入命令 Offset 并回车）。

（2）指定偏移距离。

（3）单击要偏移的对象。

（4）单击一点指定偏移方向。

（5）选择另一个要偏移的对象，或回车结束命令。

- 过定点偏移复制对象。

（1）单击图标（或键入命令 Offset 并回车）。

（2）键入 T，并回车。

（3）单击要偏移的对象。

（4）确定要通过的一点。

（5）选择另一个要偏移的对象，或回车结束命令。

★复制

命令：Copy 或 Co 或 Cp；图标😗。

（1）用鼠标左键点击图标（或键入 Copy 命令并回车）。

（2）选择要复制的对象，并单击鼠标右键（或点击回车键）确定选择对象。

（3）确定复制的基准点（单击左键在要复制对象区域内拾取或捕捉一点）。

（4）确定复制到的基准点（将其拖动到新的位置，点击鼠标左键）。

（5）复制完毕，回车确认。

★镜像

命令：Mirror 或 MI；图标△△。

（1）单击图标（或键入 Mirror 或 MI）。

（2）选中对象并回车确认。

（3）确定对称线（用鼠标左键拾取或捕捉两点）。

（4）回车确认（对称复制对象）；或键入 Y（删除原对象），再回车确认。

若对称复制对象中包含文字，为防止文字被反转或倒置，可将"MIRRTEXT"系统变量设置为 0（关闭）。

★打断

命令：Break 或 Br；图标□。

此命令若是用来断开完整的圆时，则是按照逆时针方向进行断开。

（1）用鼠标左键点击图标□（或键入 Break 命令并回车）。

（2）单击左键在要折断的对象上确定第一断点［若要选择另外的点作为第一断点，请键入 F 并回车，然后指定新的点］。

（3）单击左键在要折断的对象上确定第二断点。

打断（BREAK）命令用来打断实体，也可以一点断开实体，用法是在第一点选择后，输入"@"。常用于一条线的两段为不同性质的图线时，如一段为点画线，一段为实线。

★比例缩放

命令：Scale 或 Sc；图标□。

· 比例因子缩放。

（1）用鼠标左键点击图标□（或键入 Scale 命令并回车）。

（2）选择要缩放的对象，回车确认。

（3）确定要缩放的基准点。

（4）输入比例因子并回车确认。

· 参照缩放。

（1）用鼠标左键点击图标（或键入 Scale 命令并回车）。

（2）选择要缩放的对象，回车确认。

（3）确定要缩放的基准点。

（4）输入 R 并回车确认。

（5）选择第一个（可以和基准点重合）和第二个参照点，确定参照长度。

（6）拖动对象并选择一点，则比例因子为该选择点和基准点间的直线距离与两参照点间的直线距离的比值。

★分解

命令：Explode 或 X；图标□。

单击图标，选择要分解的对象，回车确认。

★构造线

命令：XLine 或 XL；图标／。

常用作辅制绘图线，可用来绘制水平线（H）、铅垂线（V）、角平分线（B）、定角度直线（A）、偏移复制对象（O）。

★椭圆

命令：Ellipse；图标⊕

（1）单击图标或命令：_ ellipse。

（2）指定椭圆的轴端点或［圆弧（A）/中心点（C）］。

（3）指定轴的另一个端点。

（4）指定另一条半轴长度或［旋转（R）］。

★倒角

命令：Chàmfer 或 CHA；图标◢。

此命令可按需要倒角。第一次单击图标按钮确定倒角距离，第二次单击后选择要倒角的两直线即可。也可在一次操作中对多个对象倒角。

★圆角

命令：Fillet 或 F；图标◢。

此命令可按需要倒圆角。第一次单击图标按钮确定倒圆半径，第二次单击后选择要倒圆角的两直线即可。也可在一次操作中对多个对象圆角。

★阵列

命令：Array；图标品。

• 环形阵列。

（1）单击图标，或键入命令"ARRAY"并回车。

（2）选择原始对象，并回车确认。

（3）输入 P，并回车。

（4）确定阵列的中心点。

（5）输入阵列的数目（包括原始对象），并回车确认。

（6）输入阵列要填充的角度，0～360。角度的默认值为 360 度。

（7）直接回车确认（要旋转阵列对象）；或键入"N"，再回车（不旋转阵列对象）。

• 矩形阵列。

（1）单击图标，或键入命令 ARRAY 并回车。

（2）选择原始对象，并回车确认。

（3）输入 R，并回车。

（4）输入行数，并回车确认。

（5）输入列数，并回车确认。

（6）输入行间距，并回车确认。

（7）输入列间距，并回车确认。

★取消命令与恢复命令

取消命令：Undo 或 U；图标：↶；快捷键 Ctrl＋X。

恢复命令：Redo；图标：↷；快捷键 Ctrl＋Y。

在使用 AutoCAD 绘图过程中，当出现错误时，可使用取消命令或单击"标准"工具栏上的取消命令按钮。如果想取消前面执行的多个操作，可反复使用该命令。当取消一个或多个操作后，若又想重复某个操作，可使用恢复命令，但 AutoCAD 只能恢复最近十次取消的操作。

7.1.8 图形的输出

一、将 AutoCAD 图形插入到 Word 文档

Microsoft Word 是非常有效、且应用十分普及的字处理软件，但它的图形绘制功能较差，而 AutoCAD 则具有很强的绘图功能。实际工作中，经常需要将 AutoCAD 图形插入到 Word 文档中，以实现图文混排。下面介绍将 AutoCAD 图形插入到 Word 文档的主要方法。

（一）利用剪贴板插入 AutoCAD 图形

（1）将 AutoCAD 图形复制到 Windows 剪贴板。

（2）在 Word 中粘贴图形并对图形进行编辑。

在 Word 插入 AutoCAD 图形时的注意事项：

（1）调整图片的背景颜色。

由于在 Word 文档中，图片背景保持原来的颜色，所以在执行复制前先将 AutoCAD 背景颜色设置为白色。

（2）设置线宽。

在 AutoCAD 中给图形设置线宽，并以设置的线宽显示图形。

（3）调整圆弧的显示精度。

在 Word 中插入图片，会发现圆或圆弧变成了折线段。解决的办法是：在 AutoCAD 中，选中"工具｜选项"菜单项，在弹出的"选项"对话框中，单击"显示"选项卡，在"显示精度"区内的"圆弧和圆的平滑度"增大，单击"确认"按钮，最后在插入到 Word 中。

（4）剪裁图片中的多余部分。

在 Word 中选中图片后，单击鼠标右键，从弹出的快捷菜单上选择【显示"图片"工具栏】项，Word 会显示出"图片"工具栏，单击其上的"⊹（剪裁）"按钮，移动光标，当光标位于该图中的小方框上时，光标形状与图案"⊹"相同，此时按下鼠标左键，通过拖放的方式即可剪裁掉图片上的多余部分。

（5）改变图片的大小。

在 Word 文档中，选中图片，将光标放在表示图片范围的小方框上，当光标变成两头有箭头的小短线时，按下鼠标左键并拖动鼠标在适当位置放开。

（6）编辑图形中的图形。

当要编辑 Word 文档中图片中的图形时，双击图片，系统会自动启动 AutoCAD，并将图形显示在 AutoCAD 绘图环境中。在 AutoCAD 中修改图形后保存并关闭图形，系统会自动更新 Word 内原图片中的图形。

（二）在 Word 通过插入对象的方式插入 AutoCAD 图形

在 Word 环境中，选中"插入｜对象"下拉菜单项，在弹出的"对象"对话框的"对象类型"列表框中选中"AutoCAD Drawing"项，再单击"确认"按钮，系统打开 AutoCAD，在 AutoCAD 绘图环境中绘制图形后保存并关闭图形，就会在 Word 中显示相应的图形。

（三）在 Word 中插入 WMF 图片

在 AutoCAD 绘图环境中将图形以 WMF 格式输出，在 Word 环境中插入该 WMF 文件，也可实现在 Word 中插入 AutoCAD 图形。在 AutoCAD 绘图环境中，执行 WMFOUT 命令，将当前图形中的指定对象以 WMF 格式命名保存。在 Word 环境中，选中"插入｜图片｜来自文件"下拉菜单项，从弹出的对话框中确定 WMF 文件后，即可实现图形的插入。

二、图形的打印

打印指定区域图形的步骤：

（1）"文件"菜单中选择"打印"或标准工具栏上单击"打印"图标。

（2）在弹出"打印"对话框中，在"打印机/绘图仪"区的"名称"列表中，选择一种 Windows 系统打印机或绘图仪。

（3）在"图形尺寸"列表中，选择一种图幅【例如：ISO A4（297.00×210.00 毫米）】。

（4）在"打印比例"区的"比例"列表中，选择一种比例，常选默认值"按图形空间缩放"。

（5）在"打印偏移"区确定偏移的尺寸，也可不设置。

（6）单击"打印区域"区的"打印范围"列表中的"窗口"选项，在返回到绘图区内指定要打印的图形部分（指定区域为矩形的两个对角顶点）。

（7）为节约时间和材料，请单击"完全预览"，看是否满足要求。

（8）单击鼠标右键，在弹出的快捷菜单选择"打印"；或选择"退出"，根据需要修改其他设置，然后单击"确认"以打印图形。

7.1.9 绘图练习

绘制如图 7.14 所示的平面图形，图中圆括号内的坐标为对应点在绘图时需输入的坐标，A4 图幅，只绘制图形，不进行标注。

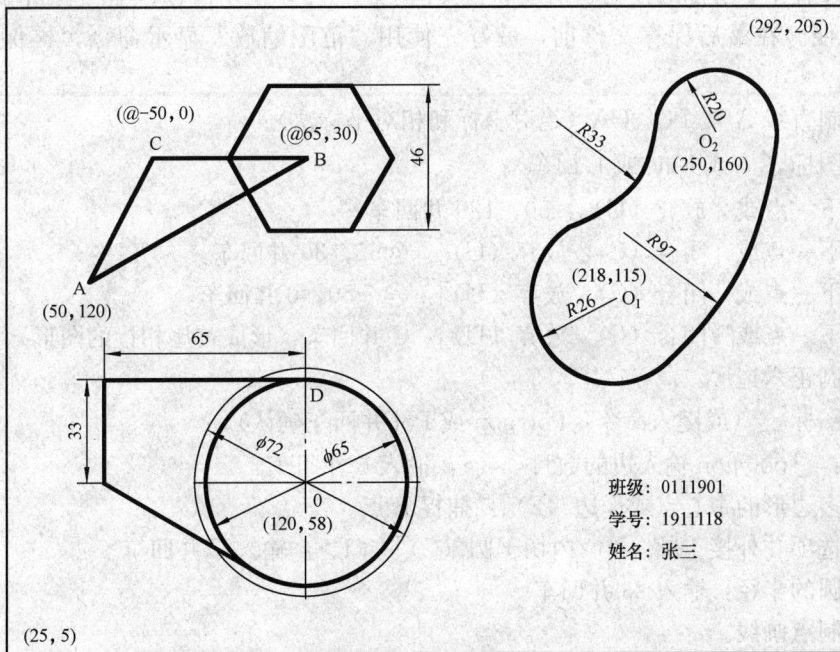

图 7.14　平面图形练习

（1）设置图层，其中图层 1 绘制点画线，图层 2 绘制细实线，图层 3 绘制虚线，图层 4 绘制粗实线；0 层为系统默认层，通常不用。

• 下拉菜单"格式｜图层"（或单击图标，或输入命令 Layer 并回车）。

• 在弹出的对话框中，单击新建图层图标（或"Alt＋N"），至少四次（即至少设置 4 个图层）；并分别单击每一层后对应的颜色、线型和线宽图标，在弹出的对话框中按图 7.15 设置即可。

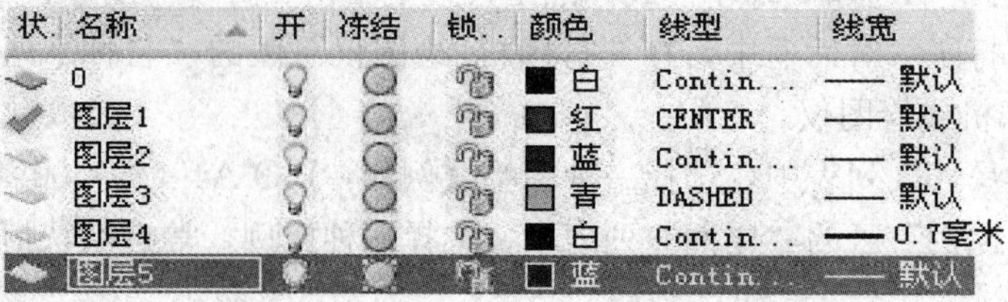

图 7.15 图层设置

（2）打开图层 4【粗实线层】，绘制 A4 图幅的图框线。

• 单击图标 （或 RECtangle 回车）。

• 输入左下角坐标：25，5 并回车。

• 输入右上角坐标：292，205 并回车。

（3）视窗的显示控制。

单击"缩放"工具栏上的"范围缩放"图标" "，使所绘制的矩形在显示窗口最大化显示，以便于后面的操作。

在绘图过程中，可随时使用"缩放"工具栏上的命令，常用窗选、上一视窗和全图显示等方式较方便。在最后保存文件前，最好先使用"范围缩放"显示命令，再保存文件并退出。

（4）绘制直线 AB、BC、CA（绝对坐标和相对坐标法）。

• 单击图标 （或 Line 或 L 回车）。

• 指定下一点或［放弃（U）］：50，120 并回车。

• 指定下一点或［闭合（C）/放弃（U）］：@65，30 并回车。

• 指定下一点或［闭合（C）/放弃（U）］：@－50，0 并回车。

• 指定下一点或［闭合（C）/放弃（U）］：C 并回车（形成首尾相接的图形）。

（5）绘制正六边形。

• 单击图标 （或键入命令：Polygon 或 Pol 并回车确认）。

• 命令：_ polygon 输入边的数目＜4＞：输入 6 并回车。

• 指定多边形的中心点或［边（E）］：捕捉 B 点。

• 输入选项［外接于圆（I）/内切于圆（C）］＜I＞：输入 C 并回车。

• 指定圆的半径：输入 23 并回车。

（6）绘制点画线。

• 打开图层 1【点画线层】。

• 单击图标 （或 Line 并回车）。

• 输入坐标：120，58（即 O 点）并回车。

• 输入坐标：@0，22 并三次回车（第一次回车是确认，第二次回车是结束绘制直线命令，第三次回车是重复上一命令，即绘制直线命令）。

- 输入坐标：捕捉 O 点。
- 输入坐标：@22，0 并回车。

（7）打开图层 4【粗实线层】绘制圆（圆心和半径画圆）。

- 单击图标◎（或键入 Circle 或 C 命令并回车）。
- 捕捉 O 点（以 O 点为圆心）。
- 输入半径：36 并两次回车（第一次回车是确认，第二次回车是重复上一命令，即绘制圆命令）。
- 捕捉 O 点（以 O 点为圆心）。
- 输入半径：32.5 并回车。

（8）绘制直线（直接距离输入法和相切法）。

- 单击图标╱（或 Line 或 L 回车）。
- 捕捉 D 点，同时打开状态栏上"正交"模式。
- 水平向左拖动鼠标，然后输入"65"并回车。
- 垂直向下拖动鼠标，然后输入"33"并回车。
- 单击"对象捕捉"栏上的图标"捕捉到切点"图标，然后拖动鼠标并单击直径为 65 的圆的中下部。

（9）延伸中心线。

- 用鼠标左键单击图标╌（或键入 Extend 或 EX 命令并回车）。
- 在直径为 72 的圆周上单击鼠标左键（即作为边界的图线），并回车确认。
- 单击左键点取要延长的两条中心线，该图线便延长至直径为 72 的圆周。
- 回车确认。

（10）修剪中心线。

- 单击图标╌（或键入 Trim 或 Tr 命令并回车）。
- 在直径为 72 的圆周上单击鼠标左键（即作为边界的图线），并回车确认。
- 单击左键点取要修剪的两条中心线，被修剪图线便于边界处切断并消失。
- 回车确认。

（11）删除圆。

- 单击图标✎（或键入 Erase 或 e 命令并回车）。
- 用鼠标左键单击要删除的直径为 72 的圆周。
- 回车确认。

（12）绘制圆（圆心和半径、TTR 画圆）。

- 单击图标◎（或键入 Circle 或 C 命令并回车）。
- 输入坐标：250，160 并回车。
- 输入半径：26 并两次回车（第一次回车是确认，第二次回车是重复上一命令，即绘制圆命令）。
- 输入坐标：195，97 并回车。
- 输入半径：20 并两次回车。
- 输入 T 并回车。

- 拖动鼠标指向第一个相切的对象（R20 的圆周的左下部），并单击鼠标左键。
- 拖动鼠标指向第二个相切的对象（R26 的圆周的左上部），并单击鼠标左键。
- 输入半径：33 并两次回车。
- 输入 T 并回车。
- 拖动鼠标指向第一个相切的对象（R20 的圆周的右上部），并单击鼠标左键。
- 拖动鼠标指向第二个相切的对象（R26 的圆周的右下部），并单击鼠标左键。
- 输入半径：97 并回车。

（13）修剪圆弧。

- 单击图标 ⊸（或键入 Trim 或 Tr 命令并回车）。
- 用鼠标左键单击以上 4 个圆周（即作为边界的图线），选择完毕回车确认。
- 单击左键点取要修剪的圆弧部分，被修剪图线便于边界处切断并消失。
- 回车确认。

（14）输入文字。

- 单击图标 A（或键入 Mtext 或 Mt 命令并回车）。
- 确定输入位置【单击鼠标左键在图框内拾取确定输入位置的矩形方框的对角线两顶点】。
- 在弹出的文字格式对话框中，先选择"仿宋 _ GB2312"字体和字号（5，需键盘输入）后，再在下面的文本输入区内输入文字。
- 输入完毕，用鼠标左键单击"确认"键确认。

（15）绘制完成，如图 7.16 所示。

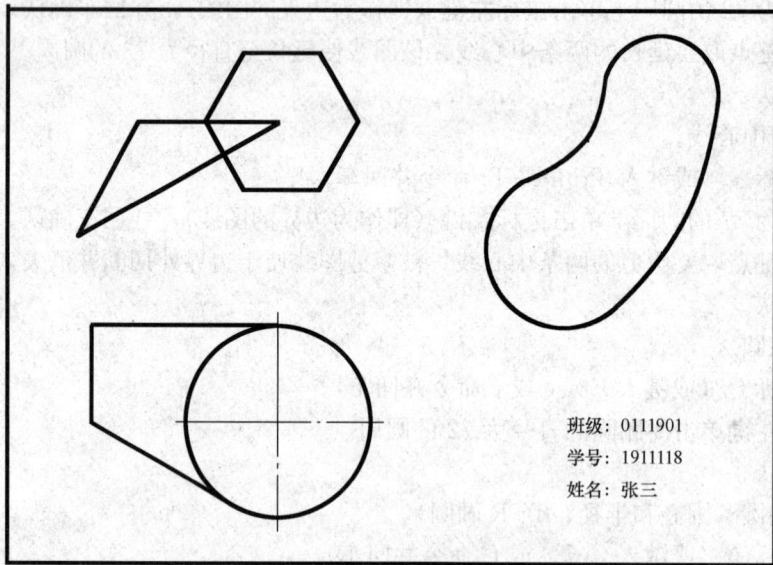

班级：0111901
学号：1911118
姓名：张三

图 7.16　平面图形练习

> **注 意**
>
> 修剪与删除是两个不同的命令，修剪只能去掉图线的一部分，而删除则把图线全部去掉。

7.2 创建符合制图国家标准的模板

AutoCAD 模板均保存在目录【Template】下的图形样板文件中。在绘图过程中，经常会有许多重复操作，为此可按个人习惯设置模板文件。可将设置好的模板文件保存为 Auto-CAD 图形样板文件【acadiso. dwt】。

7.2.1 常用绘图设置

（一）设置图幅（Limits）和单位精度（DDunits）

键入英文命令或"格式"下拉菜单的"图形界限或单位"，根据提示输入相应的数值或选项即可。

（二）设置图层（Layer）

图元对象划分得越细，则越便于管理。因此为不同的图元对象设置不同的颜色、线型和线宽【粗实线 0.7mm、细线为 0.35mm（设为默认值）】。

绘制机械图时，我们常根据图形元素的性质建立不同的图层，国家标准规定点画线图层的颜色为红色，其余的可任意设置，不过最好设置比较醒目的颜色作为图层的颜色。

★利用 Ctrl 和鼠标选择多个图层，利用 Shift 和鼠标选择连续的多个图层

- 对象捕捉、栅格显示等。
- 设置线型比例（Ltscale），系统默认值为 1，可根据需要进行改变。
- 标题栏（包括文字），按有关标准要求绘制标题栏和注写文字。

7.2.2 创建符合制图国家标准的设置

从事图学工作的人们都知道，工程图形必须遵循相关的制图国家标准。AutoCAD 所提供的默认设置中，文字样式和标注样式不都符合标准，在绘图过程中，若都进行设置，显得相当麻烦，因而创建符合国家标准的设置就显得尤为必要。AutoCAD 2000 及以上版本均提供有符合国家标准要求的中文字体文件："gbenor. shx（标注直体字母和数字）""gbeitc. shx（标注斜体字母和数字）"和"gbcbig. shx（标注中文）"文件。如果是英文版，可将它们拷贝到 AutoCAD 安装目录下的 Fonts 子目录中。

一、创建符合国家标准的汉字的文字样式

（1）命令（Command）：STYLE 回车或"格式→文字样式"。

（2）在弹出的如图 7.17 所示的文字样式对话框中，单击"新建（NEW）"。

（3）在"样式名"编辑框中输入"FST5（5 为字号）"，并单击"确认"按钮。

（4）在"文字样式"对话框中的"字体名"下拉列表中选中"仿宋 GB2312"。

（5）在"高度"输入区输入字号"5"。

（6）单击"应用"按钮，再单击"关闭"按钮。

二、创建符合国家标准的字母和数字的文字样式

（1）命令（Command）：STYLE 回车或"格式→文字样式"。

（2）在弹出的对话框中，单击"新建（NEW）"。

（3）在"样式名"编辑框中输入"DIM5"，并单击"确认"按钮。

（4）在"文字样式"对话框中的"字体名"下拉列表中选中"gbenor. shx（标注直体字母和数字）"或"gbeitc. shx（标注斜体字母和数字）"；选中其下的"大字体"复选框；在

"大字体"样式下拉列表框中选中"gbcbig. shx（标注中文）"。

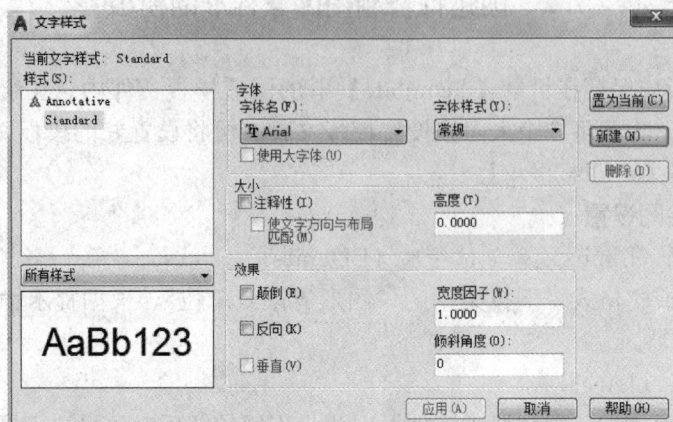

图 7.17   文字样式对话框

（5）在"高度"输入区输入字号"5"。

（6）单击"应用"按钮，再单击"关闭"按钮。

三、创建符合制图标准的标注样式

单击图标，或格式（Format）下拉菜单中"标注样式（D）"，或键盘输入命令"DIM-STYLE"或"DDIM"并回车。在弹出的如图 7.18 所示的"标注样式管理器"对话框中，单击"新建"按钮，在弹出的"创建新标注样式"对话框中，在"新样式名"键入"DIM5"，单击"继续"按钮，在弹出的如图 7.19 所示的"新建标注样式"对话框中，按要求设置。尺寸标注常用的字高为 5mm 和 3.5mm。下面只介绍设置字高为 5mm 的样式"DIM5"。

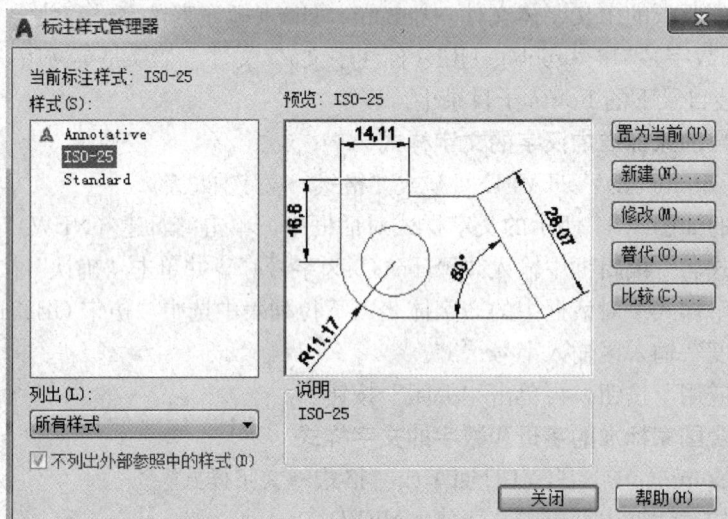

图 7.18   标注样式管理器对话框

（1）基础样式均为"ISO—25"；"线"：基线间距→7.5，超出尺寸线→2.5，起点偏移→0。

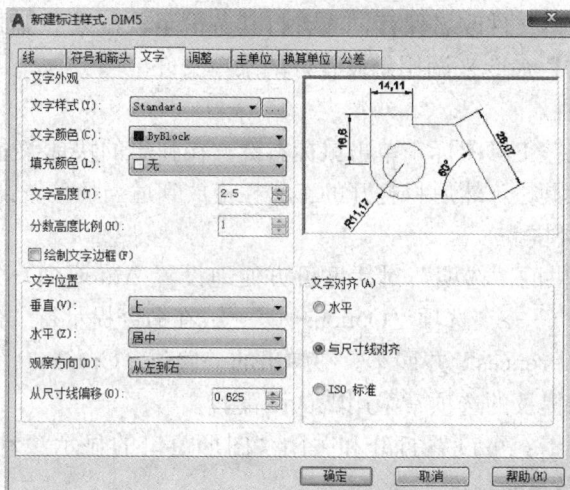

图 7.19　新建标注样式对话框

（2）"符号和箭头"：箭头大小→5。

（3）"文字"：文字样式→DIM5，从尺寸线偏移→1.25。

（4）"主单位"："线性标注"和"角度标注"的精度按需要设置；"测量单位比例因子"为"所用比例的倒数"，用小数表示。

（5）创建基于"DIM5"的"角度标注"子样式。

在"标注样式管理器"对话框中，单击"新建"按钮，在弹出的"创建新标注样式"对话框中，在"用于（U）"下拉列表框中选中"角度标注"，单击"继续"按钮，在弹出的"新建标注样式"对话框中单击"文字"选项卡，在"文字对齐"区选中"水平"选项，单击"确认"按钮。

7.2.3　模板的调用

调用所有设置都是在进入 AutoCAD 界面后进行的，模板的调用常用以下两种方法。

一、自动调用

当模板设置完成后，将置保存为 AutoCAD 图形样板文件【acadiso. dwt】，并且要关闭"启动"对话框，这样每次启动 AutoCAD 后的当前文件就会自动载入模板所进行的设置。

在实验室的计算机通常安装有写保护卡来保护 C 盘上的系统软件，所以，一般把设置好的模板文件备份至优（软）盘或其他硬盘内，并按"另名保存的方式"进行调用。

二、另名保存的方式调用

首先单击"打开"按钮，在弹出的"选择文件"对话框中，选定模板文件所在的驱动器"本地磁盘（D:)"或"优盘"或"3.5 软盘（A:)"，打开文件的类型为"图形样板文件"，选中模板文件（dwt 文件类型），单击"打开"按钮，然后将文件另存为另一要建立的图形文件（dwg 文件类型）。

7.3　设置绘图环境

7.3.1　定制工具栏

工具栏和菜单的定制，AutoCAD 将自动保存在其目录【SUPPORT】下的菜单文件【ACAD. MNC 和 ACAD. MNS】或【ACAD. MLN】中。若需要永久保存对菜单的设置，以备以后随时调用，可将该文件改名保存，或者将其备份至软盘或 D 盘内。进入 AutoCAD 的界面后，可用"MENU"命令来调用您设置好的菜单文件。

7.3.2　打开工具栏

将鼠标指针指向任一工具图标，单击鼠标右键；在弹出的快捷菜单中，取消您不用的工具栏，选中您需要的工具栏，然后将打开的工具栏拖放到适当的位置即可。

7.3.3　设置绘图环境

利用 AutoCAD 提供的"选项"对话框可方便地设置 AutoCAD 的绘图环境。启动该对话框可在"工具（Tools）"→"选项（Options…）"、或在命令提示行"命令（Command）："键入"Options"或"Preferences"并回车。在弹出的"选项（Options）"对话框中，通常对如下选项卡需要设置【未提及的选项常采用默认设置】。

（1）"显示"选项卡：可设置打开和关闭"图形窗口的显示滚动条"和"显示屏幕菜单"、改变屏幕底色以及显示精度等。

（2）"打开和保存"选项卡：可设置默认保存文件类型和保存时间等。

（3）"系统"选项卡：通常按默认设置，若要直接进入所设置的模板文件，可关闭"启动"对话框。

（4）"用户系统配置"选项卡：可设置【自定义右键单击】和【线宽设置】（设置为细线宽度 0.35mm，调整显示比例可设为半格或一格）。

（5）"草图"选项卡：可设置自动捕捉标记颜色（最好设置为较深的颜色，如红色和蓝色）和大小（约为最大时的四分之一）。

（6）保存配置。

用 AutoCAD 绘制图形时，有时需要使用几组不同的设置。为避免在绘图时进行繁琐的设置操作。可事先进行相应的设置，并对每一设置命名（ARG 文件）保存。当需要采用某一设置时，将此命名设置置为当前设置即可。此外，还可以将已有的设置以文件形式保存，以便他人共享该设置。"选项"对话框中的"配置"选项卡可用来实现：新建系统配置、重命名系统配置、删除系统配置、输出输入配置等。

7.3.4　调用设置

一、工具栏的调用

键入"MENU"命令并回车，选定菜单文件所在的文件夹，选中一菜单文件【ACAD. MNC 或 ACAD. MNS、ACAD. MLN】，单击"打开"即可。

二、配置的调用

在"工具│选项"、或键入"Options"或"Preferences"并回车。在弹出的"选项"对话框中，单击"配置"选项卡；单击"输入"按钮，在弹出的对话框中，选定配置文件（＊. arg）所在的文件夹，选中所需的一配置文件，单击"打开"；在弹出的对话框中，单击"应用并关闭"按钮；单击"置为当前"，最后单击"确认"按钮。

7.4　创建标题栏属性块

7.4.1　块

块是一个或多个对象形成的对象集合，是一个整体。类似于绘图中的模板。若要修改块，必须先将其分解为组成块的独立对象，然后再修改。

一、定义块

（一）在图形内定义块

命令：Block　图标：🔲。

（1）单击图标或命令：Block；执行命令后，会弹出如图 7.20 所示的对话框。

（2）在块定义对话框中指定块的名称。

（3）单击"选择对象"按钮，会返回到绘图界面，按需要选择对象，回车确认后会返回到块定义对话框。对于该对象可设置为"保留""转换为块"或"删除"。

（4）单击"拾取点"按钮，同样会返回到绘图界面，选定一点作为块插入时的基准点后，会再次返回到块定义对话框。该基点也可通过输入坐标的方式确定。

（5）单击"确认"按钮确认。

定义块必须指定块名、块中对象和块插入基点。

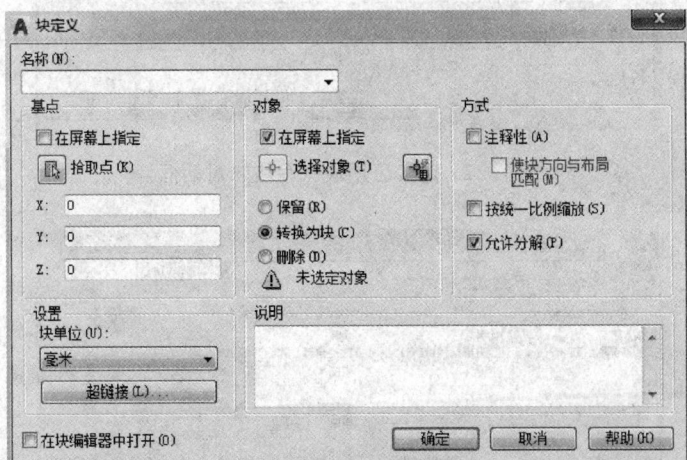

图 7.20　块定义对话框

（二）定义公用块

命令：Wblock。

执行命令后，在弹出如图 7.21 所示的对话框。此命令可把任意选定的对象定义为图块，可将定义块、选择集或一个完整文件写入一个图形文件中。该图形文件可被其他图形文件引用。

块的来源可以是已定义的块、整个图形或对象。基点与对象的操作与在图形内定义块相同。块的名称与位置可在该对话框的"目标"区按要求指定。

二、插入块

命令：Insert　图标：🔲。

执行命令后，会弹出如图 7.22 所示的插入块对话框，或在命令行依次提示下面的操作。在进行插入块的操作中，名称、插入点、缩放比例与旋转角度按要求进行指定或设定。执行完上述操作，单击"确认"按钮后会返回到绘图界面，按命令提示或对话框信息进行操作，最后图块就会按要求插入到指定位置。

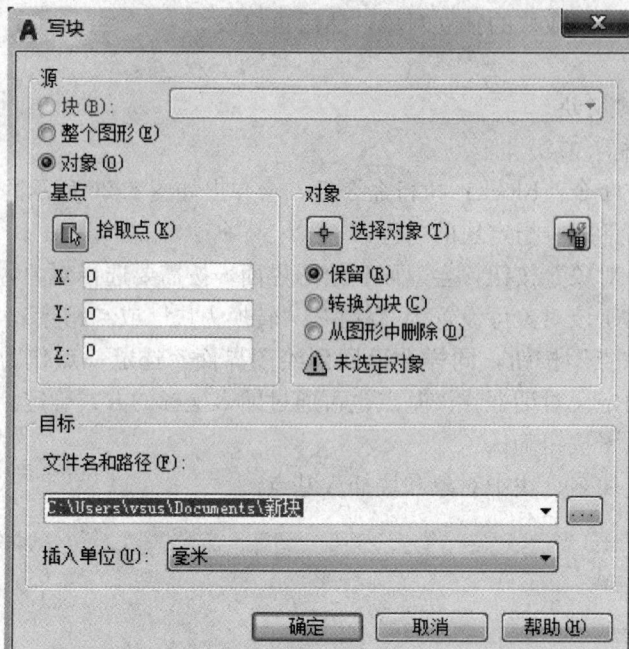

图 7.21　定义公用块（写块）对话框

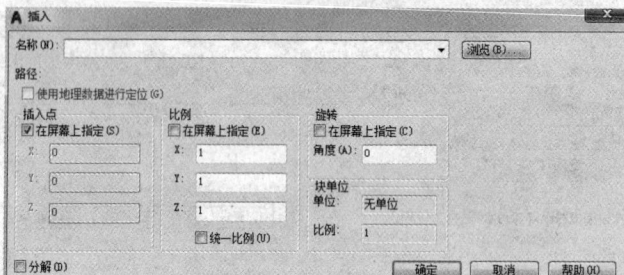

图 7.22　插入块对话框

7.4.2　属性

属性是从属于块的文字信息，是块的组成部分。

命令：Attdef 或图标：。

执行命令后，在弹出的"属性定义"对话框（图 7.23）中包括：模式（Mode）、属性（Attribute）、插入点（Insertion Point）和文字选项（Text Options）。其中模式区可设置属性为不可见、固定、验证或预置；属性区则提供了三个编辑框输入属性标记（Tag）、提示（Prompt）和默认值（Value）。插入点用于定义插入点坐标；文字选项用于定义文字的对齐、类型、高度和旋转角。

7.4.3　属性块的插入

属性块是包含属性的块。属性块的建立与块的建立类似，不同之处在于属性块的建立要首先设置相应的属性。

命令：Insert 图标：执行命令后，按对话框或命令提示行提示进行操作。

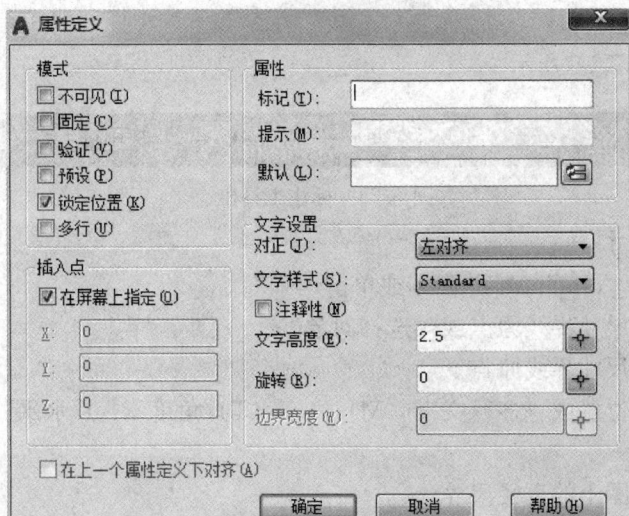

图 7.23　属性定义对话框

7.4.4　属性块的编辑

• 编辑插入块的属性命令 "ATTEDIT" ❤ 或 "DDATTE"（即修改块的属性内容）。

• 编辑未定义为块的属性定义（在定义为块之前，或用分解命令分解块之后）命令 "DDEDIT"（即修改属性定义）❤。

• 系统变量为 "ATTDIA"，在命令行显示属性提示其值为 0，在对话框中发出属性提示其值为 1。"ATTDISP" 命令控制是否显示图中的属性。

7.4.5　创建带属性的标题栏块

（1）绘制如图 7.24 所示的标题栏。

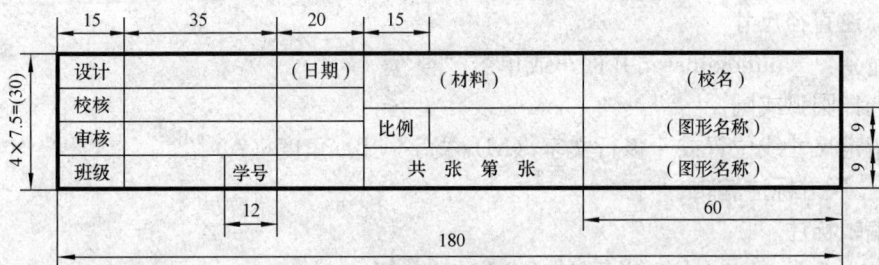

图 7.24　标题栏

（2）在图 7.24 所示内容中，未加括号的内容需直接输入；加括号的内容或需要填写的内容则为要建立的属性选项。

（3）用创建图块命令建立带属性的标题栏块。

7.5　尺　寸　标　注

尺寸标注格式已系列化，由于系统默认的格式可能与您所需的格式不一致，通常要进行尺寸格式的设置。系统所给定的尺寸样式可能不符合要求，因此可用尺寸编辑命令或编辑命令进行修改，直到符合要求为止。

7.5.1 尺寸标注

标注工具栏如图 7.25 所示。

图 7.25 标注工具栏

一、标注线性尺寸

(1) 输入命令：_ dimlinear 并回车或单击"⊢⊣"。

(2) 指定第一条尺寸界线原点或<选择对象>。

(3) 指定第二条尺寸界线原点。

(4) 指定尺寸线位置或 [多行文字（M）/文字（T）/角度（A）/水平（H）/垂直（V）/旋转（R）]。

二、标注非圆视图上的直径尺寸

(1) 输入命令"Dimlinear"并回车或单击"⊢⊣"。

(2) 捕捉要标注直径尺寸的两点。

(3) 输入"M"回车。

(4) 在弹出的对话框中单击嵌套列表"@"的"直径"选项（或输入"％％C"），再输入直径数字或默认，单击"确认"。

(5) 最后单击鼠标左键拾取一点确定尺寸的位置。

三、标注半径尺寸

(1) 键入命令：_ dimradius 并回车或单击"◎"。

(2) 选择圆弧或圆。

(3) 指定尺寸线位置或 [多行文字（M）/文字（T）/角度（A）]。

四、标注直径尺寸

(1) 命令：_ dimdiameter 并回车或单击"◎"。

(2) 选择圆弧或圆。

(3) 指定尺寸线位置或 [多行文字（M）/文字（T）/角度（A）]。

7.5.2 尺寸标注编辑

一、编辑标注

(1) 输入命令"Dimedit"并回车，或单击"⊣⊢"。

(2) 输入"N（新建）"并回车，会弹出文字编辑器，可对标注文字的文字类型、字号、文字本身进行修改；修改完毕，单击"确认"按钮；单击要修改的标注【一次可同时编辑多个相同的修改】。

(3) 输入"R（旋转）"并回车；输入要旋转标注文字的角度，并回车确认；单击要修改的标注。

(4) 输入"O（倾斜）"并回车，单击要修改的标注，输入尺寸界线要旋转的角度，回车确认。

二、拉伸标注

(1) 从"修改"菜单中选择"拉伸"。

(2) 用交叉选择框选择要拉伸的标注，并回车确认。

（3）确定位移的基点。

（4）确定位移到的点。

三、修剪和延伸标注

（1）从"修改"菜单中选择"修剪"。

（2）选择用作剪切边的对象，并回车确认。

（3）单击选择要修剪的尺寸。

（4）回车结束修剪。

四、使标注倾斜

（1）从"标注"菜单中选择"倾斜"。

（2）选择标注。

（3）直接确定角度或通过两点确定角度。

五、编辑标注文字

（1）从"修改"菜单中选择"对象特性"。

（2）在"对象特性"窗口按要求修改即可。

7.5.3　绘图练习

绘制如图 7.26 所示的三视图并标注尺寸。

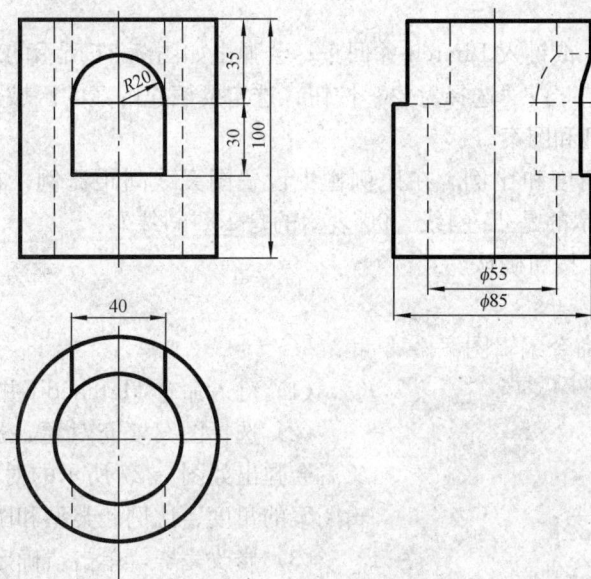

图 7.26　组合体三视图

提示：在绘制三视图时，打开正交模式来绘制符合投影规律的作图线，而俯、左视图通常利用 45°斜线来保证其"宽相等"。

7.6　剖视图的绘制

7.6.1　波浪线的绘制

一、用多段线绘制波浪线

（1）单击图标" ⌐ "或"Pline 或 PL"。

（2）输入起点。

（3）按要绘制波浪线的范围画折线段；绘制完毕，回车确认。

（4）单击图标："▱"或键入 Pedit（或 PE）并回车。

（5）选中所画折线，并回车。

（6）键入 W 并回车，输入线宽值（以 mm 为单位）并回车。

（7）键入 S 并回车。

二、利用样条曲线绘制波浪线

（1）单击图标"～"或"Spline"。

（2）依次输入各点并回车确认。

（3）用修剪"TRIM（或 TR）"命令修剪掉多余的部分。

7.6.2　剖视图的绘制

用 AutoCAD 绘制剖视图时，基本的图形和视图的绘制是一样的，只是剖视图需要在特定的区域内添加剖面线即可。

★图案填充（Hatch）

命令：Bhatch；图标▨。

此命令可在选定的封闭区域内填充各种形式的图案（包括剖面符号）。

• 图案填充。

（1）单击图标▨，或键入 Bhatch 并回车；会弹出如图 7.27 所示的对话框。

（2）单击"拾取点"或"选择对象"按钮；选定要填充图案的区域，并回车确认。

（3）选择图案类型和图案。

（4）设置图案的角度和比例。在比例栏中设置图案线间距比例；在角度栏中设置角度（若采用剖面线：0°表示的是 45°斜线，90°表示的是 135°斜线）。

（5）单击"确认"按钮确认。

• 图案编辑。

用"Hatchedit"命令编辑图案。

（1）键入命令 Hatchedit 并回车；

（2）选择图案填充对象：选择要编辑的图案对象后会弹出如图 7.27 所示的对话框，可根据需要编辑图案的角度、比例、类型和图案等。

（3）修改完毕，单击"确定"按钮确认。

小技巧：可直接用鼠标左键双击要编辑的图案，同样会弹出如图 7.27 所示的对话框。

7.6.3　绘图练习

用 A4 图幅绘制如图 7.28 所示的图形。

（1）打开已建立的样板文件，建立新的文件。

（2）绘制 A4 图框线。

（3）打开文字层，插入标题栏属性块，并按图中内容修改相应的属性值。

（4）打开中心线层，绘制点画线。

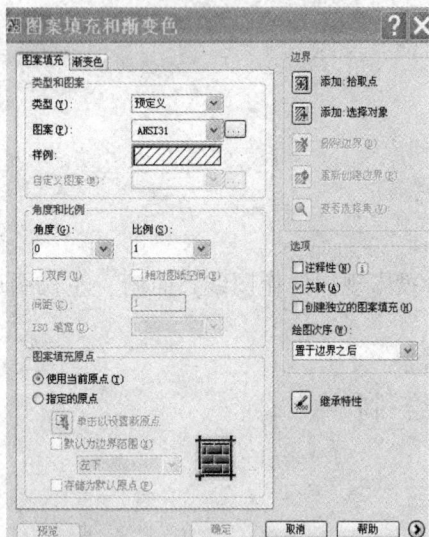

图 7.27　图案填充对话框

（5）打开粗实线层，绘制粗实线。

（6）打开剖面线层，绘制剖面线。

（7）打开尺寸标注层，标注尺寸。

（8）检查并调整好图形的位置，使图形尽可能大地显示在绘图区并存盘。

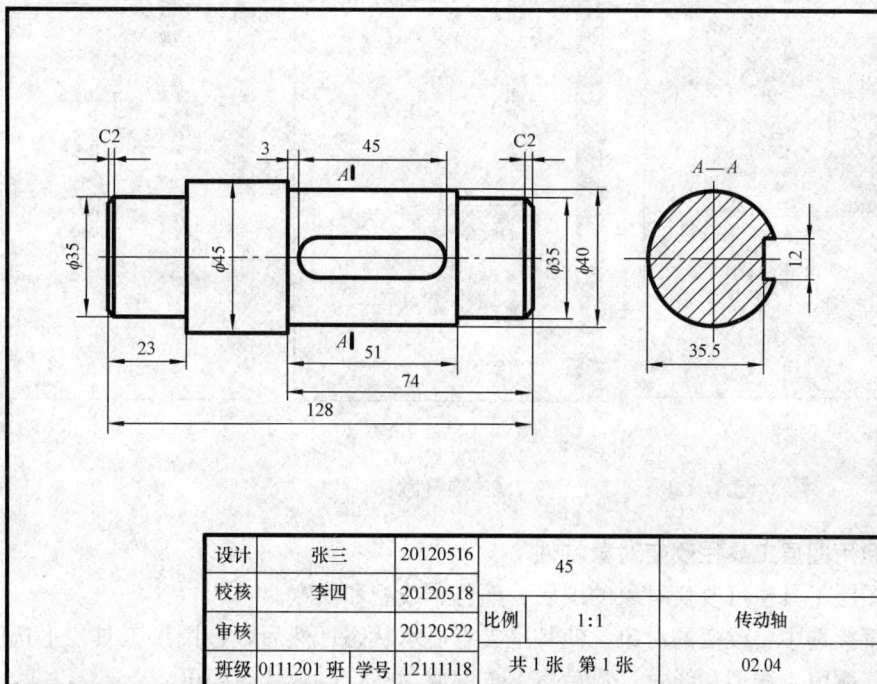

设计	张三		20120516	45		
校核	李四		20120518			
审核			20120522	比例	1:1	传动轴
班级	0111201 班	学号	12111118	共 1 张　第 1 张		02.04

图 7.28　传动轴的视图

7.7　绘图应用技巧

7.7.1　对象特性的修改

一、"特性"对话框

单击标准工具栏上的特性（Property）图标❏（或 DDModify 或 mo 或 Properties 命令），就会弹出如图 7.29 所示的"特性"对话框。图 7.29（a）为没有选择对象的状态，图 7.29（b）为选中多行文字时的状态，图 7.29（c）为选中图线时的状态。无论选中的对象是图线还是文字，都可以在对话框中对其对象特性进行修改。例如，如果要将对象的图层改变，只需将鼠标指针"图层"选项并单击左键，如图 7.29（b）所示，这时对话框中的该选项后将弹出图标"∨"；再单击该图标，就会弹出图层的下拉列表，选中要为的图层即可。而对于"文字"，当单击"内容"选项后，将弹出图标"…|"，再单击该图标，就弹出"文字格式"对话框，对文字进行编辑完成后，单击"确认"按钮，就会返回到"特性"对话框。

二、特性匹配

命令：MATCHPROP 或标准工具栏上的图标❏。

执行命令后，先拾取图线或文字作为源对象（只能选择一个对象），再拾取要与源对象特性匹配的图线或文字（可同时改变多个对象），最后回车确认。

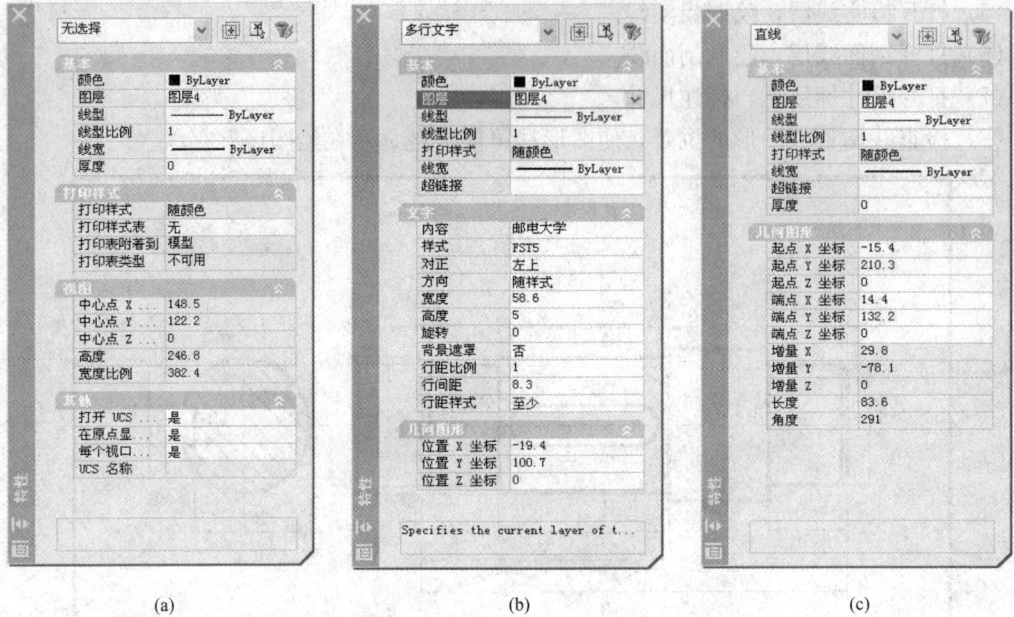

无选择		
基本		
颜色	■ ByLayer	
图层	图层4	
线型	——— ByLayer	
线型比例	1	
线宽	——— ByLayer	
厚度	0	
打印样式		
打印样式	随颜色	
打印样式表	无	
打印表附着到	模型	
打印表类型	不可用	
视图		
中心点 X	148.5	
中心点 Y	122.2	
中心点 Z	0	
高度	246.8	
宽度比例	382.4	
其他		
打开 UCS …	是	
在原点显…	是	
每个视口…	是	
UCS 名称		

(a)

多行文字		
基本		
颜色	■ ByLayer	
图层	图层4	
线型	——— ByLayer	
线型比例	1	
打印样式	随颜色	
线宽	——— ByLayer	
超链接		
文字		
内容	邮电大学	
样式	FST5	
对正	左上	
方向	随样式	
宽度	58.6	
高度	5	
旋转	0	
背景遮罩	否	
行距比例	1	
行间距	8.3	
行距样式	至少	
几何图形		
位置 X 坐标	-19.4	
位置 Y 坐标	100.7	
位置 Z 坐标	0	

Specifies the current layer of t…

(b)

直线		
基本		
颜色	■ ByLayer	
图层	图层4	
线型	——— ByLayer	
线型比例	1	
打印样式	随颜色	
线宽	——— ByLayer	
超链接		
厚度	0	
几何图形		
起点 X 坐标	-15.4	
起点 Y 坐标	210.3	
起点 Z 坐标	0	
端点 X 坐标	14.4	
端点 Y 坐标	132.2	
端点 Z 坐标	0	
增量 X	29.8	
增量 Y	-78.1	
增量 Z	0	
长度	83.6	
角度	291	

(c)

图 7.29　特性对话框

三、利用图层工具栏改变对象特性

利用图层工具栏可改变对象的图层、颜色、线型和线宽。

首先直接选中要改变的对象，使其呈夹点显示状态；然后，在图层工具栏上选中要改变为的图层、颜色、线型和线宽；最后按 Esc 键取消夹点显示状态即可。

7.7.2　用"夹点"编辑对象

一、打开和关闭夹点

夹点是对象上的控制点。

（1）键入命令"DDSELECT"并回车；或从"工具"菜单中选择"选项"，在弹出的对话框中选择"选择"选项卡。

（2）在"夹点"选择区选择"启用夹点"，然后修改夹点的颜色（选中和未选中的夹点应设置为不同的颜色，便于区别）和大小（若选中"在块中启用夹点"，则块中所有对象均启用夹点；否则只为块的插入点分配一个夹点）。

（3）单击"确认"按钮。

二、用夹点编辑对象

若要从夹点的选择集中删除某一对象，按住 Shift 键并选择该对象即可。若要退出夹点模式并返回到命令行，按 Esc 键。

（一）用夹点创建镜像对象

单击要编辑的对象；选择基夹点；输入"MIRROR"并回车；若要保留原对象，先按住 Shift 键并指定镜像直线的第二点。

（二）用夹点移动对象

单击要编辑的对象；选择基夹点；输入"MO"并回车；若要保留原对象，先按住 Shift 键并拖动鼠标指定新的基准点。

（三）用夹点旋转对象

单击要编辑的对象；选择一夹点；输入"RO"并回车；输入"B"并回车，输入或选择基准点；若要保留原对象，先按住 Shift 键并拖动鼠标指定新的基准点或输入一个角度。

（四）用夹点复制对象

单击要编辑的对象；选择基夹点；输入"CO"并回车；若要保留原对象，先按住 Shift 键并拖动鼠标指定新的基准点。

用夹点复制对象时，对于不同的对象或选择不同的夹点，其复制效果都不同。

（五）用夹点比例缩放对象

单击要编辑的对象；选择基夹点；输入"SC"并回车；若要保留原对象，先按住 Shift 键并拖动鼠标指定新的基准点或输入新的比例值。

（六）用夹点拉伸对象

激活夹点后，夹点的默认操作模式为拉伸。单击要编辑的对象；选择基夹点，若要选择多个夹点拉伸，可在选择原对象之后，按住 Shift 键选择；若要保留原对象，先按住 Shift 键并拖动鼠标指定新的基准点。

（七）用夹点复制多个不同对象

单击要复制的不同对象；选择任一夹点；输入"MO"并回车（或单击右键选中"移动"选项）；输入"B"并回车，输入或选择基准点；输入"C"并回车；输入相对坐标并回车（输入目标位置的基准点相对于原位置基准点的位移量）；输入完毕回车确认。

7.7.3 拉伸对象

命令：Stretch；图标：⬓。

• 拉伸对象。

（1）单击图标，或键入命令 STRETCH 并回车。

（2）用交叉选择框选择对象，并回车确认。

（3）指定基点。

（4）指定位移点（要移动到的基准点）。

• 对象内的局部移动。

（1）单击图标，或键入命令 STRETCH 并回车。

（2）用交叉选择框选择要移动的对象。

（3）确定基点。（可透明地打开正交模式，沿水平或铅垂方向移动对象）

（4）拖动对象，确定另一点将对象移到新的位置。

7.8 典 型 例 题

在 A4 图纸上绘制如图 7.30 所示的手柄。

（一）设置图幅（Limits）和单位精度（DDunits）

（1）键入英文命令（Limits）或"格式"下拉菜单的"图形界限"。

（2）输入坐标：0，0 并回车。

（3）输入坐标：297，210 并回车。

（4）键入英文命令（DDunits）或"格式"下拉菜单的"单位"。

（5）在弹出的对话框中，按图7.31所示进行设置。

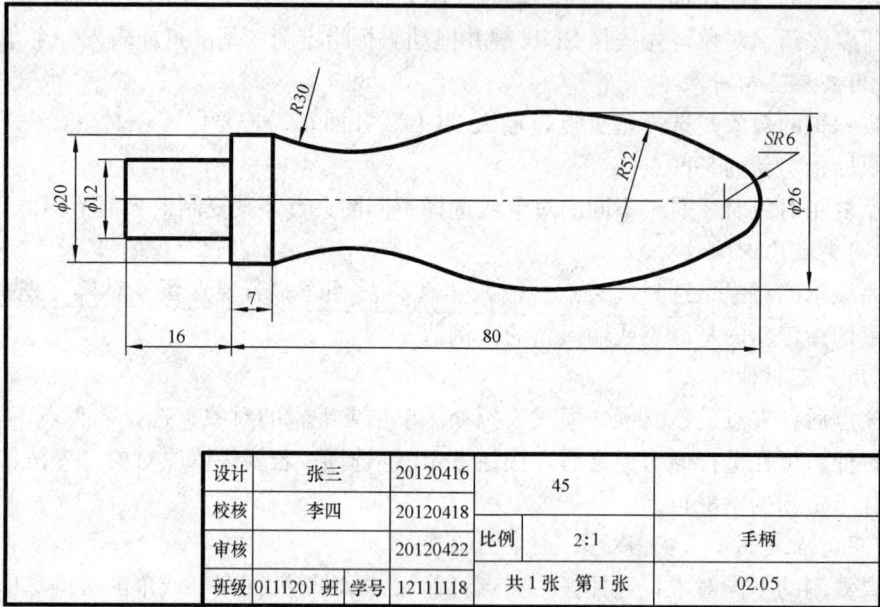

图 7.30　手柄

（二）设置图层（Layer）

至少设置5层，一层用于绘制中心线，一层用于绘制细实线，一层用于绘制虚线，一层用于绘制粗实线，一层用于标注尺寸和注写文字。

（三）设置对象捕捉、栅格显示等

打开状态栏上的"对象捕捉"或"栅格"，状态栏上的图标为开关按钮，单击一下打开，再单击一下就关闭。

（四）设置线型比例（Ltscale）

输入命令：Ltscale并回车，系统默认值为1，可根据需要进行改变，该数字的改变可以调整虚线或点画线的间隔，比1小的可缩小间隔，比1大的可增大间隔，当数字太大或太小时都会使图形变成一线段。

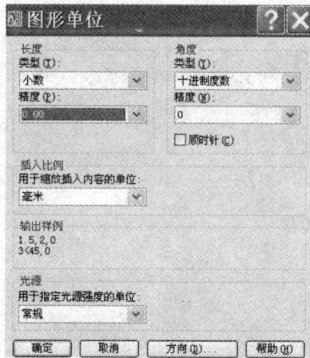

图 7.31　图形单位

（五）绘制图框和标题栏

（1）打开粗实线层绘制A4图幅的图框线。

（2）单击图标▭（或RECtangle回车）。

（3）输入左下角坐标：25，5并回车。

（4）输入右上角坐标：292，205并两次回车。

（5）捕捉矩形的右下角点。

（6）输入坐标：@-180，30并回车。

然后打开细实线层，按图7.24绘制标题栏内的细实线，并按要求输入文字。

（六）按图7.30绘制手柄并标注尺寸

（1）用直线、圆命令绘制图形。

（2）创建符合国家标准的汉字的文字样式。

（3）创建符合国家标准的字母和数字的文字样式。

（4）创建符合国家标准的标注样式。

（5）打开"标注"工具栏，标注尺寸。

练　习　题

7.1　填空题

（1）对象选择的方法有_____、_____、_____。

（2）要创建一独立的图块应使用的命令是_____。

（3）打开对象的"夹点"，应先在_____对话框的"选择"标签页中选中"启用夹点"选项。

（4）用"拉伸"命令来拉伸对象时，只能采用_____窗口方式选择对象。

（5）在 AutoCAD 中启动绘图命令或编辑命令的途径有工具按钮、_____、_____和屏幕菜单等。

（6）删除一条图线常用_____命令，而删除一条图线的一部分常用_____命令。

（7）夹点是图线上的_____点。

（8）修改一对象的特性的途径有_____工具栏、特性匹配、_____对话框等。

（9）块是一个或多个对象形成的对象集合，是一个_____。

（10）属性是指从属于块的_____，是块的组成部分。

7.2　选择题

（1）绘制一个正多边形，下列命令选项中不能实现的是_____。

A. 正多边形　　　　　　　　B. 圆和定数等分

C. 直线、圆和定数等分　　　D. 直线（坐标法）

（2）绘制一个箭头，以下描述正确的是_____。

A. 只能用多段线命令　　　　B. 可用构造线命令

C. 可用尺寸标注的方式　　　D. 不能用图案填充命令

（3）将 AutoCAD 图形插入到 Word 文档中，以下描述错误的是_____。

A. 将 AutoCAD 图形直接复制到剪贴板的方式

B. 在 Word 文档中，由"插入"｜"对象"直接进入 AutoCAD 界面的方式

C. 在 Word 文档中，由"插入"｜"对象"直接插入 AutoCAD 图形文件的方式

D. 在 Word 文档中，由"插入"｜"文件"的方式

（4）关于"修剪"命令，其操作正确的选项是_____。

A. 单击图标后，直接单击要去掉的部分

B. 单击图标，选择作为边界的对象并回车确认，单击要去掉的部分

C. 与"删除"命令的作用完全一样

D. 以上选项均错误

（5）有关属性、块的叙述错误的是_____。

A. 通过块命令操作后的对象是一个整体，要对其修改的话，必须先分解

B. 属性是依附于块的文字信息，是块的组成部分

C. 属性块中，可以没有图形对象

D. 属性块中可修改的文字信息，可以由多行文字来创建

（6）关于视窗的显示控制，以下描述正确的是_____。

A. 将视图缩放后，其图形本身的大小并没有改变

B. 将视图缩放后，其图形本身的大小也随之改变

C. 视图缩放与比例缩放类似，均可放大或缩小图形对象

D. 不能将图形对象在视窗内平移

（7）AutoCAD 中 CAD 标准文件后缀名为_____。

A. dwg   B. dxf

C. dwt   D. dws

（8）将一线段延长，错误的方法是_____。

A. 夹点法   B. 用拉伸命令法

C. 用延伸命令法   D. 用修剪命令法

7.3　判断题（正确的画"√"，错误的画"×"）

（1）图层工具按钮不仅可以改变图层，而且还可以改变颜色、线型和线宽等。　　（　　）

（2）波浪线只能采用绘制样条曲线的方法进行绘制。　　（　　）

（3）用修剪命令编辑图形对象时，一般应先选择分界线。　　（　　）

（4）将一段线段延长，如果不选择边界的话，则只能采用拉长或拉伸命令。　　（　　）

（5）绘制图形时，若要使首尾重合，当图形绘制到倒数第二点后，可输入 C 并回车即可，并且图形没有缺陷。　　（　　）

（6）调用工具栏可采用下拉菜单"视图｜工具栏"；也可将鼠标指针指向任意工具按钮单击右键，在弹出的快捷菜单中选中需要的工具栏。　　（　　）

（7）绘制与其他对象相切的图线，必须先找到其切点，否则无法绘制。　　（　　）

（8）插入到 Word 文档中的 AutoCAD 图形，若要修改，可双击该图形对象就可打开 AutoCAD 界面，但前提是计算机应安装有 AutoCAD 图形软件。　　（　　）

7.4　计算机绘图题

用 A4 图幅绘制如图 6.28 所示的千斤顶装配图，相关零件的图形如图 7.32 所示。

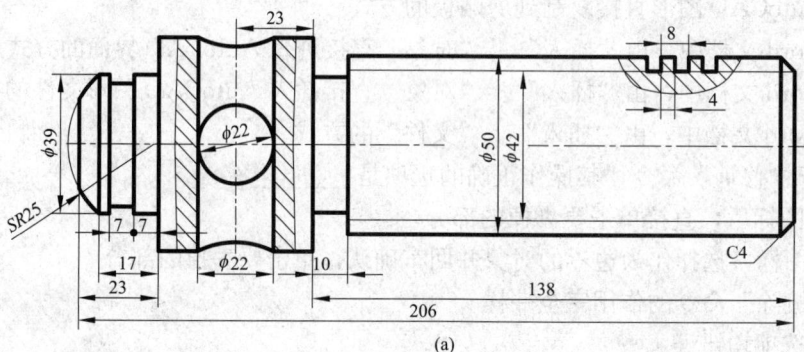

(a)

图 7.32　千斤顶的零件图（一）

（a）螺杆

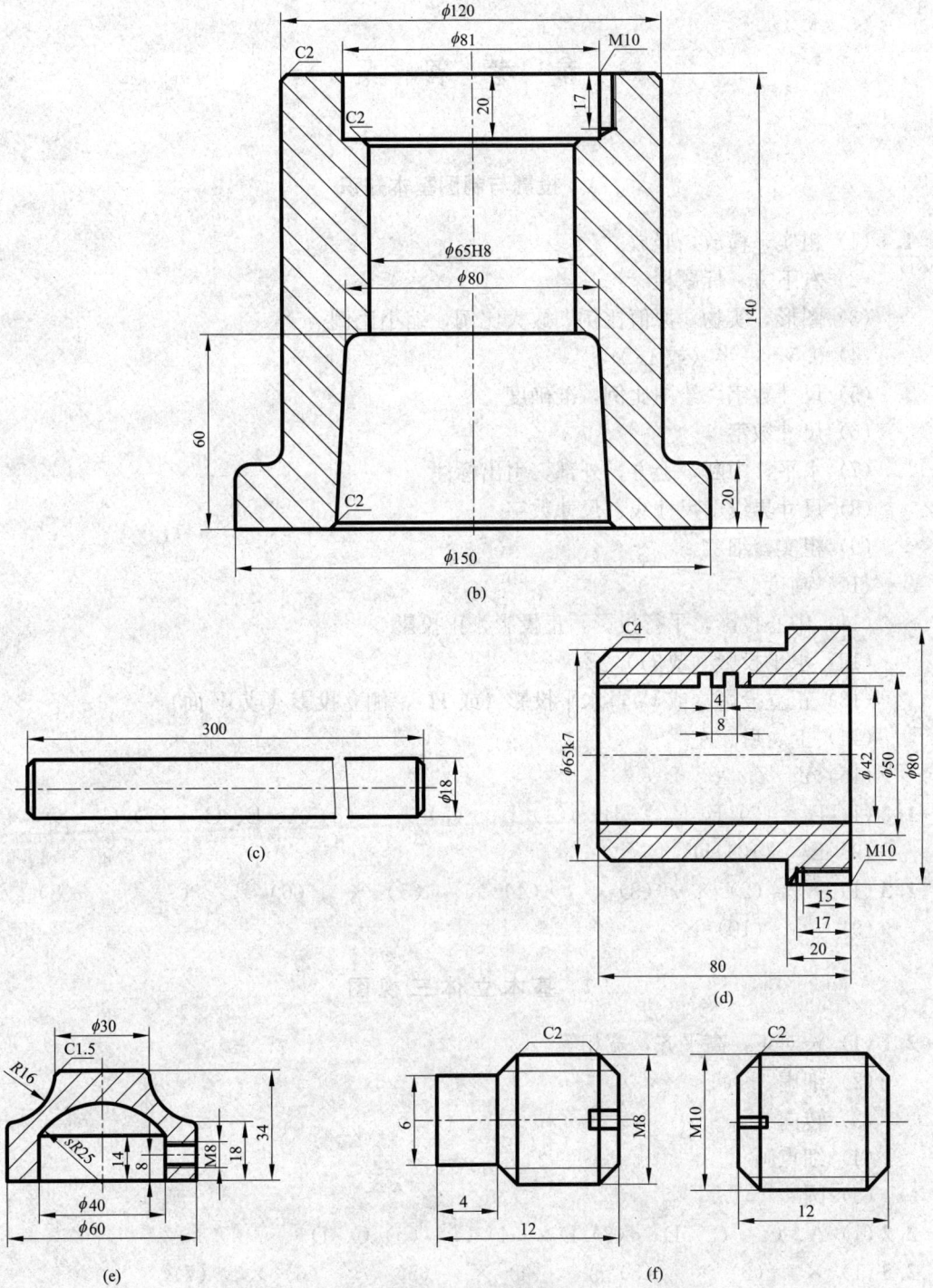

图 7.32 千斤顶的零件图 (二)

(b) 底座；(c) 绞杆；(d) 螺套；(e) 顶垫；(f) 螺钉

参 考 答 案

1　投影与制图基本知识

1.1（1）粗实，横放，竖放

（2）右下方，标题栏

（3）图形，实物，原值比例，放大比例，缩小比例

（4）0.5，一半（或 1/2）

（5）尺寸数字，绘图比例，准确度

（6）尺寸数字

（7）水平，中断，上方，外部，引出标注

（8）尺寸界线、尺寸线、尺寸数字

（9）粗实，细实

（10）高度

（11）中心投影，平行投影，正投影，正投影

（12）水平投影（或 H），Z

（13）正立投影（或 V），水平投影（或 H），侧立投影（或 W 面）

（14）上、后、左

（15）Y，Z，X

1.2（1）B　（2）B　（3）B　（4）B　（5）A　（6）A、B、C　（7）C　（8）D

（9）B　（10）D

1.3（1）×　（2）×　（3）√　（4）×　（5）×　（6）×　（7）×　（8）√

（9）√　（10）×

2　基 本 立 体 三 视 图

2.1（1）长对正，高平齐，宽相等

（2）细虚

（3）转向线

（4）细点画

（5）圆

2.2（1）A、C　（2）D　（3）D　（4）C　（5）C、D

2.3（1）×　（2）×　（3）√　（4）×　（5）√　（6）×　（7）×

3　立 体 的 表 面 交 线

3.1（1）截交线，相贯线

（2）直，平面多边形

（3）线面交点法，面面交线法

（4）截平面，回转体轴线

（5）圆，椭圆，两直素线

（6）两相交直素线，圆，椭圆，双曲线，抛物线

（7）圆

（8）表面取点法，辅助平面法

（9）空间曲线，平面曲线，直线

（10）圆

3.2 （1）× 　（2）√ 　（3）√ 　（4）√ 　（5）× 　（6）×

（7）× 　（8）× 　（9）√ 　（10）√

4　组　合　体

4.1 （1）最清晰

（2）叠加式，切割式，综合式

（3）相交，相切，共面与不共面

（4）形体，线面

（5）定形，定位，总体

（6）非圆，圆（弧）

（7）齐全，清晰

（8）特征视图

（9）形体分析法，线面分析法

4.2 （1）× 　（2）√ 　（3）× 　（4）× 　（5）√ 　（6）√

（7）√ 　（8）× 　（9）× 　（10）×

4.3 略

5　图形的表达方法

5.1 （1）向视图，局部视图，斜视图

（2）任意配置，A

（3）单一剖切，几个相交的剖切

（4）主要轮廓，对称中心

（5）全剖视，内部结构，外形

（6）对称中心，剖视图，半剖视

（7）局部剖视，波浪线，细点画

（8）细点画线，剖切符号，投射方向，字母

（9）剖视，剖视

（10）粗实线，细实线

5.2 （1）A 　（2）B 　（3）B 　（4）D 　（5）C 　（6）C

（7）A 　（8）A 　（9）C 　（10）B

5.3 （1）√ 　（2）√ 　（3）× 　（4）√ 　（5）√ 　（6）√

（7）√ 　（8）√ 　（9）√ 　（10）√

5.4 略

6 机 械 图

6.1（1）标准件，专用件

（2）尺寸、技术要求、标题栏

（3）工作位置原则，结构特征原则

（4）必要的尺寸，技术要求，标题栏

（5）正确，完整

（6）过盈配合，间隙配合，过渡配合

（7）一，两

（8）不剖

（9）由下往上

（10）方向相同，间隔不等；方向和间隔

6.2（1）B　（2）B　（3）C　（4）B　（5）B　（6）A

6.3（1）√　（2）×　（3）×　（4）√　（5）×　（6）×

（7）×　（8）√　（9）√　（10）×

7 计 算 机 绘 图

7.1（1）直接拾取，选择窗口，交叉选择窗口

（2）Wblock

（3）选项

（4）交叉选择

（5）下拉菜单，键入命令

（6）删除，修剪

（7）控制

（8）修改，特性

（9）整体

（10）文字信息

7.2（1）B　（2）C　（3）D　（4）B　（5）D　（6）A　（7）A　（8）D

7.3（1）√　（2）×　（3）√　（4）×　（5）√　（6）√　（7）×　（8）√

参 考 文 献

[1] 中华人民共和国国家质量监督检验检疫总局. GB/T 4457.4—2002 机械制图 图样画法 图线. 北京：中国标准出版社，2004.

[2] 中华人民共和国国家质量监督检验检疫总局. GB/T 4458.1—2002 机械制图 图样画法 视图. 北京：中国标准出版社，2003.

[3] 中华人民共和国国家质量监督检验检疫总局. GB/T 4458.6—2002 机械制图 图样画法 剖视图和断面图. 北京：中国标准出版社，2003.

[4] 中华人民共和国国家质量监督检验检疫总局. GB/T 4458.4—2003 机械制图 尺寸注法. 北京：中国标准出版社，2003.

[5] 国家标准化管理委员会. GB/T 14692—2008 技术制图 投影法. 北京：中国标准出版社，2009.

[6] 梁德本，叶玉驹. 机械制图手册. 3 版. 北京：机械工业出版社，2002.

[7] 王成刚，张佑林，赵奇平. 工程图学简明教程. 2 版. 武汉：武汉理工大学出版社，2004.

[8] 王成刚，张佑林，赵奇平. 工程图学简明教程习题集. 2 版. 武汉：武汉理工大学出版社，2004.

[9] 董怀武，刘传慧. 画法几何与机械制图. 2 版. 武汉：武汉理工大学出版社，2005.

[10] 蒋知民，张洪鏶. 怎样识读《机械制图》新标准. 4 版. 北京：机械工业出版社，2005.

[11] 王槐德. 机械制图新旧标准代换教程（修订版）. 北京：中国标准出版社，2004.

[12] 王云清，王槐德. 机械制图试题精选. 北京：中国标准出版社，2004.

[13] 何铭新，钱可强. 机械制图基础. 5 版. 北京：高等教育出版社，2004.

[14] 北京邮电大学工程画教研室. 工程制图与计算机绘图基础（修订版）. 北京：人民邮电出版社，2002.

[15] 北京邮电大学工程画教研室. 工程制图与计算机绘图基础习题集（修订版）. 北京：人民邮电出版社，2002.

[16] 杨裕根，诸世敏. 现代工程图学. 2 版. 北京：北京邮电大学出版社，2005.

[17] 焦永和，林宏. 画法几何及工程制图（修订版）. 北京：北京理工大学出版社，2000.

[18] 焦永和，林宏. 画法几何及工程制图习题集（修订版）. 北京：北京理工大学出版社，2000.

[19] 邮电三院校. 机械制图（电类各专业用）. 北京：科学技术文献出版社，1993.

[20] 邮电三院校. 机械制图习题集（电类各专业用）. 北京：科学技术文献出版社，1993.

[21] 左宗义，冯开平. 工程制图. 广州：华南理工大学出版社，2003.

[22] 同济大学，上海交通大学，等. 机械制图. 北京：高等教育出版社，2016.

[23] 石光源，周济义，彭福荫. 机械制图. 3 版. 北京：高等教育出版社，1995.

[24] 孙培先，刘衍聪. 工程制图. 2 版. 北京：机械工业出版社，2007.

[25] 王乃成. 机械图样主要内容剖析. 北京：国防工业出版社，1996.

[26] 高俊亭，毕万全. 工程制图. 2 版. 北京：高等教育出版社，2003.

[27] 左宗义，冯开平. 工程制图. 广州：华南理工大学出版社，2003.

[28] 王爱民，等. 中文版 AutoCAD 2002 高级应用技巧. 北京：清华大学出版社，2001.

[29] 姜勇，佟河亭. AutoCAD 2002 中文版基本功能与典型实例. 北京：人民邮电出版社，2002.

[30] 李彦启，范竟芳. AutoCAD 2000 工程绘图及开发基础习题集. 北京：机械工业出版社，2002.

[31] 李学京. 机械制图和技术制图国家标准学用指南. 北京：中国质检出版社，中国标准出版社，2013.